PRINCIPIANTES

Libro de educación cristiana para el maestro de principiantes (de 6 a 8 años de edad —1°, 2° y 3° grados de educación primaria o elemental).

MAESTRO
Año 2

David Hayse
Gerente general

Mario J. Zani
Editor general

Ana M. Zani
Editora de publicaciones para niños

Isabel Flores de Márquez
Traducción y adaptación

Florencia Himitian
Luis Manoukian
Correctores

Estas lecciones se tradujeron y adaptaron del material publicado originariamente en inglés por WordAction Publications.

Publicado por

cnp

Casa Nazarena de Publicaciones

Primera edición 2006
Segunda edición 2008

Todas las citas bíblicas se tomaron de la Santa Biblia, Reina Valera 1960 de Sociedades Bíblicas Unidas, excepto donde se indica otra versión.

Casa Nazarna de Publicaciones (CNP)
© 2008 Derechos reservados conforme a la ley

ISBN 978-987-1340-30-9DI

DIGITAL PRINTING

Contenido

Ayudas para el maestro

I. ASPECTOS GENERALES DE LA LECCIÓN

INTRODUCCIÓN A LA UNIDAD

En ella encontrará las bases bíblicas de la unidad, el texto bíblico, el propósito y por qué los principiantes necesitan la enseñanza de la unidad.

BASE BÍBLICA

Señala el pasaje bíblico del que se ha extraído la lección. Puede referirse a uno o más libros o pasajes de la Biblia. Usted debe leer el pasaje y familiarizarse con él.

OBJETIVO DE LA LECCIÓN

Aclara hacia dónde se dirigirá usted con sus alumnos y lo que debe lograr mediante el proceso de enseñanza-aprendizaje.

TEXTO PARA MEMORIZAR DE LA UNIDAD

Se ha considerado utilizar un solo versículo bíblico para toda la unidad con el propósito de que este enfatice la verdad central.

II. PREPÁRESE PARA ENSEÑAR Y COMENTARIO BÍBLICO

Lo ayudará a conocer más profundamente la manera de pensar y de actuar de los alumnos principiantes y le dará ideas cómo adaptar las enseñanzas a sus niños.

Esta segunda sección presenta una ayuda sobre el pasaje de estudio bíblico, y ampliará su conocimiento sobre el tema. También incluye un comentario bíblico y cómo aprenden los niños de esta edad. Para mayor eficacia, usted debe tomar en cuenta lo siguiente:

- **Ore** y pida la dirección de Dios.
- **Lea** el pasaje de la Biblia varias veces y anote en un cuaderno las ideas centrales que encuentre.
- **Consulte** otras versiones de la Biblia, comentarios bíblicos, diccionarios bíblicos, etc.
- **Compare** sus ideas con las que se presentan en este libro.
- **Medite** en cada una de ellas y reflexione cómo se aplica el pasaje a su propia vida y a la vida de sus alumnos.

III. DESARROLLO DE LA LECCIÓN

Aquí se identifican los momentos del desarrollo de la lección para obtener mayor rendimiento en el aprendizaje. Con diversas actividades, juegos, preguntas y respuestas, dará al niño las primeras ideas acerca de lo que tratará el tema de la lección.

HISTORIA BÍBLICA

La historia bíblica se desarrolla utilizando métodos en los que sus alumnos tendrán parte activa. Esté seguro que los puntos clave queden claros en la mente de los niños. Puede practicar en su casa la presentación del tema para tener mayor seguridad frente a los estudiantes. ¡Anímese, la obra es del Señor y usted es un instrumento en sus manos para llevarla a cabo!

Este es el momento para que el alumno reflexione en su vida diaria, es el tiempo de guiarlo a preguntarse cómo está su vida frente a lo que la Biblia enseña. Por lo general, encontrará actividades para que haya respuestas personales. Dirija al niño hacia la reflexión y no manipule sus respuestas, ya que estas deben ser sinceras y personales.

IV. ACTIVIDADES

En esta sección encontrará otras actividades de refuerzo para la lección, tareas en sus libros, juegos.

a) Memorización del texto con diferentes actividades acorde a la edad
b) Para terminar: momentos de oración y reflexión.

Sugerencias para usted maestro: Tenga presente que la lección no se limita al día de la clase, sino que es conveniente que se prepare durante toda la semana.

Visite a sus alumnos por lo menos una vez cada semestre.

- Ore y comuníquese con los estudiantes a través de cartas, llamadas telefónicas, invitaciones o visítelos si dejan de concurrir a la clase.
- Envíe una nota o mencione hechos especiales en la vida del alumno, como cumpleaños, Navidad, etc.
- Incentive a los alumnos mediante concursos para motivarlos en su asistencia, aprendizaje, memorización de textos, invitaciones a sus familiares y amigos, etc.
- Llegue temprano para tener listo el salón.
- Al preparar las clases, tome en cuenta la edad, necesidades y problemática de los alumnos.

SUGERENCIAS PARA USAR EN LA MEMORIZACIÓN DE LA PALABRA

1. ¿QUÉ DICE EL VERSÍCULO?

Que sus alumnos lo perciban y lo expresen con sus sentidos.

La vista
En la Biblia.
En tarjetas, cartulinas, láminas, ayudas visuales, en la pizarra.

El oído
Léalo en voz alta.
Que los niños lo lean.

La voz
Repítalo después de escucharlo.
Léalo acompañado e individualmente.
Lectura coral o en grupo.
Cántelo: no tenga vergüenza en inventar melodías para cantar el versículo.

Las manos
Escriba el versículo en: la pizarra, tarjetas, cartones, tiras de papel, cartulinas de colores.
Llenar los espacios en blanco.
Rompecabezas
Palmear y marchar mientras repiten el versículo.

2. ¿QUÉ SIGNIFICA?

Explore las definiciones
Que los niños expresen lo que entienden acerca del versículo bíblico.
Explique las palabras que no son conocidas para la edad del niño.

Comente el contexto
Usted puede ayudarse revisando comentarios bíblicos, diccionarios, entre otros.
Investigue los antecedentes del versículo bíblico.
¿Quién habla y a quién o a quiénes le/s habla?
Comente los hechos o factores en que se desarrollaron.

Ilustre el versículo
Muestre dibujos, caricaturas.
Elabore dibujos.
Utilice el lenguaje con señas o mímicas.
Provea material para que los niños lo ilustren: en cartulinas, pliegos de papel, hacer figuras o esculturas en papel periódico, etc.

3. ¿CÓMO LO APLICO A MI VIDA?

Comente lo siguiente:
La aplicación que tiene el versículo bíblico en la vida diaria.
En qué circunstancias lo ayudará y cuáles serán los efectos en su vida y en la de otros.

Recuerde un versículo
Cuando sea tentado.
Cuando esté en problemas.
Cuando anime a otros.

EL PRINCIPIANTE, SU CONDUCTA Y EL MAESTRO

1) Entienda a sus alumnos y permítales una conducta normal.
   - Los niños son activos y curiosos.
   - No se trata de adultos en miniatura: siempre debemos diferenciar entre mal comportamiento e inmadurez.
2) Propicie una atmósfera en la clase que lleve a la buena conducta.
   - Deje que los niños sepan que usted los ama.
   - Demuestre interés en lo que les pasa a ellos fuera de la clase.
   - Sea organizado en lo que hace y en el modo de manejar a sus alumnos.
   - Provea una guía clara y consistente, que haga que los niños sepan lo que usted espera de ellos.
   - No demuestre favoritismo.
3) Reconozca su posición como maestro.
   - Esté a cargo de la clase.
   - Sea una figura de autoridad que sus alumnos puedan respetar.
   - Conviértase en un amigo para sus alumnos.
   - Mencione un buen ejemplo de lo que espera de ellos.
4) Use métodos que incluyan a los niños y capten su interés.
   - Esté preparado y llegue al salón antes que el primer niño.
   - Provea una variedad de actividades que sean apropiadas para la edad del pequeño.
   - Use actividades que capten el interés y habilidad del alumno.
   - Permita que los niños hagan algunas elecciones de las actividades.
5) Concéntrese en un comportamiento positivo.
   - Limite el número de reglas.
   - Cuando corrija a un niño, coméntelo con sus padres, tutor o encargado.
   - Busque la ayuda de asistentes.
   - Mantenga la puerta o ventanas del salón abiertas.
   - Cuide a los niños que le confiaron, respételos, no se quede solo con los niños.

¿QUÉ HACER CUANDO UN NIÑO SE PORTA MAL?

1) Busque la causa del problema.
   a) ¿Tiene el niño problemas de aprendizaje o médicos que impiden su participación en clase?
   b) ¿Trata de controlar él solo la clase?
   c) ¿Tiene talentos académicos y está aburrido de la clase?
   d) Cuando sepa la causa del problema, quizá pueda corregirlo al conversar con los padres del niño.
2) Tome control de la situación.
   a) Ignore el comportamiento que no interrumpe la clase.
   b) Incluya al niño en las actividades de aprendizaje.
   c) Hágale ver que usted está observando su mala conducta.
   d) Acérquese al niño.
   e) Dígale, en silencio, lo que quiere que él haga.
   f) Enseñe al alumno las consecuencias de su continua mala conducta.
3) Hable con los padres o con las personas encargadas del niño.
   a) Si usted le anticipa que hablará con sus padres o encargados, llévelo a cabo.
   b) Empiece diciéndoles a los padres lo que aprecia del niño.
   c) Exponga el problema y pregunte por la respectiva solución.

CONOZCAMOS AL PRINCIPIANTE

- Es muy activo, y la coordinación de sus músculos se está afinando.
- Su habilidad para contar, pintar, pegar, recortar y doblar mejora de manera progresiva.
- Su razonamiento se basa en experiencias previas o en la interacción con objetos concretos.
- Aprende más haciendo que viendo.
- Busca la aprobación de los adultos y de sus compañeros.
- Valora la justicia, y no comprende cuando las reglas cambian.

7

- Tiene habilidades básicas (leer, escribir, organizar, clasificar) desarrolladas lo suficiente como para lograr objetivos.
- Comprende mejor los conceptos de tiempo, espacio y distancia.
- El compañerismo es muy importante. En esta edad le importa más ser aceptado por sus compañeros que por los adultos.
- Está aprendiendo a conocer la perspectiva de otras personas y a reconocer que un problema puede tener varias soluciones.
- Considerando las características de la etapa de desarrollo de sus alumnos, incluimos algunos consejos para mejorar la dinámica de su clase:
- Use ayudas visuales, ilustraciones y ejemplos variados para ayudarlos a entender las ideas abstractas.
- Establezca normas firmes.
- Guíe los debates con preguntas que los ayuden a comprender el concepto, y use ejemplos para ilustrarlo.
- Planee actividades para trabajar en grupos pequeños.
- Pida a los alumnos que le den ideas para planificar proyectos de ayuda a los miembros de la iglesia y la comunidad, y que participen en ellos. Haga énfasis en la importancia del trabajo misionero.
- Provea oportunidades para que debatan y piensan acerca de temas morales. Presente historias sin final para que ellos las terminen y tomen las decisiones.

Material de educación cristiana para niños

Casa Nazarena de Publicaciones presenta con satisfacción su colección completa de libros de educación cristiana.

Los mismos se diseñaron para maestros de niños y para alumnos de 4 a 11 años de edad.

Los niños aprenderán las lecciones de la Biblia según su edad. Y, al concluir sus años de escuela primaria, habrán recorrido las desafiantes historias bíblicas, como también diversos temas apropiados para cada etapa de su niñez y preadolescencia.

Este material se diseñó como diferentes peldaños para alcanzar una vida santa. Contiene metas claras y posibles.

El libro del maestro ayudará a equipar a quienes tienen la hermosa tarea de conducir a los niños para que se conecten con el mensaje que cambiará sus vidas para siempre.

Al promover al niño al año inmediato —de acuerdo con su edad—, este habrá estudiado solo una vez cada uno de los libros. Cuando llegue a los 12 años de edad –si comenzó con el primer libro— habrá estudiado los ocho libros de esta valiosa colección.

Los libros se diseñaron para que se usen en la escuela dominical, horas felices, escuela bíblica de los días sábado, club de niños, discipulado y escuelas en general.

Esta serie apunta a:

a) Desafiar a los niños a que aprendan la palabra de Dios.
b) Permitir que crezcan en su experiencia cristiana como hijos de Dios.
c) El crecimiento de su fe.
d) Guiarlos a que acepten a Jesús como su salvador y Señor.
e) Llegar a ser parte de la comunidad de fe, la iglesia.

La siguiente tabla lo ayudará a identificar el libro correspondiente de acuerdo a la edad de los alumnos:

Preescolares —4 y 5 años de edad (Año / libro 1 y 2).

Principiantes —6 a 8 años de edad (Año / libro 1, 2 y 3).

Palabras de Vida (preadolescentes) —9 a 11 años de edad (Año / libro 1, 2 y 3).

Recursos didácticos

Estimado maestro:

Hemos preparado esta serie de recursos didácticos que lo ayudarán a enriquecer la dinámica de su clase.

En algunas lecciones, en la sección de actividades, se recomienda el uso de estos materiales para estimular al niño a ejercitar sus habilidades motrices y encaminarlo hacia un aprendizaje más significativo.

RECETAS DE PLASTILINA O MASA PARA MODELAR

MASA DE HARINA Y SAL

Ingredientes:

- 2 ó 3 tazas de harina común.
- 3/4 taza de sal fina.
- 1/2 taza de agua tibia.
- Colorante vegetal.

Instrucciones:

Mezcle la harina con la sal, e incorpore poco a poco el agua tibia mientras revuelve. Si desea añadirle color, agregue unas gotas de colorante vegetal mientras amasa. La consistencia de la masa dependerá de la cantidad de agua que agregue. Guarde la masa terminada en un recipiente cerrado dentro del refrigerador.

MASA COCIDA

Ingredientes:

- 2 tazas de harina.
- • 1 taza de sal.
- • 1 cucharada de aceite vegetal.
- • 2 cucharaditas de crémor tártaro.
- • 1/2 taza de agua.
- • Colorante vegetal.

Instrucciones:

Mezcle los ingredientes secos; luego agregue el agua y el aceite vegetal. Ponga la mezcla a fuego mínimo hasta que la preparación espese, revolviendo constantemente.

Retírela del fuego y déjela enfriar. Para lograr el color deseado, agregue unas gotas de colorante vegetal mientras amasa la mezcla. Se conserva más de un mes si la guarda en un recipiente cerrado.

MASA DE BARRO

Ingredientes:

- 2 tazas de tierra.
- • 2 tazas de arena.
- • 1/2 taza de sal.
- • Agua.

Instrucciones:

Mezcle la tierra, la arena y la sal. Luego agregue el agua poco a poco, hasta obtener la consistencia deseada para modelar.

PINTURAS DACTÍLICAS

Ingredientes:

- 1¼ de taza de almidón.
- • 1/2 taza de jabón en polvo.
- • 3 tazas de agua hirviendo.
- • 1 cucharada de glicerina.
- • Colorantes vegetales o témpera.

Instrucciones:

Disuelva el almidón en agua fría; luego vacíelo lentamente en el agua hirviendo, mientras revuelve en forma constante, para evitar que se formen grumos. Agregue el jabón, y por último añada la glicerina. Para darle color, agregue colorantes vegetales o témpera. Se obtiene una preparación gelatinosa que no es tóxica. Si envasa esta pintura en frascos de plástico, se conservará por varios días.

PEGAMENTO BLANCO

Ingredientes:

- 4 tazas de agua.
- • 1 taza de harina de trigo.
- • 1/2 taza de azúcar.
- • 1/2 taza de vinagre.

Instrucciones:

Hierva tres tazas de agua. Mientras tanto, en un recipiente mezcle una taza de agua, la harina, el azúcar y el vinagre. Cuando el agua esté hirviendo, agregue la mezcla y revuelva lentamente sobre el fuego hasta que suelte el primer hervor. Si quedan grumos, puede licuar la mezcla. Si está muy espeso, agréguele agua; si queda aguado, hiérvalo más tiempo. Guarde el pegamento en un frasco tapado.

PAPEL PARA TARJETAS Y MANUALIDADES

1) Remoje en agua caliente 6 hojas blancas o de revistas cortadas en pedacitos.
2) Muela en la licuadora el papel con media taza de avena, o de flores, o un bagazo de frutas o verduras, como zanahoria, apio, etc.
3) Cuele la mezcla, y agregue cuatro cucharadas de glicerina y 6 cucharadas de pegamento blanco.
4) Extienda la pasta sobre un plástico con un rodillo o palo de amasar hasta que quede delgada y pareja.
5) Déjela secar al sol durante dos días.
6) Con el papel puede hacer tarjetas, separadores de libros, cartas, etc.

La importancia de la promoción de alumnos a la siguiente clase

Queridos líderes y maestros de educación cristiana:

Al igual que en la escuela primaria, a los niños de la iglesia se les debe facilitar la promoción al "grado o clase inmediato superior". Como maestro, es muy importante que usted esté preparado para promover a sus alumnos al final del año eclesiástico o, lo que sería más fácil, al final del año escolar. Para ello, hable con los líderes de educación cristiana de su congregación o con su pastor.

Puede preparar de antemano una "ceremonia" de promoción, y entregarle un certificado a cada alumno que pasa a la clase siguiente.

La ceremonia se puede realizar en el templo para que toda la congregación participe.

Invite a los padres y familiares de los alumnos. Será un buen momento para conocerlos, y para que asistan al resto del servicio y escuchen la palabra de Dios.

Como participantes especiales, deben estar presentes los maestros de las clases a las que se promoverán los alumnos. Será un momento significativo para todos cuando usted despida a cada uno con un abrazo, y el próximo maestro lo reciba, de igual modo, con un abrazo de bienvenida a su nueva clase.

Sería lindo que usted tuviera preparada una cartulina con fotos de sus alumnos, tomadas durante el año en su clase, para mostrar en la ceremonia. También sería bueno que expusiera, en forma amena, algunos recuerdos de la vida de su alumno mientras estuvo con usted: oraciones especiales que haya hecho, la fecha en que se convirtió, testimonios que haya contado, preguntas que haya realizado, y momentos de alegría o de tristeza que haya experimentado durante el año. Prepare con anticipación a su alumno. Explíquele estos detalles, para que esté de acuerdo en lo que piensa comentar de él y no se sorprenda o ponga nervioso delante de toda la congregación.

Hable con el encargado del ministerio de educación cristiana o de las clases, para que en esa ceremonia se entregue a los alumnos el nuevo libro de estudio para el siguiente año. Para eso, anime a las familias de la iglesia a que regalen un libro a cada alumno, en especial a aquellos cuyos padres no asisten a la iglesia o a los de escasos recursos económicos. En cada congregación hay familias que, con mucho gusto, regalarían un libro a los alumnos.

Le deseamos las más ricas bendiciones en los desafíos que el ministerio de la enseñanza representa para usted y su congregación.

El Señor le dé gracia y bendiga su tan importante ministerio.

Equipo editorial de CNP

Certificado de promoción

_____
(Nombre del Niño)

promovido a la clase superior

(Iglesia   *)*

Fecha

"Hijo mío, está atento a mis palabras..." Proverbios 4:20ª

_____
Maestra

_____
Líder Escuela Dominical

MUJERES DE FE Y VALOR

Bases bíblicas: Éxodo 1:8-10, 22; 2:1-10; Jueces 4, 5; Rut 1-4.

Texto de la unida**d:** *Mi socorro viene de Jehová, que hizo los cielos y la tierra* (Salmos 121:2).

PROPÓSITOS DE LA UNIDAD

Esta unidad ayudará a los principiantes a:

- ❖ Saber que Dios obra a través de sus siervos fieles. •
- ❖ Reconocer que Dios interviene cuando las situaciones están fuera de control. •
- ❖ Confiar en el poder de Dios, aun cuando es difícil entender su voluntad.

LECCIONES DE LA UNIDAD

Lección 1:   Jocabed

Lección 2:   Débora confía en Dios

Lección 3:   Rut es fiel

POR QUÉ LOS PRINCIPIANTES NECESITAN LA ENSEÑANZA DE ESTA UNIDAD

Los principiantes están comenzando a experimentar cierto grado de independencia. Están creciendo y tienen nuevas experiencias y responsabilidades: asisten a la escuela, sus padres les permiten caminar o pasear en bicicleta distancias mayores, pasan más tiempo con sus amigos sin la supervisión paterna, etc.

A pesar de esta nueva libertad e independencia, ellos necesitan sentir seguridad y estabilidad. Cuando se encuentran en situaciones difíciles o en lugares desconocidos, el mundo puede parecerles demasiado grande y aterrador. Al explorar en esta unidad la historia de estas célebres mujeres de la Biblia, sus alumnos descubrirán que Dios es poderoso y, al mismo tiempo, un amigo digno de confianza. No importa lo difícil que sea la situación que enfrenten, Dios tiene todo bajo su control.

Lección 1

Jocabed

Base bíblica: Éxodo 1:8-10, 22; 2:1-10.

Objetivo de la lección: Que los principiantes sepan que Dios tiene toda situación bajo control, por difícil que esta sea.

Texto para memorizar: *Mi socorro viene de Jehová, que hizo los cielos y la tierra* (Salmos 121:2).

¡PREPÁRESE PARA ENSEÑAR!

A los principiantes les gusta sentir que todo está bajo control. En esta etapa de su desarrollo la estabilidad emocional es muy importante. Por ello, saber que Dios tiene el control en toda circunstancia les dará fuerza y tranquilidad.

Explique en forma sencilla lo que significa confiar en Dios. Podemos confiar en él porque es nuestro amigo y desea tener una relación cercana con nosotros. Como Jocabed y Moisés, los hijos de Dios enfrentan situaciones difíciles y a veces de sufrimiento. Pero es importante saber que Dios sabe lo que nos sucede y tiene el control de todo. Aprender a confiar en Dios es un gran paso en el crecimiento espiritual de sus alumnos. Infunda en ellos la seguridad de que tenemos un Dios todopoderoso de nuestro lado.

COMENTARIO BÍBLICO

Los israelitas estuvieron en Egipto alrededor de 400 años. Como el pueblo hebreo estaba creciendo mucho, los egipcios decidieron convertirlos en esclavos. Además, temiendo que se rebelaran e intentaran apoderarse del país, el Faraón planeó destruirlos, asesinando a todos los bebés varones. Así que ordenó a sus oficiales que los arrojaran al río Nilo.

Por ese tiempo, Jocabed, una mujer levita, dio a luz a su tercer hijo. Su hija Miriam tenía entonces 10 u 11 años, y Aarón tenía 3.

Después de esconder a su bebé durante tres meses, Jocabed y su esposo desarrollaron un plan para salvarle la vida. Ella hizo una canasta con juncos, y con sumo cuidado la selló con brea para que no penetrara el agua. Luego, puso a su hijo dentro, llevó la canasta hasta el río Nilo y allí la dejó.

Tal vez Jocabed sabía que la hija del Faraón acostumbraba bajar al río a esa hora y encontraría al bebé. Y así fue. La princesa halló la canasta y, aunque sabía que el niño era hebreo, se compadeció de él.

La historia nos cuenta que Miriam permaneció cerca, observando la escena, y no dudó en ofrecer los servicios de su madre como nodriza del bebé. ¡La princesa le pagaría a Jocabed por criar a su propio hijo!

Como hijo adoptivo de la familia del Faraón, Moisés recibió la mejor educación y entrenamiento militar de la época. Poseía poder, fama y prestigio. Pero, antes, Dios le dio a Jocabed la oportunidad de inculcarle a Moisés las tradiciones y religión del pueblo hebreo.

El papel de Jocabed de instruir a Moisés en su niñez es fundamental para entender el amor que él sentía por sus compatriotas. Moisés no olvidó su herencia hebrea, aun cuando estaba inmerso en la cultura egipcia.

Jocabed no sabía lo que sucedería con su bebé cuando lo dejó a orillas del Nilo. Solo sabía que Dios lo cuidaría. Y por fe obedeció a Dios, y confió en su provisión divina. La situación que ella atravesaba estaba fuera de su control, pero estaba segura de que Dios cumpliría sus promesas.

DESARROLLO DE LA LECCIÓN

Elija algunas de las siguientes actividades para centrar la atención de los principiantes en el tema de estudio.

Introducción

Al ser esta la primera lección del año, es importante que se relacione con sus alumnos y los haga sentir que son bienvenidos a su clase. Déles tiempo para que se conozcan entre ellos y se familiaricen con usted. Explíqueles las reglas que deben cumplir en el salón, y oren juntos antes de comenzar la clase.

Mujeres de fe y valor

Busque en algunas revistas ilustraciones de mujeres que realizan diferentes actividades (trabajan, cocinan, cuidan de sus hijos, etc.). Péguelas en una cartulina o papel grande.

Muestre el mural al grupo, y pida que algunos voluntarios digan qué representa cada ilustración. Use esta actividad como punto de partida para realizar la introducción a la unidad. Dígales que durante las tres lecciones siguientes estudiarán la historia de tres valientes mujeres de la Biblia.

¿Qué es un héroe?

Para esta actividad necesitará cartulina, tijeras, marcadores de colores y cinta adhesiva.

Antes de la clase escriba en la cartulina la palabra HÉROE. Recorte letra por letra, y escóndalas en distintas partes del salón. Luego, pida a sus alumnos que las busquen. Cuando las encuentren, pida que armen la palabra, y que luego la peguen en un lugar visible.

Pregúnteles:

- *¿Qué es un héroe?* (alguien que realiza actos valientes para ayudar a las personas).
- *¿Pueden mencionar a algunos?* (si mencionan a personajes de ciencia ficción, acláreles que aunque sean famosos no pertenecen al mundo real).

Haga énfasis en que los héroes son personas reales, como los misioneros, bomberos, policías y, en especial, los personajes de la Biblia. Muéstreles ilustraciones de personajes bíblicos, o pida que mencionen a los héroes que recuerden, y anótelos en la pizarra.

Dígales: *Todos los héroes bíblicos que conocemos tenían algo en común: confiaron en el poder de Dios. Durante estas lecciones estudiaremos la historia de tres mujeres que confiaron en el cuidado y protección de Dios.*

HISTORIA BÍBLICA

Antes de la clase consiga una canasta, un muñeco y una frazada o sábana para cubrirlo. Anime a los niños a sostener y a mecer al bebé. Pídales que lo traten con cariño cuando les toque el turno de cuidarlo.

Dígales que en la historia bíblica escucharán acerca de un bebé a quien su madre puso dentro de una canasta.

Recuerde que cuando usa ilustraciones para visualizar el tema de la clase los niños centran su atención con mayor facilidad. Consiga algunas láminas sobre la historia, o elabórelas usando dibujos o recortes. También puede usar la canasta y el bebé como ilustraciones, mientras narra la historia.

Jocabed salva a su hijo

"¡Qué bebé tan hermoso!", dijo en voz baja Jocabed, cuando nació su tercer hijo. Jocabed y su esposo eran hebreos y vivían como esclavos en Egipto. Como el Faraón egipcio no estaba contento de que hubiera tantos hebreos en su país, los había convertido en esclavos.

Un día el perverso Faraón pensó: "Todavía hay demasiados hebreos". Así que ordenó a sus oficiales: "Tan pronto como nazca un niño hebreo, ¡ahóguenlo en el río Nilo!"

Entonces Jocabed dijo, llorando: "Debemos esconder a nuestro bebé. No podemos permitir que los egipcios lo maten".

Jocabed y su familia escondieron al bebé Moisés durante tres meses. Pero los bebés crecen y, a medida que pasa el tiempo son más grandes y ruidosos. "¿Qué podemos hacer para salvar a nuestro hijo?", se preguntaban.

Jocabed pensaba y oraba.

Un día le dijo a su familia: "¡Tengo un plan! Ayúdenme a recoger cañas de papiro para hacer una canasta. Después la cubriremos con brea y asfalto para que el agua no entre en ella. La canasta será como un barquito para nuestro bebé".

Todos en la casa ayudaron. Miriam y Aarón, su hermanito de tres años, recogieron todas las cañas que su mamá necesitaba. El esposo de Jocabed consiguió brea y asfalto. Así, ella confeccionó una canasta con las cañas, y después la cubrió bien con los materiales que su esposo había conseguido.

"Hijito, debo ponerte en la canasta", dijo Jocabed con voz suave, mientras acomodaba adentro al bebé Moisés.

"Miriam, ven conmigo", le dijo a su hija, y las dos se dirigieron silenciosamente hacia el río.

"Por favor, vigila escondida detrás de estas cañas", dijo Jocabed a Miriam, mientras ponía la canasta en el río con mucho cuidado. ¡Qué difícil debió ser para ella dejar al bebé en la canasta sobre el agua! ¡Qué valiente fue al confiar que Dios cuidaría a su bebé!

"¿Qué hago si alguien se acerca al río?", se preguntaba Miriam después de que su madre se fue. Ella estaba vigilando la canasta en la que su hermanito flotaba tranquilamente en el río. "Hermanito, por favor, no llores", susurró la niña.

"¡Oh, no! ¿Quiénes vienen?", pensó Miriam, al escuchar a unas mujeres que hablaban y se reían. "Es la princesa con sus sirvientas. Seguramente vienen al río a bañarse. ¿Qué hago?"

"¿Qué es eso?", preguntó la princesa, señalando la canasta. "Tráemelo", ordenó a una de sus sirvientas.

"¡Es un bebé!", exclamó al abrir la canasta. "¡Miren, es un niño hebreo! ¡Pobre bebé!", dijo la princesa, mientras lo arrullaba entre sus brazos. "¡Me quedaré con él!"

Miriam sabía lo que tenía que hacer, así que corrió con rapidez hacia donde estaba la princesa y le dijo: "¿Te gustaría que busque a una mujer hebrea para que cuide a tu bebé?"

"Claro que sí", dijo la princesa.

Adivinen a quién lo llevó Miriam… ¡A la propia madre del bebé, a Jocabed!

"Cuídame a este bebé y yo te pagaré", le dijo la princesa a Jocabed.

Así, el bebé Moisés pudo quedarse con su familia algunos años. Ellos le enseñaron acerca de Dios y las tradiciones de su pueblo.

"Ha llegado el tiempo de que nuestro hijo se vaya al palacio a vivir con la princesa", dijo Jocabed, mientras le empacaba algunas pertenencias.

"Lo llamaré Moisés, porque lo saqué de las aguas", dijo la princesa. "Él es mi hijo y le daré la mejor educación posible".

REPASO BÍBLICO

Use las siguientes preguntas para reforzar el aprendizaje bíblico y estimular la participación del grupo. Si desea, entregue un premio a los que respondan correctamente.

1) ¿Qué acto valiente realizó Jocabed? (Escondió a su bebé en una canasta y lo dejó en el río).
2) ¿Cómo se habrá sentido Jocabed cuando dejó al bebé en el río? (Seguramente no quería dejarlo, temiendo que algo le pudiera suceder).
3) ¿De qué manera se manifestó el poder de Dios cuando Jocabed no tenía el control de la situación? (Dios cuidó del bebé y permitió que la princesa lo encontrara).
4) ¿Cómo podemos saber que Dios tiene el control de las situaciones? (Al recordar cómo Dios cuidó y protegió a otras personas, como Jocabed, o nuestros padres y abuelos).

ACTIVIDADES

La canasta de Jocabed

Distribuya los libros del alumno abiertos en la Lección 1. Explique las instrucciones para el trabajo manual: Recorten las cañas siguiendo las líneas marcadas. Después, empezando por la segunda caña, doblen y corten una caña sí y otra no, para que quede un espacio entre una caña y otra. Doblen la hoja por la línea punteada. Enrollen alrededor de un lápiz las cañas para darle mayor dimensión a la figura. Es importante que guíe a sus alumnos paso por paso durante el desarrollo de esta actividad.

Dios tiene el control

Dígales que den vuelta la hoja. Provea crayones o lápices de colores.

Hable con los niños acerca de las ocasiones en que todo parece estar fuera de control en nuestra vida. Recuérdeles que, a pesar de lo difícil de las circunstancias, Dios tiene el control de todo.

Pídales que hagan un dibujo que muestre que aun en una situación difícil pueden ser valientes, porque Dios está con ellos. Pida que algunos voluntarios expliquen lo que dibujaron. Recuérdeles que no somos valientes por nuestro carácter, sino porque confiamos en que Dios es soberano y poderoso en cualquier circunstancia.

MEMORIZACIÓN

Para enseñar el texto para memorizar de esta unidad, escriba las palabras de Salmos 121:2 en una cartulina o en la pizarra. Léanlo juntos un par de veces. Luego, borre una palabra y vuélvanlo a leer; borre una segunda palabra y así sucesivamente hasta que el pizarrón esté en blanco y digan el texto de memoria.

Entregue las tarjetas del Club del versículo del mes para que se las lleven a su casa y repasen el texto durante la semana.

PARA TERMINAR

Motive a sus alumnos a que asistan a todas las demás clases. Prepare un plan para premiar o reconocer a los niños que durante cierto período no falten y sean puntuales.

También le sugerimos que disponga un lugar bien visible para anotar los pedidos de oración y las respuestas. Así ejercitarán el hábito de la oración en la escuela bíblica.

Pregunte a sus alumnos si tienen peticiones. Interceda por cada una, para que sepan que se preocupa por ellos y los encomienda en las manos de Dios.

Antes de despedirse, repitan el versículo para memorizar.

Si es posible, contacte a los padres de sus alumnos y solicite sus datos para crear un directorio de la clase. Este le será muy útil durante el año que comienza.

Débora confía en Dios

Base bíblica: Jueces 4—5.

Objetivo de la lección: Que los principiantes aprendan a confiar en Dios y a obedecerlo aunque les resulte difícil.

Texto para memorizar: *Mi socorro viene de Jehová, que hizo los cielos y la tierra* (Salmos 121:2).

¡PREPÁRESE PARA ENSEÑAR!

La mayoría de los niños de esta edad, con frecuencia, se preocupan. Si no tienen un problema real, se preocupan por algo que podría ocurrir: "¿Qué tal si un ladrón se mete en mi casa? ¿Qué tal si me caigo en presencia de mis compañeros y se ríen de mí?"

La historia de Débora ayudará a los principiantes a desarrollar su confianza en Dios. No debemos sentir temor, porque Dios tiene el control de todas las situaciones. Él no nos pide que seamos perfectos, solo que tengamos confianza y le obedezcamos.

Sus alumnos necesitan que los alienten constantemente, recordándoles que Dios los ama. Cuando aprenden a poner su confianza en Dios, él los ayuda a ser valientes. Quizá no siempre se sientan preparados para enfrentar las situaciones difíciles, pues Barac también sintió miedo de ir a la batalla sin Débora. Sin embargo, pueden confiar en que Dios los ayudará y les dará valentía en todas las circunstancias.

COMENTARIO BÍBLICO

Jueces 4—5. El libro de Jueces nos habla de la historia de Israel, desde la muerte de Josué hasta antes del reinado de Saúl.

En ese tiempo, el pueblo de Dios estaba gobernado por jueces. Débora, la cuarta de los doce jueces que se mencionan en este libro, se destaca por ser la única profetisa a la que se hace referencia en el relato.

La historia que leemos en el libro de Jueces es cíclica, porque los acontecimientos se repiten: Israel cae en idolatría y desobediencia; Dios permite que a Israel lo ataquen las naciones vecinas; el pueblo clama pidiendo la ayuda divina; y Dios, en su misericordia, ayuda a los israelitas y los rescata.

Los cananeos habían oprimido a Israel durante 20 años, cuando Dios escogió a Débora y a Barac para que lucharan contra ese pueblo. Dios eligió a estos siervos y les dio la victoria a los hebreos, humillando a Sísara y a su ejército.

DESARROLLO DE LA LECCIÓN

Use algunas de las actividades sugeridas para enriquecer el proceso de aprendizaje de los principiantes.

¿Quién es valiente?

Con anticipación, busque ilustraciones de personajes bíblicos que sus alumnos conozcan. Mientras los observan, pregúnteles:

- *¿Cuál de estos personajes demostró ser valiente y por qué?*

Escuche las respuestas. Luego compleméntelas explicando que cada uno de los personajes fue valiente porque confió en Dios y lo obedeció. Es importante que aprendan a confiar en el Señor, y no en sus propias capacidades, cuando enfrenten situaciones difíciles.

¿Quién dirige nuestra iglesia?

Para esta actividad necesitará hojas blancas, y crayones o marcadores de colores.

Reparta los materiales y pregunte a su clase:

- *¿Qué es un líder?* (Una persona que está al frente y es responsable de un grupo; alguien que toma decisiones; un ejemplo que otros deben seguir; alguien con autoridad e influencia, etc.).
- *¿Quién es el líder de nuestra iglesia?* (Quizá mencionen al pastor o al maestro de la escuela bíblica).
- *¿Piensan que en nuestra iglesia hay mujeres que son líderes?* (La esposa del pastor, la directora del ministerio de mujeres, las maestras de la escuela bíblica, etc.).

Pida a sus alumnos que dibujen a las mujeres líderes de su iglesia local, y que en cada dibujo escriban una frase donde se mencione el nombre de la persona y la función que desempeña.

Mientras trabajan, recuérdeles que Dios usa a todos los que son fieles y lo obedecen, sin importar lo grandes, fuertes o inteligentes que sean. A él no le preocupa si son hombres o mujeres, niños o niñas, lo que realmente desea son corazones dispuestos a servirlo aun en medio de las dificultades.

Aunque sea muy difícil

Divida la clase en dos equipos. Arme una "pista de obstáculos" en su salón, usando sillas, mesas y otros objetos que tenga a mano.

Los dos equipos deben cruzar la pista, obedeciendo diferentes instrucciones (por ejemplo: caminen en puntas de pie, avancen brincando, avancen saltando en un solo pie, etc.). Evite pedir algo que pudiera causarles lesiones o ponerlos en peligro.

Cuando concluyan, pídales que se sienten. Explíqueles que muchas veces es difícil obedecer (por ejemplo: cuando tenemos que hacer algo que nos desagrada o las circunstancias son complicadas).

La historia bíblica de hoy trata acerca de una persona que obedeció y fue valiente en medio de una situación muy difícil.

HISTORIA BÍBLICA

Una visita especial

Invite a una mujer de su congregación a que visite su clase, y hable sobre el ministerio que realiza y sobre sus funciones. Explique a su invitada que su clase está estudiando el tema de "Mujeres de fe y valor". Pídale que hable un poco sobre su experiencia cristiana. Si desea, provéale con anticipación el material para estudio y permita que narre la historia bíblica.

Débora es valiente

Habían pasado muchos años desde el día en que Jocabed dejó al bebé Moisés dentro de una canasta en el río Nilo. Moisés creció y se convirtió en un hombre fuerte, y ayudó al pueblo de Dios a salir de la tierra de Egipto. Después de que Moisés murió, Josué, su ayudante, guió a los israelitas hasta Canaán, la tierra que Dios les había prometido.

El pueblo de Dios había vivido en Canaán por muchos años. Durante un tiempo obedecieron a Dios, y disfrutaron de bienestar y prosperidad en la tierra. Pero, lamentablemente, después comenzaron a desobedecerlo una y otra vez. Por último, Dios decidió castigarlos. Para ello, permitió que el rey de un pueblo enemigo los atacara.

Sísara, el capitán del ejército de ese rey, tenía 900 carros de hierro, ¡novecientos! Los israelitas no tenían hierro ni carros. Sísara era cruel con los israelitas y los trataba como esclavos. Entonces, una vez más los israelitas clamaron a Dios pidiendo ayuda.

Los israelitas fueron a hablar con Débora, una jueza y profetisa, para que interviniera en este problema. Quizá ella los podría ayudar a enfrentar esa situación. Débora escuchó al pueblo y les dijo: "Por favor, traigan a Barac".

Cuando llegó Barac, Débora le dijo: "El Señor, Dios de Israel, quiere que lleves a 10 mil hombres al monte Tabor. Tú debes dirigir el ejército. Yo atraeré a Sísara para que vaya con sus carros y tropas hasta el arroyo de Cisón. Tú y tus 10 mil hombres pelearán contra ellos".

Pero, Barac tuvo temor y le dijo: "Débora, yo no puedo ir solo. Necesito que vayas conmigo".

"Muy bien", dijo Débora. "Iré contigo, pero esto no es lo que Dios mandó. Ya que insistes en que yo vaya contigo, la gloria de la batalla no será tuya. El Señor entregará a Sísara en manos de una mujer".

Débora y Barac juntaron a 10 mil israelitas y se dirigieron al monte Tabor. Cuando Sísara escuchó que ellos iban a ese lugar, reunió sus 900 carros y marchó hacia el arroyo de Cisón.

Entonces Débora le dijo a Barac: "¡Ataca! Hoy el Señor ha entregado a Sísara en tus manos. Dios va delante de ti".

Barac y sus 10 mil hombres descendieron del monte hacia el ejército de Sísara. Pero, ¿saben qué sucedió? Dios tomó el control de la situación. Cuando el ejército de Sísara comenzó a atacar, los 900 carros tuvieron graves problemas. Dios hizo que se inundara el valle de Cisón, ¡y los carros se quedaron atascados en el lodo!

Cuando Sísara vio que los carros no podían avanzar, bajó de su carro y corrió lo más rápido que pudo. Fue el único de todo su ejército que pudo escapar de Barac y del ejército israelita.

Sísara corrió hasta llegar a la tienda de una mujer llamada Jael y le rogó: "¡Escóndeme!"

Cuando Barac encontró a Sísara en la tienda de Jael estaba muerto.

Ese día Dios ayudó a los israelitas a ganar la batalla contra los cananeos. Los israelitas se convirtieron en un pueblo cada vez más fuerte.

ACTIVIDADES

Débora confía en Dios

Distribuya los libros del alumno, hojas de colores, tijeras y pegamento.

Antes de la clase, recorte triángulos de papel de color marrón, que representarán las montañas. También puede recortar tiras de papel azul para simular el cielo.

Pida a los niños que recorten las figuras de la hoja del libro del alumno y las peguen en una hoja o cartulina, como si fuera un escenario. Después, déles tiempo para que lo decoren usando papeles de colores o algún otro material que tenga al alcance, como lápices de colores o crayones.

Mientras trabajan, repase con ellos la historia bíblica. Anímelos a ser valientes, aun en medio de las situaciones difíciles.

MEMORIZACIÓN

En tarjetas de cartulina, escriba las palabras de Salmos 121:2, colocando una palabra en cada tarjeta. Repitan todos juntos el versículo dos veces. Luego, mezcle las tarjetas y dé la oportunidad para que sus alumnos se turnen para ordenar las palabras. Repitan el texto cada vez que lo ordenen correctamente.

Guarde las tarjetas en una bolsa plástica para usarlas la clase siguiente.

PARA TERMINAR

Agradezca a sus alumnos por su asistencia y anuncie algo sobre la siguiente lección para despertar en ellos interés.

Haga énfasis en que podemos confiar en el poder de Dios en los momentos difíciles. Termine con una oración, dando gracias a Dios porque él nos ayuda a ser valientes aun cuando sentimos miedo.

notas

Rut es fiel

Base bíblica: Rut 1—4.

Objetivo de la lección: Que los principiantes sepan que Dios desea usarlos para bendecir a los demás.

Texto para memorizar: *Mi socorro viene de Jehová, que hizo los cielos y la tierra* (Salmos 121:2).

¡PREPÁRESE PARA ENSEÑAR!

La mayoría de los principiantes confían con facilidad y no tienen problema para creer en la palabra de los demás. Confían en sus padres, maestros y amigos. Es probable que no comprendan del todo lo que significa tener "fe", pero saben lo que es la lealtad y la dedicación. Esta lección los ayudará a comprender que Dios es fiel, es decir, dedicado, constante y leal. Además, comenzarán a comprender cómo pueden ser fieles, leales y dedicados a Dios, a sus padres y a sus amigos.

COMENTARIO BÍBLICO

Rut 1—4. El libro de Rut se puede leer de tres formas diferentes. Primero, como una obra maestra de la literatura hebrea que contiene algunos de los pasajes más hermosos de la Biblia. Segundo, como un hermoso ejemplo de la manera en que Dios usa a los que deciden ser fieles a él. Tercero, como una demostración de la fidelidad y del cuidado de Dios hacia los que sufren y tienen necesidad.

Rut y Noemí fueron dos mujeres valientes que dependieron del cuidado y la provisión de Dios en los momentos de mayor necesidad. Rut era moabita, y estaba casada con un hombre judío que servía a Dios. Cuando su esposo murió, decidió no regresar a su pueblo ni servir a dioses falsos. Más bien decidió cuidar de su suegra, mudándose a un país extraño para ella.

Rut es un claro ejemplo de la manera en la que Dios acepta, protege y provee a los que depositan su fe en él.

DESARROLLO DE LA LECCIÓN

Use algunas de las siguientes actividades para enriquecer el desarrollo de la lección.

¿Qué sucederá conmigo en el futuro?

Para esta actividad necesitará hojas blancas o trozos de cartulina, pegamento, crayones o marcadores de colores, y revistas o periódicos (diarios) usados.

Reparta los materiales de trabajo, y pregunte a sus alumnos qué les gustaría ser cuando crezcan. Pida que dibujen o recorten ilustraciones que expresen sus sueños para el futuro.

Dialoguen sobre lo que necesitan hacer como preparación para esos trabajos. Explíqueles que desde ahora pueden esforzarse para ser los mejores en la escuela y cuidar su cuerpo para crecer sanos y fuertes.

Déles tiempo para que muestren sus dibujos. Dígales: *Dios cuida de todas las personas, y muchas veces desea usarnos para bendecir a los demás. Él se encarga de escoger a personas que lo ayuden a suplir las necesidades de los demás.*

Permita que mencionen algunas maneras en que pueden realizar esta tarea (por ejemplo: a través de la oración, ofrendas, visitas a los enfermos, juntando alimentos, etc.).

Confianza y obediencia

Para esta actividad necesitará una tela para vendar los ojos de sus alumnos y una silla.

Pida que un voluntario pase al frente, y véndele los ojos. Dígale que usted lo ayudará a atravesar el salón de lado a lado, y después lo guiará otra vez a su silla.

Tome la mano del niño y guíelo por el salón. Luego elija a otros niños y haga lo mismo. Explíqueles que la confianza consiste en saber que Dios nos ayudará a seguir adelante, aun cuando no podamos verlo. Tener fe en Dios es un acto de confianza.

HISTORIA BÍBLICA

Elabore títeres sencillos que representen a Noemí, Rut y Booz para ilustrar la historia bíblica. Hágalos usando calcetas (medias) o bolsas de papel, y decórelos con botones, trocitos de tela, etc. Si desea, prepare un escenario con cajas de cartón, que podrá usar también en otras clases. Pida a un adulto que lo ayude a manejar a uno de los personajes.

Rut, una mujer fiel

Hace mucho tiempo, cuando el pueblo de Dios estaba gobernado por jueces, y no por reyes, hubo hambre en la tierra de Israel. Las personas no tenían suficiente alimento. Por esa razón, Elimelec, su esposa Noemí y sus dos hijos se fueron a vivir a un lugar lejano llamado Moab.

Pasado algún tiempo, Elimelec murió. Sus hijos crecieron y se casaron con mujeres moabitas, Rut y Orfa. Diez años después, los hijos de Noemí también murieron.

Noemí estaba muy triste. Se encontraba sola en un país extranjero, lejos de su hogar.

Entonces les dijo a Rut y a Orfa:

—Volveré a mi tierra. He oído que Dios bendijo a Israel y ahora hay alimento allá.

—Iremos contigo —respondieron sus nueras.

—Hijas mías —dijo Noemí—, regresen a vivir con sus familias. Ustedes fueron muy buenas con mis hijos y conmigo. Que Dios tenga compasión de ustedes y les dé otros maridos.

Noemí se acercó para darles un beso antes de irse, y ellas comenzaron a llorar de tristeza porque no querían separarse de ella.

Pero Noemí insistió para que volvieran a Moab, así que Orfa le dio un beso de despedida y tomó el camino de regreso a su tierra.

—Mira Rut —dijo Noemí—, Orfa regresará a su pueblo con su familia. Ve con ella.

—No, no iré —respondió Rut.

—Pero yo ya no tengo otros hijos con quienes te puedas casar, hija.

—No importa, no te dejaré. Dondequiera que vayas, iré contigo. Tu pueblo será mi pueblo y tu Dios, mi Dios.

Cuando Noemí vio que Rut no iba a cambiar de opinión, dejó de insistirle.

Las dos mujeres emprendieron el camino hacia Israel, y llegaron a Belén justo cuando comenzaba la cosecha.

Cuando los segadores cortaban el grano y lo recogían, un poco de grano siempre caía al suelo. Dios había ordenado a los israelitas que dejaran en el suelo el grano que cayera para que la gente pobre lo recogiera y tuviera alimento. Como Rut era pobre, iba detrás de los segadores recogiendo el grano que se les caía.

Rut era muy trabajadora y no se detenía a descansar. Sabía que si no trabajaba, Noemí y ella no tendrían nada para comer.

Mientras Rut trabajaba sin parar, Booz, el dueño de los campos, estaba supervisando la cosecha.

—¿Quién es esa mujer? —preguntó Booz al encargado de los segadores.

—Se llama Rut. Vino de Moab con Noemí —respondió el encargado—. Ha trabajado sin descanso todo el día.

Booz se acercó hasta donde Rut estaba trabajando y le dijo:

—No trabajes en ningún otro campo, porque alguien podría lastimarte. Mejor trabaja en mis campos. Aquí estarás segura.

—¡Usted es muy amable! —dijo Rut—. ¿Por qué es tan bondadoso conmigo, siendo yo extranjera?

—Porque he oído que eres muy buena con Noemí —contestó Booz.

Cuando Rut regresó a su casa esa noche, le contó a Noemí acerca del grano que había recogido y de la bondad del dueño de los campos.

"Booz es pariente de mi esposo", dijo Noemí. "Me alegra que te trate bien. Así que no tengas temor de trabajar en sus campos, él te protegerá".

Al pasar el tiempo, Booz se enamoró de Rut. Se casaron y tuvieron un bebé al que llamaron Obed.

Cuando Obed creció, tuvo hijos y después muchos nietos. Uno de esos nietos se llamó David, quien mató a un gigante llamado Goliat. David era descendiente de Rut y Booz.

Muchos, muchos años después, nació otro bebé que también fue descendiente de Rut y Booz. Ese bebé también nació en Belén y lo acostaron en un pesebre.

Dios premió la fidelidad y la fe de Rut, permitiéndole ser parte de la familia del rey David, pero sobre todo del Señor Jesús.

ACTIVIDADES

Rut es fiel. Dios es fiel

Abran los libros del alumno en la Lección 3 y provea tijeras para los niños. Sigan las instrucciones para armar el escenario. Recorten las figuras para esta lección que se encuentran en la Sección Recortable.

Pida algunos voluntarios que relaten la primera parte de la historia, usando las figuras de Rut, Orfa y Noemí. Enfatice la fidelidad de Rut hacia Noemí cuando decidió viajar con ella hasta Belén.

Den vuelta el escenario para que quede del lado donde dice "Dios es fiel". Elija a algunos niños para que narren la segunda parte de la historia, usando las figuras de Rut, Noemí y Booz.

Recalque que Dios fue fiel con Noemí y Rut, proveyéndoles trabajo y alimento. También preparó un esposo para Rut y les permitió tener un hermoso bebé.

Anímelos a usar ese trabajo manual para contarles a sus familiares lo que aprendieron durante la clase.

Repaso mensual

Por ser la última lección de la unidad, le sugerimos que haga un breve repaso de las tres lecciones aprendidas este mes.

Use algún método divertido para hacer estas preguntas a sus alumnos. Uno podría ser el siguiente: Hagan una ronda y pasen un objeto de mano en mano, mientras escuchan alguna melodía. Cuando la música se detenga, el niño que tenga el objeto en la mano será el que conteste la pregunta. Siéntase en libertad de añadir más preguntas, según el número de participantes.

1) ¿Quién escondió a su bebé de los oficiales del Faraón? (*Jocabed*).
2) Según la orden del Faraón, ¿qué debían hacerles a los bebés hebreos? (*Arrojarlos al río Nilo para que murieran*).
3) ¿Quién cuidó al bebé de Jocabed cuando estaba en el río? (*Dios*).
4) ¿Quién ayudó a hacer la canasta y vigiló al bebé, mientras flotaba en el río Nilo? (*Miriam*).
5) ¿Quién encontró al bebé y lo adoptó? (*La hija del Faraón*).
6) ¿Qué era Débora? (*Jueza y profetisa*).
7) ¿A quién le dijo Débora que juntara un ejército de 10 mil hombres? (*A Barac*).
8) ¿Qué tenía el ejército de Sísara que los hacía sentir muy poderosos? (*900 carros de hierro*).
9) ¿Cómo ayudó Dios al ejército de Israel para que venciera al ejército de Sísara? (*Inundó el valle para que los carros de hierro no avanzaran*).
10) Di el texto bíblico de este mes (*Mi socorro viene de Jehová, que hizo los cielos y la tierra* —Salmos 121:2).
11) ¿Quién dijo: "No te dejaré. Dondequiera que fueres, iré yo. Tu pueblo será mi pueblo y tu Dios, mi Dios"? (*Rut*).
12) ¿A quién demostró Rut su fidelidad? (*A su suegra Noemí*).
13) ¿De qué vivió Rut cuando llegó a Belén? (*Trabajó recogiendo granos en el campo*).
14) ¿Con quién se casó Rut? (*Con Booz*).
15) Nombra una de las dos personas famosas que formaron parte de la familia de Booz y Rut (*El rey David o Jesús*).

MEMORIZACIÓN

Para esta semana le sugerimos que use las tarjetas que preparó la clase pasada. Divida la clase en pequeños grupos o en parejas. Déles tiempo para que ordenen las tarjetas sobre la mesa. Digan juntos el texto para memorizar, y vuelva a mezclar las tarjetas. El equipo que tarde menos tiempo en ordenar las tarjetas será el ganador.

PARA TERMINAR

Distribuya los trabajos que hayan elaborado durante estas tres lecciones, y anime a sus alumnos a ser valientes y a confiar en el cuidado de Dios.

Que formen un círculo, e interceda por cada uno de ellos. Es importante que, aunque le tome más tiempo, mencione el nombre de cada niño al orar. De esa manera se sentirán apreciados y valorados, no solo por usted sino también por Dios. Después de agradecerles su asistencia y fidelidad durante estas primeras lecciones, invítelos a la próxima clase, en la que estudiarán la importancia de tomar decisiones.

Pídales que durante la semana anoten todas las decisiones importantes que tomen, para contarlas en la próxima clase.

notas

LA BIBLIA NOS ENSEÑA A TOMAR DECISIONES

Bases bíblicas: 1 Reyes 3:4-15; 4:29-34; Juan 1:35-42; Lucas 10:38-42; Mateo 25:14-30; Daniel 1:3-20; Lucas 12:13-24.

Texto de la unidad: *Buscad primeramente el reino de Dios y su justicia, y todas estas cosas os serán añadidas* (Mateo 6:33).

PROPÓSITOS DE LA UNIDAD

Esta unidad ayudará a los principiantes a:

❖ Entender que las decisiones que toman son importantes.

❖ Desear tomar decisiones que honren a Dios. Tomar decisiones basadas en los principios bíblicos.

LECCIONES DE LA UNIDAD

Lección 4: Salomón toma una sabia decisión

Lección 5: Andrés decide ayudar a Pedro

Lección 6: María y Marta deciden servir a Jesús

Lección 7: Un mayordomo sabio toma una buena decisión

Lección 8: Daniel escoge alimentos saludables

Lección 9: Un hombre rico toma una mala decisión

POR QUÉ LOS PRINCIPIANTES NECESITAN LA ENSEÑANZA DE ESTA UNIDAD

Los principiantes comienzan a ser más independientes. Han iniciado su vida escolar y se sienten "más grandes". Es normal que muchos de ellos no deseen que se los compare con los niños pequeños. Exploran a su alrededor sin temor, y son capaces de tomar decisiones por ellos mismos. Con el nivel de independencia que han logrado, también deben aceptar la responsabilidad de tomar decisiones correctas. Por ello necesitan una guía que los ayude a tomar decisiones que honren a Dios.

Las lecciones de esta unidad proveerán principios bíblicos que ayudarán a los principiantes a tomar decisiones sabias.

Provea oportunidades para que ejerciten su habilidad para decidir. Propicie en el salón de clase un ambiente seguro, donde sus alumnos exploren y tengan nuevas experiencias de aprendizaje. Observe las decisiones que tomen durante el tiempo de clase, y elógielos cuando elijan algo que glorifique a Dios.

Salomón toma una sabia decisión

Base bíblica: 1 Reyes 3:4-15; 4:29-34.

Objetivo de la lección: Que los principiantes aprendan que Dios quiere ayudarlos a tomar decisiones sabias.

Texto para memorizar: *Buscad primeramente el reino de Dios y su justicia, y todas estas cosas os serán añadidas* (Mateo 6:33).

¡PREPÁRESE PARA ENSEÑAR!

La vida diaria está llena de elecciones. Incluso los niños pequeños enfrentan cada día una serie de nuevas decisiones que deben tomar. Algunas son simples; otras, afectarán el resto de su vida.

Los principiantes deben aprender a usar su criterio para tomar decisiones sabias, pero, sobre todo, necesitan aprender que Dios está dispuesto a ayudarlos a tomar la decisión correcta. Es importante que sepan que sus decisiones no solo les afectan a ellos, sino a la comunidad y, sobre todo, su relación con Dios. Esta lección le provee una gran oportunidad para guiar a sus alumnos, enseñándoles a buscar la dirección divina antes de tomar decisiones por ellos mismos.

COMENTARIO BÍBLICO

Este pasaje bíblico nos habla acerca del liderazgo de Salomón, pero también nos muestra el carácter bondadoso de Dios. Leemos que Dios le hizo un ofrecimiento inmerecido a Salomón. También nos recuerda que Dios desea que lo sigamos de todo corazón, que se complace cuando tomamos buenas decisiones y que, si es su voluntad, puede bendecir a sus hijos con sabiduría, prosperidad y una larga vida.

La historia nos cuenta que Salomón fue a Gabaón, un lugar que quedaba a 17 kilómetros de Jerusalén. Allí se encontraba el antiguo tabernáculo, que en aquel tiempo era un punto de reunión para los hebreos; el templo aún no se había construido.

Salomón era un joven de unos 20 años cuando se convirtió en rey. Obviamente, no tenía experiencia para gobernar ni conducir a una nación. Cuando el Señor se le apareció en un sueño, quizá la tarea de reinar preocupaba al joven rey.

Ante el ofrecimiento de Dios, la respuesta de Salomón muestra que deseaba agradar al Señor y que tenía un gran sentido de responsabilidad. Este joven sabía que solamente con la ayuda de Dios podría llevar a cabo la gran tarea que tenía por delante.

La petición de Salomón agradó a Dios porque no fue egoísta. Mostraba que se preocupaba por el bienestar de los demás. Entonces, Dios no solo le concedió su deseo sino que lo bendijo con bienestar, prosperidad y salud.

1 Reyes 4:29-34. Este pasaje muestra la gran sabiduría de Salomón, que había alcanzado fama más allá de las fronteras de Israel. La lista de sus escritos es impresionante. Y, cuando combinamos los grandes proyectos arquitectónicos con sus logros comerciales, vemos que Dios cumplió la promesa que le había hecho a Salomón. Sin lugar a dudas, este rey disfrutó de riqueza y honor toda su vida.

DESARROLLO DE LA LECCIÓN

Use algunas de las siguientes actividades para enriquecer el aprendizaje de su grupo de estudio.

¿Quién decide?

Esta actividad ayudará a sus alumnos a darse cuenta de cómo las decisiones de otras personas pueden influir en ellos.

Doble tres hojas por la mitad. Péguelas o abróchelas para formar sobres. En el primer sobre escriba: "YO SOLO"; en el segundo: "YO CON AYUDA DE UN ADULTO"; y en el tercero: "UN ADULTO".

Luego, pegue los sobres en la pizarra o en la pared. En tiras de papel escriba cada uno de los siguientes enunciados:

Los juegos con los que te diviertes.
De quiénes puedes hacerte amigo.
La música que escuchas.
La ropa que usas.
Los alimentos que comes.
Los lugares donde juegas.
Los programas que ves en la televisión.
El trabajo que tendrás cuando crezcas.
Con quién te vas a casar.
Dónde vas a vivir.

Añada otras frases, si lo desea. Luego, pida que cada alumno elija una tira. Después de que cada uno haya leído la frase que le tocó, déle tiempo para que diga quién debe tomar esa decisión. Pídale que coloque la tira en el sobre correcto.

Algunas decisiones pueden prestarse a comentarios. Estimule la participación del grupo, y guíelos a un debate constructivo.

Dialogue con ellos sobre la manera en que las influencias externas afectan sus decisiones, y viceversa.

Proverbios

Para esta lección le sugerimos que, con anticipación, escriba en una cartulina algunos de los proverbios de Salomón (por ejemplo, Proverbios 16:6), y muéstrelos mientras narra la historia. También puede pedir a los alumnos que mantengan su Biblia abierta en el libro de Proverbios.

Ideas brillantes

Para esta actividad le sugerimos que use cartulina o papel resistente para preparar la figura de un foco de luz para cada uno de sus alumnos.

Lea las siguientes frases en voz alta. Cuando sus alumnos crean que se trata de una decisión sabia, deben levantar su foco. Discutan si la decisión es sabia o no. Algunas respuestas pueden variar, según la situación, el lugar o el clima. Haga énfasis en que algunas decisiones pueden ser adecuadas en cierta situación, pero inadecuadas cuando cambian las circunstancias.

1) Volar una cometa (papalote).
2) Levantarles la voz a los padres.
3) Asistir a la iglesia los domingos.
4) Pasear en bicicleta.
5) Tomar el libro de tu amigo.
6) Acampar en una tienda al aire libre.
7) Escuchar con atención al maestro.
8) Participar de un día de campo.
9) Ser amable con los demás.
10) Ir a la playa.

Guarde las figuras de los focos para usarlos la próxima semana.

HISTORIA BÍBLICA

Narre la historia usando sus propias palabras y modulando el tono de voz para darle más realismo. Otra opción es invitar a alguien para que lo ayude a leer y actuar la parte de Salomón.

Salomón es sabio al decidir

"He hecho un largo viaje para llegar a Gabaón a adorar a Dios", pensó Salomón. "Estoy muy cansado y necesito reposar para recobrar fuerzas".

En cuanto Salomón se acostó, se quedó dormido de inmediato y comenzó a soñar.

En medio de su sueño, Dios se le apareció y le dijo:

—Pídeme lo que quieras y te lo daré.

—Señor —respondió Salomón—, fuiste muy bueno con mi padre David. Ahora me permitiste ser rey de esta gran nación. Pero soy muy joven y no sé cómo ser un buen rey. No soy lo suficientemente sabio. Dale a tu siervo sabiduría para gobernar a tu pueblo. Ayúdame a saber lo que es bueno y lo que es malo.

—Has pedido algo muy bueno —dijo Dios—. Pudiste pedir larga vida o riquezas. Pero, como has pedido sabiduría para gobernar al pueblo, te daré lo que quieres. No habrá nadie más sabio que tú. Y, como tu petición fue desinteresa, te daré mucho más; te daré muchas riquezas y gloria. —Y agregó— Si sigues mis caminos y me obedeces, como lo hizo tu padre David, también haré que goces de larga vida.

Salomón se despertó y se dio cuenta de que había sido un sueño. Pero Dios cumplió su promesa y dotó a Salomón de gran sabiduría. Y él fue conocido en todo el mundo como el rey más sabio de la historia.

Salomón escribió y coleccionó dichos sabios durante toda su vida, algunos de los cuales están escritos en la Biblia, en el libro de Proverbios.

La decisión de Salomón

Distribuya los libros del alumno y lápices. Explique a los niños que deben elegir la palabra correcta para completar cada frase. Dígales que usen las letras que están en los cuadros de colores para completar la última oración.

Recuérdeles que Salomón tomó una decisión correcta al pedirle a Dios sabiduría para dirigir al pueblo.

Cuando terminen la actividad, que den vuelta la hoja. Dé tiempo para que recorten las figuras de la parte inferior. Dígales que las peguen en los espacios en blanco que correspondan. Mientras trabajan, explíqueles por qué es importante buscar ayuda para tomar decisiones sabias, y dónde pueden encontrarla:

Biblia. Si al tomar decisiones seguimos los principios bíblicos, tenemos la seguridad de que Dios se agradará de nuestra elección. La Biblia está llena de buenos consejos que nos ayudan a tomar decisiones sabias.

Oración. A través de la oración pedimos a Dios que nos ayude a decidir.

Jesús. Siempre está dispuesto a ayudarnos cuando debemos tomar decisiones. Él es sabio y sabe qué es lo mejor para nosotros.

Padres. Ellos nos aman y desean que tomemos las mejores decisiones.

Pastor. Se preocupa por nuestro bienestar espiritual y está dispuesto a ayudarnos a tomar decisiones que agraden a Dios.

Converse con los niños sobre la repercusión que tienen sus decisiones. Recuérdeles que la decisión que Salomón tomó en su juventud impactó el resto de su vida y la de su pueblo.

MEMORIZACIÓN

Escriba en una cartulina el texto para memorizar y colóquelo en un lugar visible del salón.

Pida a las niñas que pasen al frente y lo lean; después pida que lo hagan los niños. Luego elija a diferentes grupos (por ejemplo: todos los que tengan zapatos negros, todos los que tengan ropa de un mismo color, etc.). Continúe el juego con diferentes variantes, hasta que el texto se haya leído por lo menos cinco veces.

Por último, pida a algunos voluntarios que lo digan de memoria.

Reparta las tarjetas del Club del versículo del mes para que las lleven a su casa y repasen el versículo con sus padres.

PARA TERMINAR

Entonen una canción, y júntense para orar. Pidan al Señor que los ayude a tomar decisiones sabias durante la semana, e intercedan unos por los otros.

Antes de despedirse, pida a algunos niños que lo ayuden a ordenar el salón y guardar los materiales que utilizaron.

notas

Andrés decide ayudar a Pedro

Base bíblica: Juan 1:35-42.

Objetivo de la lección: Que los principiantes aprendan que pueden influenciar a otras personas a que tomen buenas decisiones.

Texto para memorizar: *Buscad primeramente el reino de Dios y su justicia, y todas estas cosas os serán añadidas* (Mateo 6:33).

¡PREPÁRESE PARA ENSEÑAR!

Todas las personas son susceptibles de ser influenciadas, ya sea por amigos, familiares, medios de comunicación o ideologías, entre muchas otras. Sin embargo, los principiantes son muy influenciables. Por esa razón necesitan ayuda para reconocer y evaluar las influencias que los rodean.

Por ejemplo, es bueno que aprendan a apreciar la influencia de sus padres, de la Biblia y de sus amigos cristianos. Por otro lado, deben evitar las influencias negativas que provienen de la televisión, los amigos de la calle y la cultura anticristiana en la que vivimos.

Cuando los principiantes aprenden a identificar las buenas influencias es más fácil que tomen decisiones correctas.

COMENTARIO BÍBLICO

Juan 1:35-42. El ministerio de Juan el Bautista era preparar el corazón de la gente para escuchar el mensaje del Mesías. Su testimonio, "¡He aquí el Cordero de Dios!", fue suficiente para que dos de sus discípulos (Andrés y Juan) siguieran a Jesús. Andrés decidió seguir a Jesús e influenciar a su hermano Simón, declarándole: "¡Hemos encontrado al Mesías!"

La influencia de Andrés sobre su hermano Simón comenzó a producir un profundo cambio en la vida de este discípulo.

Cuando Jesús vio a Simón, le dijo: "Tú eres Simón hijo de Jonás; tú serás llamado Cefas —es decir, Pedro" (v. 42). El comentario bíblico Beacon señala: "Jesús vio a Pedro no solo como él era, sino lo que podía llegar a ser a través de la gracia transformadora de Dios". Jesús sabía que Dios podía transformar a Simón en Cefas (o Pedro en griego), que traducido es "roca".

DESARROLLO DE LA LECCIÓN

Escoja algunas de las actividades sugeridas para facilitar el proceso de aprendizaje de sus alumnos.

Ideas brillantes

Distribuya las figuras de los focos que usaron la semana anterior. Pida a sus alumnos que, mientras lee las siguientes declaraciones, levanten los focos cuando piensen que se trata de una decisión sabia. Conversen acerca de la razón por la que cada decisión que se menciona es o no sabia. Haga aclaraciones adicionales si es necesario.

1) Invitar a tu vecino a la escuela bíblica. (Es sabio porque debemos influenciar a los demás para que vengan a la iglesia).
2) Ser amable al jugar con tus hermanos. (Es sabio porque agrada a Jesús y a tus padres).
3) Ayudar a tus compañeros a hacerle una broma al maestro. (No es sabio. No debemos dejar que nuestros amigos influyan en nosotros para hacer lo malo).
4) Ayudar a tus padres a limpiar la casa. (Es sabio. Es una excelente decisión que seas servicial).
5) Burlarte con tus amigos de otro compañero de la escuela. (No es sabio seguir la influencia de otros para tratar mal a las personas).
6) Conversar durante el servicio de adoración. (No es sabio, porque de esa manera uno no adora a Dios ni presta atención al servicio).
7) Ser amable con tu prójimo. (Es sabio porque seguimos el ejemplo de Jesús).
8) Enseñar a tu hermano menor a tratar bien a los animales. (Es sabio porque a Jesús le agrada que ayudemos a otros a portarse bien).

¿Qué significa influencia?

Escriba la palabra INFLUENCIA en una cartulina, y la siguiente definición en otra: "El poder para lograr que alguien haga lo que tú deseas".

Luego, recorte las cartulinas como si fueran las piezas de un rompecabezas.

Divida la clase en dos grupos. A uno entréguele las piezas que forman la palabra. Pida que armen el rompecabezas, y que lean en voz alta la palabra que formaron. Déles tiempo para que piensen lo que significa.

Mientras tanto, entregue el otro rompecabezas al segundo grupo y pida que lo armen. Después lean la definición, y conversen acerca de su significado, como introducción a la historia bíblica.

HISTORIA BÍBLICA

Personajes misteriosos - I

Para esta actividad sugerimos que escriba en una cartulina los nombres ANDRÉS y PEDRO. Recorte cada letra por separado, y guárdelas en una canasta o bolsa.

Junte a sus alumnos para que escuchen la historia bíblica, y dígales: *En la historia de hoy, un hombre tomó una decisión que influyó en la vida de otro. Voy a mostrarles las letras que forman los nombres de estos personajes* (muestre cada letra). *¿Saben de quiénes se trata? Escuchen con atención para identificar a los dos personajes de hoy.*

Los discípulos siguen a Jesús

"¡Miren, allí está!", dijo Juan el Bautista. "Él es el Cordero de Dios de quien les hablé".

¡Juan estaba muy emocionado! Les había contado a Andrés y a su amigo acerca de Jesús. Ahora, de repente, Jesús se encontraba allí, frente a ellos.

"¡Vamos con él!", le dijo Andrés a su amigo.

Andrés y su amigo siguieron a Jesús.

Luego de un rato, Jesús se dio vuelta y los vio.

—¿Qué desean? —les preguntó.

—Maestro, por favor, dinos dónde vives —le dijeron.

—Síganme y les mostraré —respondió Jesús.

Andrés y su amigo fueron con Jesús al lugar donde él vivía. Allí pasaron el resto del día conversando.

Cuando los dos hombres se fueron, Andrés estaba muy emocionado.

"¡Realmente él es el Cristo, el Mesías!", exclamó Andrés. "Tengo que encontrar a mi hermano Simón para contarle estas buenas noticias".

Andrés corrió rápidamente hasta su barca, que se encontraba en el mar de Galilea. Como eran pescadores, Simón estaba ocupado, preparando las redes para otro día de trabajo.

Cuando Andrés lo vio, le dijo:

—Simón, tengo muy buenas noticias. ¡Conocimos al Cristo, el Mesías!

—¿De qué hablas? —preguntó Simón—, ¿estás seguro?

—¡Sí, es verdad! —dijo Andrés—. Yo lo vi, su nombre es Jesús. Ven conmigo. Te llevaré a donde él está y podrás darte cuenta de que es el Mesías.

Simón corrió detrás de Andrés para encontrar a ese hombre del que hablaba su hermano. Finalmente, llegaron al lugar donde vivía Jesús.

Andrés llevó a Simón delante de Jesús. Al verlo, Jesús le dijo: "Tu nombre es Simón, pero desde ahora serás llamado Pedro". Y, a partir de ese día, Pedro y Jesús fueron buenos amigos.

Personajes misteriosos - II

Coloque las letras de los dos nombres sobre una mesa o en el piso. Pida ayuda de varios voluntarios para realizar esta actividad.

Cada uno deberá pasar y tratar de armar los nombres de los dos discípulos lo más rápido posible. El que lo haga en el menor tiempo será el ganador.

La decisión de Andrés ayuda a Pedro

Abran los libros del alumno en la Lección 5. Provea tijeras y pegamento. Indíqueles que recorten los recuadros con las figuras y los peguen en los espacios en blanco, siguiendo la secuencia de la historia. Mientras trabajan, repase la historia, y hágales preguntas en relación con el relato bíblico para reforzar el aprendizaje.

Luego, den vuelta la hoja y lean juntos cada una de las frases. Dialoguen sobre qué situaciones representan buenas o malas influencias.

Indíqueles que rodeen con un círculo las figuras que representan influencias positivas, y que marquen con una X las que representan influencias negativas.

¿Qué clase de influencia ejerces?

Lea las siguientes situaciones a sus alumnos. Conversen acerca de la capacidad que tenemos para influir de manera positiva o negativa en los demás, y lo que Dios quiere que hagamos como cristianos.

1) Miriam fue de compras con su mamá y su hermano menor. De pronto, vio una hermosa muñeca en la tienda de juguetes y, aunque tenía varias muñecas en casa, quería esa. Miriam le pidió a su mamá que se la comprara, pero su madre dijo que no. Entonces Miriam comenzó a gritar y llorar. El hermano menor de Miriam observó todo lo que hizo su hermana. ¿Qué clase de influencia ejerce Miriam?

2) Samuel en muchas ocasiones invitó a su mejor amigo Raúl a la iglesia, pero él nunca fue. Un día Raúl lo invitó a ir a un lago para pasar el fin de semana. Samuel agradeció la invitación, pero le dijo que no podía faltar a la iglesia el domingo,

pues le agradaba mucho ir a su clase de educación cristiana. El domingo, cuando Samuel estaba preparado para ir a la iglesia, Raúl decidió acompañarlo. ¿Qué clase de influencia ejerce Samuel?

MEMORIZACIÓN

Para estudiar el versículo de la unidad, corte tiras de cartulina, y en cada una escriba algunas palabras del texto para memorizar. Péguelas con cinta adhesiva en la pared o en la pizarra, de manera que, después de que repitan el versículo varias veces, pueda ponerlas en distinto orden para que sus alumnos señalen cuál es el orden correcto.

PARA TERMINAR

Forme algunos grupos o pida voluntarios para ordenar los materiales que usaron en la clase, guardar los libros y recoger la basura.

Luego, entonen cantos de alabanza.

Concluya guiándolos en oración, pidiendo que Dios los ayude a ejercer una buena influencia dondequiera que estén.

Despídalos, y no olvide invitarlos a la próxima clase.

notas

María y Marta deciden servir a Jesús

Base bíblica: Lucas 10:38-42.

Objetivo de la lección: Que los principiantes comprendan que a veces deben decidir lo mejor entre varias opciones.

Texto para memorizar: *Buscad primeramente el reino de Dios y su justicia, y todas estas cosas os serán añadidas* (Mateo 6:33).

¡PREPÁRESE PARA ENSEÑAR!

Los principiantes están en el proceso de desarrollar habilidades y reconocer sus intereses individuales. Necesitan comprender que Dios les dio esas habilidades como un regalo. Sin embargo, son responsables de hacer buen uso de esos dones y talentos.

Es posible que muchos principiantes necesiten orientación para reconocer sus talentos. Una vez que los identifiquen, podrán descubrir el gozo de usar su tiempo y sus habilidades para agradar y servir a Dios.

COMENTARIO BÍBLICO

Lucas 10:38-42. Las dos mujeres de esta historia tenían diferentes habilidades, y decidieron utilizar su tiempo de diferentes maneras. Marta era la anfitriona. La preparación de los alimentos y su servicio estaban motivados por su hospitalidad y amor. Pero se ocupó de eso más de lo debido.

Por otro lado, María escogió sentarse a los pies de Jesús y escucharlo con atención. Estaba más preocupada por aprender del Maestro que por servir los alimentos.

Marta se distrajo con todos los preparativos que creía necesarios para la visita del Señor. Cuando le reclamó a Jesús por la actitud de su hermana, él con mucho amor le recordó que debía priorizar los asuntos más importantes.

Jesús reconoció que Marta deseaba atenderlo, pero le hizo ver que estaba permitiendo que lo superficial estorbara lo espiritual. Al priorizar otros asuntos, se estorbaba su comunión con el Señor.

El comentarista Bruce Larson dice: "La historia realmente trata acerca de nuestras metas en la vida. ¿Qué ocupa la mayor parte de nuestro tiempo? Marta estaba enfocada en su propia meta. Estaba tan ocupada, tratando de ser una excelente anfitriona, que no tenía tiempo para estar con el Señor. Nosotros podemos decir que todo lo que tenemos —tiempo, vida, dinero, etc.— es del Señor. Pero, ¿le dedicamos tiempo? Tal vez estemos muy ocupados en hacer buenas obras, pero nos olvidamos que lo más importante es nuestra relación con él".

Al estudiar esta lección, hagamos de Jesús nuestra prioridad. Descubriremos que él es la llave para todo.

DESARROLLO DE LA LECCIÓN

Utilice algunas de las siguientes actividades para complementar la clase de hoy.

¿Qué clase de influencia?

Esta actividad ayudará a sus alumnos a identificar dos clases de influencias.

Recorte cuadrados de papel verde y rojo, uno de cada color para cada alumno.

Distribuya los cuadrados, y lea los siguientes enunciados en voz alta.

Pida que los niños levanten el cuadrado rojo si la lectura habla sobre malas influencias, y el cuadrado verde si se trata de buenas influencias.

1) Marcos limpió su habitación cuando su madre se lo pidió. Luego, ayudó a su hermana menor a recoger sus juguetes.
2) Natalia vio un programa de televisión en el que un niño les hablaba a sus padres de forma irrespetuosa, así que decidió hacer lo mismo cuando sus padres le ordenaran hacer algo.
3) Juan, al salir de la escuela, tenía que ir directo a su casa pero sus amigos lo invitaron a ir al parque. Él pensó que podría jugar un rato y volver a casa antes de que llegaran sus padres, así nadie se daría cuenta.
4) Liliana le enseñó a su hermanita a cantar la canción "Cristo me ama".
5) Irma invitó a su mejor amiga a que fuera a dormir a su casa el sábado. El domingo a la mañana, la mamá de Irma las despertó temprano para ir a la escuela dominical. Irma le preguntó: "¿Tenemos que ir hoy? Queríamos jugar en el parque".

6) Eduardo vio que un compañero molestaba a un niño más pequeño en el parque. Así que se acercó para decirle que si quería tener amigos debía ser amable con los demás.

Regalos de Dios

Para esta actividad necesitará un instrumento o una caja musical, una brocha para pintar, una pelota o balón y un libro.

Coloque los objetos sobre una mesa, y diga a sus alumnos: *Dios nos dio a todos regalos especiales que se denominan dones o talentos* (muestre los objetos). Converse con ellos acerca de los dones que representa cada objeto, y cómo o dónde podemos ponerlos en práctica. Escriba en la pizarra los dones y talentos que mencionen (por ejemplo: de servicio, talentos para la música, deportes, manualidades, etc.).

Dígales que en la historia de hoy aprenderemos más sobre ese tema.

¿Qué puedo hacer yo?

Junte a los niños y pregúnteles: *¿Qué clase de habilidades o talentos tienen?* Conforme vayan respondiendo, escriba en la pizarra el nombre del alumno y el talento que mencionó. Asegúrese de que todos participen de esa actividad. Si es necesario, ayude a los que tengan dificultades para reconocer sus talentos.

HISTORIA BÍBLICA

Le sugerimos que invite a dos mujeres jóvenes de su congregación para que representen a Marta y María. Consiga dos túnicas o telas para hacer más real la escenificación. Pídales que ellas mismas narren la historia bíblica desde el punto de vista de cada personaje, y que cada una diga de qué forma expresó su amor a Jesús.

María y Marta deciden servir a Jesús

—Miren, allá está Betania —dijo uno de los discípulos—. Allí es donde viven Marta y su familia. Tal vez podríamos descansar un rato en su casa.

—¡Es una buena idea! —afirmó Jesús.

Poco después llegaron a la casa de Marta.

—¡Jesús! —exclamó Marta al abrir la puerta—. ¡Qué agradable sorpresa! Por favor, pasen.

Marta llamó a su hermana: "¡María, ven! ¡Jesús y sus amigos están aquí!"

—Seguramente estarán muy cansados— dijo Marta. Siéntense y descansen. Prepararé algo para que coman.

Marta se dio prisa y fue a planear lo que iba a cocinar. "Tengo que hacer una comida muy especial para Jesús", se dijo, y pensó en lo que necesitaría para alimentar a todos.

Luego, trabajó mucho preparando la comida y limpiando la casa. Estaba preocupada porque quería atenderlos muy bien.

Mientras Marta preparaba la comida, Jesús se sentó a conversar con sus discípulos. María, la hermana de Marta, se sentó a los pies de Jesús para escuchar lo que él decía.

Luego de un rato, Marta vino hacia donde estaban todos y vio que María estaba sentada, escuchando las palabras de Jesús. Ella estaba tan ocupada trabajando, que se enojó mucho porque su hermana no la ayudaba.

—Jesús, María me ha dejado sola haciendo el trabajo. Por favor, ¡dile que me ayude! —dijo Marta.

—Marta, Marta —respondió Jesús—, estás muy preocupada y afanada por lo pequeño. Solo una cosa es necesaria e importante, y María la descubrió. Ella escogió lo más importante, y nadie se lo puede quitar.

Lo más importante

Haga un repaso breve de la historia bíblica, y pregunte a su clase: *¿Qué fue lo más importante que María escogió?* (Pasar tiempo con Jesús).

Haga énfasis en que hay tiempo para realizar tareas, y tiempo para estar a solas con Dios. Es importante usar nuestros talentos para servir al Señor, pero nunca deben reemplazar nuestro tiempo de oración y comunión con él.

ACTIVIDADES

Decide usar tus dones

Basándose en la historia bíblica, pida a sus alumnos que rodeen con un círculo las frases que representan la forma en que Marta y María decidieron servir a Jesús. Luego, déles tiempo para que coloreen el dibujo, y sigan las instrucciones del libro del alumno para completar la actividad de la parte posterior de la hoja.

Mientras trabajan, haga hincapié en la importancia de reconocer y poner al servicio de Dios nuestros talentos y habilidades.

¡Usemos nuestros dones!

Esta actividad los ayudará a poner en práctica sus dones y a ejercitar sus talentos.

Distribuya trabajos específicos a cada miembro de su clase, según el talento o habilidad que tengan. Por ejemplo: los que tengan el don de servicio, recogerán la ofrenda y ordenarán los materiales cuando termine la clase. Por otro lado, los que tengan habilidad para hacer trabajos manuales, ayudarán a los más pequeños y al maestro cuando sea necesario. Otros pueden dirigir el tiempo de cantos, o recibir a las visitas que lleguen a la clase y atenderlas.

Sin importar cuál sea la tarea que le asigne a

cada niño, recuérdeles que todos los trabajos que realizamos para la obra de Dios son importantes y valiosos.

MEMORIZACIÓN

Solicite a su grupo que se siente en forma de círculo, y usted colóquese en el centro. Lánceles con suavidad una pelota liviana. El niño que la reciba deberá ponerse de pie y decir el texto para memorizar.

Repita el ejercicio de manera que todos sus alumnos participen. Ayude a los más pequeños o a los que tengan dificultad con la memorización.

PARA TERMINAR

Entonen alguna canción que trate sobre el tema de la lección. Recuerde a los principiantes que Dios les dio dones y talentos que los ayudarán a servirlo mejor.

Oren dando gracias a Dios por los dones que han recibido, y pídanle que los ayude a usarlos para su servicio.

notas

_____

_____

_____

_____

_____

_____

_____

_____

_____

_____

_____

_____

_____

_____

_____

_____

_____

_____

_____

_____

_____

_____

_____

_____

_____

_____

Un mayordomo sabio toma una buena decisión

Base bíblica: Mateo 25:14-30.

Objetivo de la lección: Que los principiantes aprendan a usar sus talentos y habilidades para servir a Dios.

Texto para memorizar: *Buscad primeramente el reino de Dios y su justicia, y todas estas cosas os serán añadidas* (Mateo 6:33).

¡PREPÁRESE PARA ENSEÑAR!

La mayoría de sus alumnos está comenzando a tener más responsabilidades en sus hogares. También están aprendiendo a cuidar sus pertenencias, y descubriendo sus capacidades y limitaciones.

Los niños deben reconocer que Dios es el dueño de todo y el dador de todos los dones. Ellos simplemente son mayordomos de lo que él les dio y, como tales, deben aprender a ser fieles a Dios.

COMENTARIO BÍBLICO

Mateo 25:14-30. Esta es la segunda de una serie de tres parábolas acerca del juicio de Dios. Esto significa que, como cristianos, debemos prepararnos para dar cuenta de nuestros actos en aquel día glorioso.

En los tiempos bíblicos, el mayordomo era un siervo de alto rango, o un esclavo que había demostrado ser una persona responsable. Su responsabilidad consistía en administrar los bienes de la casa de su amo. El mayordomo no era el dueño del dinero, sino que se lo confiaban para que cuidara de él. Se esperaba que el mayordomo fuera un fiel administrador y que manejara con sabiduría todo lo concerniente a la casa del amo. Al siervo fiel se le otorgaba mayor responsabilidad porque se ganaba la confianza de su amo. Mientras mayor era la responsabilidad, más tenía que administrar. El castigo para el siervo infiel era severo.

A los dos primeros siervos se los recompensó por su fiel trabajo con palabras de elogio y una hermosa invitación: "Ven y entra en el gozo de tu Señor". En esta declaración, aparte del hombre rico que arregla las cuentas con sus empleados, vemos la recompensa que hay para los siervos fieles, a quienes Jesús invita a que lo acompañen a su mesa en el reino de los cielos. Es muy significativo que a los dos siervos se los premió por ser "buenos y fieles", y no por ser "capaces e ingeniosos".

Dios desea que pongamos nuestros dones a su servicio y que cumplamos su voluntad.

DESARROLLO DE LA LECCIÓN

Elija algunas de las siguientes actividades para que sus alumnos logren un aprendizaje más significativo sobre el tema de estudio.

Mis responsabilidades

Entregue hojas, y crayones o lápices de colores a sus alumnos. Pídales que dibujen las tareas que deben realizar a diario en su casa (por ejemplo: armar la cama, recoger los juguetes, lavar los platos, etc.). Dialoguen acerca de las diferentes tareas de las que son responsables, y la forma en que las llevan a cabo. Cuando terminen el dibujo, pídales que en la parte superior de la hoja escriban "MI RESPONSABILIDAD". Una vez concluida la actividad, pegue todos los trabajos en la pared para armar un mural.

Usa tus habilidades

Solicite a sus alumnos que se sienten formando un círculo. Tenga a mano un instrumento musical o la pista de alguna canción.

Haga sonar la música, mientras sus alumnos se pasan una pelota pequeña de mano en mano. Detenga la música luego de un rato. Cuando la música deje de sonar, el alumno que tenga la pelota debe levantarse y decir cómo y dónde puede usar sus talentos para servir a Dios. Continúen jugando hasta que todos hayan participado.

¿Qué es un mayordomo?

En un trozo de cartulina o cartoncillo escriba la palabra "MAYORDOMO". Muéstrela a sus alumnos y pregúnteles qué significa esa palabra.

Después de escuchar sus opiniones, explíqueles que el mayordomo es una persona que administra las pertenencias de otro.

Luego, dígales: *Nosotros somos mayordomos de lo que Dios nos dio. Por esa razón, somos responsables de cuidar todo aquello que él nos confió.*

Abra su Biblia en 1 Corintios 4:2 y lea en voz alta: "Ahora bien, se requiere de los administradores, que cada uno sea hallado fiel".

Dígales: *Dios ha confiado en nosotros para que cuidemos de su creación. Este versículo nos dice que debemos ser fieles administradores de Dios. Jesús contó una parábola sobre unos mayordomos. Una parábola es una supuesta historia que nos enseña una lección. Escuchen con atención lo que Jesús quiso enseñarnos a través de esta historia.*

HISTORIA BÍBLICA

Para enriquecer el aprendizaje, le sugerimos que prepare material visual para ilustrar su clase. Prepare dibujos que representen a los siervos y los talentos. Si desea, tome el ejemplo de las ilustraciones del libro del alumno.

Los siervos sabios

A todos los lugares a los que Jesús iba, la multitud lo seguía. Todos deseaban escuchar sus enseñanzas.

A menudo, Jesús contaba historias para ayudarlos a comprender lo que él quería que supieran.

"¿Quién es un siervo fiel y sabio?", preguntó Jesús. Y les contó esta historia:

El reino de los cielos es como un hombre que debía hacer un largo viaje. Entonces llamó a sus siervos y, entregándoles su dinero, les pidió que cuidaran sus posesiones durante su ausencia. A un siervo le dio cinco sacos, y cada saco tenía una gran cantidad de dinero. A otro siervo le dio dos sacos, y al tercero le entregó uno. Confió su dinero a cada siervo de acuerdo a las habilidades de cada uno y el hombre se fue de viaje.

El mayordomo que recibió la mayor cantidad de dinero se puso a trabajar enseguida. Tomó los cinco sacos, los negoció y ganó cinco sacos más. El siervo que tenía dos sacos hizo lo mismo y ganó otros dos. Pero el hombre que recibió un solo saco, cavó un hoyo en la tierra y escondió el dinero por temor a que se lo robaran.

El dueño de casa estuvo de viaje por un largo tiempo. Cuando al fin regresó, llamó a sus mayordomos para revisar las cuentas. El hombre que había recibido cinco sacos le entregó diez a su señor. "Tú me entregaste cinco sacos. He ganado cinco más", le dijo con satisfacción.

El siervo con los dos sacos de dinero se acercó a su señor y le dijo: "Señor, tú me entregaste dos sacos de dinero. He ganado dos más".

Su señor respondió: ¡Bien hecho, siervo bueno y fiel! Has sido fiel con lo poco que te di; ahora te daré mayor responsabilidad. ¡Vamos a celebrarlo!

Entonces, el hombre que había recibido un saco de dinero se acercó a su señor y le dijo: "Señor, sé que es difícil agradarte; por eso tuve miedo y escondí tu dinero en la tierra. Aquí está el saco de dinero que te pertenece".

Su señor le respondió: "¡Siervo malo y perezoso! Debiste guardar mi dinero en el banco, ¡por lo menos así hubiera ganado intereses! Quítenle el dinero y dénselo al que tiene diez sacos. Y al siervo inútil, échenlo fuera", ordenó el señor.

ACTIVIDADES

¿Quién fue sabio?

Reparta los libros del alumno. Pida a los niños que completen la figura, añadiendo los talentos que los siervos llevaron ante su señor. Déles tiempo para que dibujen la expresión en los rostros de los siervos cuando estuvieron frente a su amo.

Use estas preguntas para ayudarlos a reflexionar sobre el significado de la historia:

¿Cómo creen que se sentían los siervos cuando estuvieron frente a su señor? ¿Qué lección quería enseñar Jesús al contar esta parábola?

Luego, den vuelta la hoja. Pida que dibujen una estrella en la figura que represente a niños que usan con sabiduría lo que tienen.

Conversen acerca del significado de cada dibujo, y lo que hace a los niños ser buenos o malos mayordomos.

Mayordomos fieles

Para esta actividad necesitará cartulina, cinta adhesiva, tiras de papel y lápices de colores.

En la parte superior de la cartulina escriba: "Mayordomos fieles". Distribuya las tiras de papel y los lápices de colores, para que los principiantes escriban una frase que indique cómo pueden ser buenos mayordomos (por ejemplo: cuidando mis juguetes, ordenando mi habitación, alimentando a mis mascotas, regando las plantas, etc.).

Luego, cada uno debe poner un trozo de cinta adhesiva a su tira y pegarla en la cartulina. Cuando todos hayan pasado, coloque la cartulina en la puerta del salón o en algún pasillo del templo, para que los miembros de la congregación vean el trabajo que realizaron sus alumnos.

MEMORIZACIÓN

Divida la clase en dos grupos. Pida que un grupo diga la primera frase del versículo para memorizar, mientras que el otro repite la segunda parte. Después, que ambos grupos lo digan juntos.

Intercambie las frases de los dos grupos para que estudien el texto completo. Repita el ejercicio varias veces, y luego elija a algunos para que lo digan solos.

Reparta las tarjetas del Club del versículo del mes para que las lleven a su casa y repasen el texto de esta unidad.

PARA TERMINAR

Antes de despedirse, dé tiempo para que todos cooperen en la limpieza, y el orden del salón y los materiales.

Luego, entonen algunos cantos, y guíelos en una oración, pidiendo al Señor que los ayude a ser fieles administradores de lo que él les dio.

Daniel escoge alimentos saludables

Base bíblica: Daniel 1:3-20.

Objetivo de la lección: Que los principiantes aprendan a honrar a Dios cuidando del cuerpo que él les dio.

Texto para memorizar: *Buscad primeramente el reino de Dios y su justicia, y todas estas cosas os serán añadidas* (Mateo 6:33).

¡PREPÁRESE PARA ENSEÑAR!

La mayoría de las escuelas comienzan a enseñar temas relacionados con la salud a los niños de primer y segundo grados. Otros ya aprendieron buenos hábitos de salud en su casa. La buena salud es en verdad una recompensa, y para los creyentes lo es aún más, ya que deseamos honrar a Dios en todas las decisiones que tomamos, dondequiera que estemos, sin importar las presiones. Aun en decisiones sencillas, como qué comeremos o beberemos, se convierten en asuntos de fe.

Aunque no conocemos en detalle por qué Daniel y sus tres amigos rehusaron comer los alimentos y el vino del rey, sabemos que los consideraron como una amenaza para su fe. Daniel 1:8 nos dice: "Y Daniel propuso en su corazón no contaminarse con la porción de la comida del rey, ni con el vino que él bebía; pidió, por tanto, al jefe de los eunucos que no se le obligase a contaminarse".

Esta lección ayudará a los principiantes a entender que al cuidar sus cuerpos y al decidir no contaminarse con aquello que podría dañarlos están honrando a Dios.

La mayoría de los principiantes son impulsivos al momento de elegir lo que desean comer. La publicidad excesiva estimula su egocentrismo, haciéndolos decir: "¡Comamos lo que nos gusta!" Esta lección les enseñará que Dios es el dueño de sus cuerpos. Ellos pueden honrar a Dios tomando decisiones que reflejen una buena mayordomía de su cuerpo.

COMENTARIO BÍBLICO

Daniel 1:3-20. A Daniel y a sus amigos los llevaron cautivos a Babilonia. Por ser descendientes de linaje real, bien educados y sabios, los eligieron de entre muchos jóvenes para que trabajaran para servir de un modo especial al rey.

Además, les cambiaron los nombres hebreos por nombres babilonios. Eso fue muy significativo, ya que los hebreos tenían especial cuidado al elegir nombres para sus hijos. Los nombres hebreos honraban al único Dios verdadero y daban testimonio de él. En cambio, los nuevos nombres honraban a dioses paganos que adoraba el pueblo babilonio.

El pasaje no explica por qué estos jóvenes no quisieron la comida real. Pero es evidente que la rechazaron motivados por sus firmes creencias, pues participar de la comida real hubiera contaminado sus cuerpos. Fue un gran reto para estos jóvenes hebreos, ya que, para los descendientes de Abraham, participar de alimentos ofrecidos a ídolos significaba romper su comunión con el único Dios verdadero. Después de todo, se violaba la ley de Dios al participar en la adoración de dioses falsos.

Ante este reto, Daniel y sus amigos hablaron con dos oficiales para pedir que les dieran solo vegetales y agua, en lugar de la comida real. La primera petición fue negada rotundamente. El oficial le explicó a Daniel que si ellos no se veían tan saludables como los demás jóvenes, él sería ejecutado por desobedecer las órdenes del rey y haber cambiado la comida.

Daniel, convencido de que su decisión agradaba a Dios, no se dio por vencido, e insistió una vez más. Esta vez habló con el guardia que los cuidaba, proponiéndole que les permitiera pasar por un período de prueba. El versículo 15 nos muestra el resultado que obtuvieron:

"Y al cabo de los diez días pareció el rostro de ellos mejor y más robusto que el de los otros muchachos que comían de la porción de la comida del rey" (Dn. 1:15). Al finalizar el tiempo de prueba, el guardia vio que no tenía de qué preocuparse, y les permitió continuar con su dieta especial.

Mediante esta historia, aprendemos que debemos honrar a Dios cuidando el cuerpo que nos dio, porque es templo del Espíritu Santo.

DESARROLLO DE LA LECCIÓN

Elija algunas de las siguientes actividades para activar la dinámica grupal y propiciar un mejor aprendizaje.

Mis alimentos favoritos

Para esta lección necesitará revistas, hojas, tijeras, pegamento y lápices de colores.

Distribuya los materiales a sus alumnos.

Luego, pídales que en la parte superior de la hoja escriban: "Mis alimentos favoritos". Después, déles unos minutos para que busquen ilustraciones en las revistas sobre sus alimentos favoritos. Pida que los recorten y peguen en la hoja. Si no tiene revistas, dígales que dibujen sus alimentos favoritos.

Cuando terminen, explíqueles que usarán esos trabajos en la siguiente actividad.

Alimentos saludables

Durante la semana, prepare ilustraciones sobre alimentos saludables y no saludables. Use la publicidad de tiendas o supermercados, o busque en revistas. También puede llevar a la clase algunas cajas de alimentos o envases vacíos.

Divida una cartulina blanca en dos columnas. A una póngale como título: ALIMENTOS SALUDABLES, y a la otra: ALIMENTOS NO SALUDABLES.

Pegue la cartulina en la pared, y tenga a mano cinta adhesiva. Pida a sus alumnos que escojan una de las cajas o envases, o uno de los recortes que trajo, y lo peguen en la columna que corresponda. Cuando concluyan, pídales que comparen los alimentos saludables con los que pegaron o dibujaron en su hoja.

Converse con ellos sobre la importancia de la buena alimentación. Después, dígales que hoy estudiarán acerca de un joven que agradó a Dios cuidando de su cuerpo.

HISTORIA BÍBLICA

Personaje misterioso

Dé las siguientes pistas a sus alumnos para que adivinen de qué personaje bíblico trata la historia de hoy:

1) Soy un hombre del Antiguo Testamento.
2) Oraba tres veces al día.
3) Me arrojaron al foso de los leones.
¿Quién soy?

Dígales: *Nuestra historia bíblica de hoy nos habla de una decisión que Daniel tomó cuando era joven. Escuchen con atención para saber qué fue lo que sucedió.*

Daniel escoge alimentos saludables

"Traigan algunos jóvenes israelitas para que me sirvan en el palacio", ordenó Nabucodonosor, el rey de Babilonia.

El oficial principal del rey escuchó con atención las instrucciones:

"Escojan muchachos fuertes, saludables y de buena apariencia", dijo el rey. "Deben ser inteligentes y tener capacidad para aprender con rapidez. Deben alimentarse con la comida de mi propia cocina", ordenó el rey. "Quiero que estén fuertes y saludables para que puedan servirme mejor".

Daniel y tres de sus amigos —Ananías, Misael y Azarías— eran parte del grupo que los soldados babilonios habían escogido.

El oficial principal les puso nombres babilonios a los jóvenes hebreos. A Daniel lo llamó Beltsasar; a Ananías, Sadrac; a Misael, Mesac; y a Azarías, Abed-nego.

Pero, cuando les sirvieron la comida del rey, Daniel le dijo al oficial:

—Yo no puedo comer de los alimentos del rey. Dios le advirtió a mi pueblo que no podíamos comer ciertos alimentos. Tengo que obedecer los mandamientos de Dios.

—Pero yo no puedo desobedecer las órdenes del rey —dijo el oficial—. Si no comen lo que el rey ordenó se pondrán débiles y delgados, y los otros muchachos serán más fuertes. El rey pensará que no estoy cumpliendo con mi deber, se pondrá furioso, ¡y tal vez hasta ordene que me maten!

Entonces Daniel habló con el guardia que los vigilaba:

—Por favor —le pidió Daniel—, haz una prueba. Durante diez días danos solo vegetales y agua. Después de ese tiempo, podrás compararnos con los otros muchachos que se alimentan de la comida del rey. Entonces decidirás quiénes lucen más saludables y fuertes.

El guardia aceptó hacer la prueba.

Luego de diez días llevó a Daniel, Ananías, Misael y Azarías a donde estaban los otros muchachos.

¡El guardia no podía creer lo que veía! Daniel y sus amigos lucían mucho más saludables y fuertes que los demás jóvenes.

"El rey se alegrará cuando vea lo bien que lucen", dijo el guardia. "De ahora en adelante pueden escoger los alimentos que deseen comer".

Dios bendijo a Daniel y a sus amigos dándoles conocimiento e inteligencia.

Cuando terminó el tiempo de entrenamiento, el rey Nabucodonosor ordenó al oficial principal que llevara a los jóvenes ante él. Después de hacerles algunas preguntas, el rey se dio cuenta de que Daniel y sus amigos eran diez veces más fuertes e inteligentes que todas las personas del reino que estaban a su servicio.

REPASO BÍBLICO

Contar la historia bíblica con sus propias palabras ayudará a los principiantes a reforzar el aprendizaje de esta lección. Use las siguientes preguntas para dirigir el repaso:

- *¿Qué decisión tomaron Daniel y sus amigos?*
- *¿Por qué Daniel no quiso comer de los alimentos del rey?*
- *¿Por qué el oficial del rey no quería permitir que Daniel y sus amigos comieran vegetales y bebieran agua?*
- *¿Qué sucedió cuando Daniel convenció al guardia de que les permitiera comer vegetales y beber agua durante diez días?*

Escuche las respuestas, y complemente la información cuando sea necesario.

A manera de conclusión, dígales: *Daniel y sus amigos decidieron agradar a Dios a través de esta decisión. Dios los bendijo, dándoles una mejor salud y mayor fuerza e inteligencia que a los demás.*

Así como lo hizo Daniel, podemos honrar a Dios cuando decidimos mantener nuestro cuerpo saludable.

ACTIVIDADES

Dios quiere que cuide mi cuerpo

Reparta los libros del alumno, y lea las instrucciones para que sus alumnos realicen las actividades sugeridas.

Déles tiempo para que, en el espacio en blanco de la segunda hoja de la lección 8, dibujen o escriban una lista de buenas decisiones que los pueden ayudar a cuidar de ellos mismos durante la semana.

Tiempo de comer alimentos saludables

Si el tiempo y los recursos se lo permiten, lleve vegetales o frutas (trocitos de zanahoria, naranjas o manzanas) y vasos con agua para compartir con sus alumnos.

Explíqueles los beneficios que recibe nuestro cuerpo al comer vegetales y frutas.

Dígales: *Dios hizo las frutas y los vegetales porque son buenos para nosotros. Tienen vitaminas que nos ayudan a crecer sanos y fuertes. También debemos tomar por lo menos 5 vasos de agua al día, porque nos mantiene hidratados, y ayuda al buen funcionamiento de los riñones y otros órganos.*

MEMORIZACIÓN

Para repasar el texto para memorizar, pida a sus alumnos que formen un círculo. Un voluntario deberá pararse en el centro del círculo con los ojos vendados. Entregue una campanita a uno de los niños del círculo. Este deberá tocarla una vez y pasarla al de al lado, y así sucesivamente.

El niño con los ojos vendados deberá decir "alto" cuando lo desee, y el que tenga la campana debe repetir el texto. El niño del centro tendrá que adivinar quién dijo el versículo.

Luego, vende los ojos al niño que dijo el texto para que pase al centro del círculo.

Permita que el grupo ayude a los que aún no sepan el versículo.

PARA TERMINAR

Anime a sus alumnos a tomar la decisión de cuidar su salud y esforzarse por honrar a Dios de esa manera. Oren antes de despedirse, dando gracias a Dios por crearnos y sustentarnos.

Invítelos a la próxima clase, que será la última de esta serie de lecciones acerca de las decisiones.

notas

Un hombre rico toma una mala decisión

Base bíblica: Lucas 12:13-24.

Objetivo de la lección: Que el deseo de los principiantes sea amar a Dios y aprender a compartir.

Texto para memorizar: *Buscad primeramente el reino de Dios y su justicia, y todas estas cosas os serán añadidas* (Mateo 6:33).

¡PREPÁRESE PARA ENSEÑAR!

En la actualidad, los medios de comunicación y la sociedad presionan a los niños a que deseen todo tipo de cosas. Algunos piensan que deben tener los juguetes, la ropa y todo aquello que está "de moda".

En algunos lugares, si los niños no tienen la imagen adecuada, con frecuencia los demás los aíslan o ridiculizan.

Este mundo es demasiado materialista. Lo que vale no es la persona, sino lo que tiene. Y los principiantes no están inmunes a esa clase de influencia. Desean ser aceptados y, a menudo, relacionan la aceptación con posesiones materiales. Necesitan orientación para eliminar la falsa idea de que estas proporcionan la felicidad.

Al estudiar la parábola del rico insensato, sus alumnos comprenderán que las personas no deben ser "poseídas" por sus bienes. Eso los ayudará a desarrollar una actitud saludable hacia sus pertenencias. Es necesario que aprendan que su relación con Dios es más importante que lo que tienen o lo que llevan puesto.

COMENTARIO BÍBLICO

Lucas 12:13-24. Por lo general, las parábolas de Jesús respondían a circunstancias que se vivían en ese momento. Él las transmitía para enseñar una gran verdad o un principio eterno.

La parábola de Lucas 12:13-21 fue la respuesta a una petición que le habían hecho. Alguien de entre la multitud le pidió que convenciera a su hermano de que compartiera con él la herencia que había recibido. La respuesta de Jesús, después de negarse a ser parte del conflicto, es uno de los más grandes principios de la vida cristiana: "La vida del hombre no consiste en la abundancia de los bienes que posee".

Contrario a lo que se cree, las posesiones no producen una vida de gozo y felicidad. Cuando analizamos la vida de aquellos que fueron ricos y vivieron en prosperidad, nos damos cuenta de que los bienes materiales eran lo más importante para ellos. Sin embargo, su vida estaba llena de ansiedad, descontento y afán, no de felicidad.

La mayoría de los que poseen grandes riquezas materiales nunca supieron lo maravilloso que es tener a Jesús en el corazón. Además, no experimentaron con profundidad los tesoros como el amor, la paz, una conciencia limpia, la esperanza y la promesa de la vida eterna.

Esta parábola habla de un hombre cuya cosecha había sido tan abundante que no sabía qué hacer con ella. Dios le había dado la tierra, la luz del sol y la lluvia para bendecirlo. Pero el error del hombre fue tomar malas decisiones, tanto en cuanto al almacenaje de toda su cosecha, como de su administración. Construir graneros más grandes no era incorrecto; sin embargo, su motivación era errónea. Deseaba almacenar todo para él.

Lo más valioso de la vida es tener riqueza espiritual. Eso significa tener fe en Dios, anhelar agradarlo, y mostrar amor y compasión hacia los demás. ¡Podemos confiar en Dios y tener la seguridad de que él siempre nos proveerá lo que necesitemos! No debemos conservar cosas, ni acumular bienes para sobrevivir.

El comentarista Charles L. Childers menciona:

"No hay nada más insensato que vivir para el tiempo y olvidar la eternidad, o vivir para uno mismo y olvidar a Dios".

Después de esta parábola viene una enseñanza de Jesús a sus discípulos. El enfoque cambia de la ambición al afán. La ambición hace que deseemos más; el afán hace que nos preocupemos por no tener lo suficiente. La riqueza representa un peligro para los que la poseen y para los que desean poseerla. En esta lección, Dios nos enseña a depender de él y a desprendernos del materialismo.

Los versículos 22-24 nos confirman que Dios nos cuida y que no debemos preocuparnos por el día de mañana, sino depender de su misericordia cada día.

DESARROLLO DE LA LECCIÓN

Use algunas de las siguientes actividades para enriquecer el aprendizaje bíblico y estimular la participación de sus alumnos.

Lo más valioso

Dibuje, o busque en revistas, ilustraciones de objetos que son valiosos para la sociedad: autos, casas, dinero, ropa, juegos electrónicos, joyas, etc.

Antes de que sus alumnos lleguen, esconda las figuras en el salón.

Pida a los principiantes que las busquen y, cuando las encuentren, déles tiempo para que describan los objetos.

Conversen acerca del valor que tienen ese tipo de posesiones, y explíqueles que durante la lección hablarán de lo que es más valioso.

HISTORIA BÍBLICA

Un hombre rico toma una mala decisión

"Maestro", dijo uno de la multitud, "dile a mi hermano que divida la tierra y el dinero que nuestros padres nos dejaron, y que me dé la parte que me corresponde".

"¿Quién me ha puesto como juez sobre ustedes para decidir esas cosas?", respondió Jesús. "¡Tengan cuidado de no convertirse en personas avaras! Tampoco deben desear todo aquello que no poseen. No es importante cuánto dinero o cuántas posesiones tengan. La vida no consiste en eso. Déjenme contarles una historia", dijo Jesús.

Había una vez un hombre rico que tenía una hermosa finca. Allí cultivaba diferentes clases de granos. Sus cosechas habían sido abundantes y ya no tenía lugar para almacenar más.

El hombre rico se puso a pensar: ¿Qué haré? Ya no tengo lugar para guardar mi cosecha. Finalmente exclamó: "Ya sé! Derribaré mis viejos graneros y construiré otros más grandes para guardar en ellos todos los granos que tengo. Después, podré sentarme a descansar", dijo el hombre. "Tendré muchos granos almacenados y suficiente riqueza para muchos años. Entonces no me preocuparé más; solo disfrutaré la vida. Podré comer y beber todo lo que quiera. Me divertiré todo lo que quiera y gozaré en lugar de trabajar todo el tiempo".

Jesús dejó que la gente meditara acerca de esa historia por un momento. Luego, continuó: "Pero Dios le dijo al hombre rico: ¡Hombre necio! Esta noche morirás, ¿y quién se quedará con todo lo que has guardado para ti?"

Eso es lo que sucede con las personas que invierten todo su tiempo y su energía tratando de obtener posesiones. No dedican tiempo para amar y servir a Dios, mucho menos a su prójimo. Realmente no es importante qué come o cómo se viste la gente. La vida vale mucho más que eso. Si Dios cuida de las aves y de las flores, de seguro cuidará de nosotros".

ACTIVIDADES

Lo más valioso para mí

Para reforzar el aprendizaje, pida a sus alumnos que, a la luz de lo que aprendieron hoy, dibujen lo que consideren más importante. Mientras trabajan, observe los dibujos, y enfatice la importancia de valorar las cosas de acuerdo a la perspectiva de Dios.

Después, pida que cada uno pase al frente y dé una breve explicación de lo que dibujó y por qué.

El hombre rico

Para esta actividad necesitará sujetadores de papel de dos patititas y tijeras.

Pida que un voluntario lo ayude a distribuir los libros del alumno. Déles tiempo para que recorten los dos círculos de la hoja. Después, únanlos por el centro con el sujetador de papel. Asegúrese de que el círculo con los dibujos quede abajo del círculo amarillo.

Anime a los principiantes a usar su trabajo manual para contarle a su familia lo que aprendieron en la clase.

MEMORIZACIÓN

Como esta es la última clase de la unidad, prepare premios sencillos para los que hayan aprendido el texto para memorizar. Recuérdeles usar sus tarjetas del Club del versículo del mes para repasar en su casa el texto de la unidad.

PARA TERMINAR

Distribuya los trabajos manuales que hicieron durante esta unidad. Organice grupos de voluntarios para asear el salón y acomodar los materiales que utilizaron.

Luego, agradézcales por su asistencia a las lecciones e invítelos a la siguiente unidad que comenzará la próxima semana.

Ore con ellos dando gracias a Dios por las bendiciones recibidas, y pida que los ayude a tomar decisiones sabias y útiles.

Si el Espíritu Santo se lo indica, guíe a sus alumnos a pedir perdón por las malas decisiones que hayan tomado.

Dígales que la decisión más importante que alguien puede tomar en su vida es aceptar a Cristo en su corazón.

EL SANTO AMOR DE DIOS

Bases bíblicas: Génesis 2:16—3:24; 4:1-16; 6:5—9:17; 18:16—19:29; Levítico 4; Hebreos 10:1-14.

Texto de la unidad: *Por cuanto todos pecaron, y están destituidos de la gloria de Dios, siendo justificados gratuitamente por su gracia* (Romanos 3:23-24).

PROPÓSITOS DE LA UNIDAD

Esta unidad ayudará a los principiantes a:

- ❖ Saber que el pecado separa a las personas de Dios.
- ❖ Comprender que, aun cuando desobedecemos, Dios nos sigue amando.
- ❖ Comparar las consecuencias de la desobediencia con las de la obediencia.
- ❖ Buscar el perdón de Dios y aceptar a Jesús como su Salvador y Señor.

LECCIONES DE LA UNIDAD

Lección 10: Decisiones equivocadas

Lección 11: Resultados dolorosos

Lección 12: Nuestro Dios de amor y misericordia

Lección 13: Nuestro Dios de juicio y gracia

Lección 14: Nuestro Dios de perdón

POR QUÉ LOS PRINCIPIANTES NECESITAN LA ENSEÑANZA DE ESTA UNIDAD

Esta unidad provee la oportunidad de relacionar el aprendizaje con la unidad anterior. Los principiantes con frecuencia deciden si algo es bueno o malo según las consecuencias que tendrá. Sin embargo, su razonamiento es limitado y no reflexionan en las consecuencias que se producirán a largo plazo.

Esta unidad los ayudará a entender por qué es importante permitir que Dios los guíe en sus decisiones.

El principiante es capaz de entender que la decisión de desobedecer a Dios es pecado. En un mundo tan confundido con respecto a lo que es bueno o malo, es importante ayudarlo a comprender lo que es el pecado y a aceptar la responsabilidad por sus acciones negativas. Quizá "pecado" sea un término nuevo para algunos de ellos. Sin embargo, son conscientes de que las personas pueden "hacer cosas malas" o "lastimar a alguien". También saben que algunas conductas son "aceptables", y otras, "inaceptables".

Al estudiar las historias bíblicas de esta unidad aprenderán lo que es el pecado y sus consecuencias, así como la solución que Dios tiene para ese problema.

Descubrirán que el pecado es todo lo que piensan, hacen o sienten que los separa de Dios.

Una vez que sus alumnos comprendan el problema, estarán listos para escuchar que Dios tiene una solución para quitar el pecado del corazón del hombre, porque confiamos en un Dios santo y lleno de amor.

Decisiones equivocadas

Base bíblica: Génesis 2:16—3:24.

Objetivo de la lección: Que los principiantes comprendan que desobedecer a Dios es pecado y nos separa de él.

Texto para memorizar: *Por cuanto todos pecaron, y están destituidos de la gloria de Dios, siendo justificados gratuitamente por su gracia* (Romanos 3:23-24).

¡PREPÁRESE PARA ENSEÑAR!

Los principiantes se identifican con facilidad con la tentación de comer el fruto prohibido, al igual que Eva. El fruto se veía agradable y el tentador le hizo creer a la mujer que comer del fruto la haría sabia. Lamentablemente, Eva decidió creer la promesa de Satanás en vez de creerle a Dios. Ignoró al Señor y su advertencia. Por tanto, su relación con Dios cambió. Ella había desobedecido, desafiando la autoridad de Dios.

El principiante debe aprender que Dios tiene el derecho de guiar nuestras vidas, pues él es nuestro Creador. Cuando, en vez de confiar en él, ignoramos su dirección y lo desobedecemos, rompemos nuestra relación con él. De esa manera, dejamos que algo distinto ocupe el lugar que a Dios le pertenece. Eso es pecado.

La separación es la consecuencia de una relación rota. Esta lección nos da un ejemplo de la separación que produce el pecado. Los principiantes pueden sentir la lejanía de Dios cuando lo desobedecen. Sin embargo, hay esperanza porque Dios es misericordioso y no nos trata como merecemos. Él ideó un plan para restaurar la relación con nosotros.

COMENTARIO BÍBLICO

Génesis 2:16—3:24. En este pasaje se menciona por primera vez el pecado y sus consecuencias. Dios les dio a Adán y Eva el jardín del Edén para que lo cuidaran y gozaran de él. Dios vivía allí con ellos, y disfrutaban de una hermosa relación de amor. Sin embargo, existía un solo requisito: "De todo árbol del huerto podrás comer; mas del árbol de la ciencia del bien y del mal no comerás; porque el día que de él comieres, ciertamente morirás" (Génesis 2:16-17).

El comentarista Stuart Briscoe señala que el mandamiento de Dios no era una carga para Adán y Eva. Más bien, era un recordatorio de que Dios creó al ser humano para que dependiera de él.

El pecado consiste en cometer un acto consciente de desobediencia a Dios. Es rebelión contra la autoridad absoluta de Dios. Adán y Eva despreciaron la prohibición del Señor y decidieron tomar su propio camino.

La esencia del primer pecado del ser humano fue la desobediencia a Dios, no el comer el fruto prohibido. Las consecuencias de sus acciones fueron espirituales y físicas. En lo espiritual, fueron separados de Dios, y esta consecuencia la sufrieron de inmediato. Las derivaciones físicas —dolor, sufrimiento y muerte— vinieron después.

Aunque las consecuencias del pecado fueron definitivas, Dios tuvo misericordia de ellos. Cuando se los expulsó a Adán y Eva del jardín, tenían que trabajar para sobrevivir, pero los recursos que Dios había creado estaban aún disponibles para ellos. Dar a luz a los hijos fue doloroso para Eva, pero aún tendría la bendición de dar vida a otro ser humano.

DESARROLLO DE LA LECCIÓN

Escoja algunas de las siguientes actividades para hacer más ágil y ameno el estudio de la verdad bíblica.

¿Qué debo elegir?

En tiras de cartulina blanca escriba los nombres de sus alumnos. Use letras grandes para que puedan colorearlas.

Ponga sobre la mesa los lápices de colores o crayones, y pídales que elijan el que más les guste para pintar las letras de su nombre.

Cuando concluyan, pregúnteles: *¿Fue fácil o difícil para ustedes elegir un color?* (Permita que respondan). Haga una introducción al tema de la clase, diciendo: *A veces debemos tomar decisiones sencillas; otras veces, más complicadas. Por ejemplo, debemos elegir entre ser buenos y obedientes, o lo contrario. Dios quiere que lo obedezcamos. En la historia bíblica aprenderemos sobre una decisión importante que tomaron Adán y Eva.*

Las consecuencias del pecado

Durante la semana dibuje o busque en revistas o diarios algunas ilustraciones que representen las consecuencias de la desobediencia (por ejemplo: autos accidentados, personas encarceladas, personas fumando o bebiendo, etc.). Tenga cuidado de escoger imágenes adecuadas para la edad de sus alumnos.

Coloque las imágenes sobre la pizarra. Dialogue con los niños sobre lo que pudo haber sucedido para llegar a esa situación (por ejemplo: el auto se volcó porque el conductor desobedeció el límite de velocidad; el hombre está encarcelado porque violó la ley; la persona está enferma porque decidió fumar, aunque sabía que era malo para su cuerpo, etc.).

Pida que den ejemplos de lo que sucede en su vida cotidiana cuando desobedecen a sus padres o maestros. Use esos comentarios como introducción a la historia bíblica.

HISTORIA BÍBLICA

Enriquecer con ilustraciones la historia bíblica lo ayudará a captar mejor la atención de sus alumnos. Si no tiene recursos visuales, module la voz y haga la clase interactiva, permitiendo que los niños participen opinando; de este modo se enriquecerá la narración.

Decisiones equivocadas

En el principio, Dios creó un mundo maravilloso y lo llenó de hermosas plantas y animales. Después, creó al hombre y a la mujer. Decidió hacerlos diferentes de todas las otras criaturas, y les dio el privilegio de tomar decisiones.

"Pueden comer los frutos de todos los árboles del huerto; pero no deben comer del árbol del conocimiento del bien y del mal, porque si lo comen, morirán", dijo Dios a Adán y Eva.

Un día Eva caminaba por el jardín. De pronto, escuchó una voz extraña que la llamó:

—¡Mujer!

—¿Qué es eso? ¿Quién me está llamando? —se preguntó Eva. Miró a su alrededor y vio a una serpiente que estaba en un árbol.

La serpiente se acercó y le dijo:

—¿Así que Dios les ha dicho que no coman del fruto de ningún árbol del huerto?

—Podemos comer del fruto de todos los árboles del huerto, pero Dios nos dijo: "No coman el fruto del árbol que está en medio del huerto, y tampoco deben tocarlo, o morirán" —respondió Eva.

—¡Te aseguro que no morirán! —dijo la serpiente—. Dios sabe que el día que ustedes coman del fruto de ese árbol verán lo que nunca han visto. Podrán saber lo que es bueno y lo que es malo, entonces serán como Dios.

Eva sabía que debía alejarse de la serpiente, pero decidió quedarse y contemplar el apetecible fruto. "La fruta se ve sabrosa; además, es tan bonita. La serpiente dice que Dios está equivocado y que si la como no moriré. Dios debería permitirnos comer esta fruta", pensó Eva. Entonces decidió: "¡Estoy segura de que esta fruta me hará tan sabia como Dios! Haré lo que deseo. ¡Comeré la fruta!"

Así que Eva tomó la fruta y mordió un bocado. "¡La serpiente tenía razón, esta fruta es deliciosa!", pensó Eva.

Luego, se la ofreció a su esposo, y él también decidió comer la fruta prohibida.

De repente, Adán y Eva se sintieron diferentes, pero eso no los hizo sentir felices. Al contrario, se sentían culpables y avergonzados.

"¡Dios viene! ¿Qué haremos ahora?", se preguntaban el uno al otro.

—Vamos a escondernos —dijo Adán.

—Adán y Eva, ¿dónde están? —los llamó Dios.

—Cuando oímos que venías por el jardín tuve miedo porque estoy desnudo, por eso me escondí —respondió Adán.

—¿Comieron del árbol que les prohibí que comieran? —les preguntó Dios.

Adán y Eva nunca antes le habían tenido miedo a Dios.

—Eva me dio el fruto para que lo comiera —contestó Adán con temor.

—¿Qué es lo que has hecho? —inquirió Dios a Eva.

—La serpiente dijo que sería bueno para mí. Ella me engañó y yo comí —respondió Eva con mucho miedo.

—¿Por qué no confiaron en mí? Ahora tendrán que sufrir las consecuencias de sus malas decisiones —dijo Dios—. Yo se los advertí: si comen morirán. Pero primero tendrán que trabajar duro para conseguir sus alimentos. Tener bebés será doloroso, y ya no podrán vivir en este jardín.

Todo había cambiado para Adán y Eva. Y todos los días pensaban con tristeza: "¿Por qué tomamos esa mala decisión y desobedecimos a Dios?"

ACTIVIDADES

El primer pecado

Pida que los principiantes doblen la hoja por las líneas punteadas y repasen la historia bíblica. Mientras lo hacen, hágales las siguientes preguntas a modo de repaso:

- ¿Por qué era malo comer esa fruta?
- ¿Cómo se sintieron Adán y Eva cuando desobedecieron?
- ¿Qué hizo Dios al respecto?
- ¿Fue culpa de la serpiente que Adán y Eva desobedecieran?
- ¿Qué les dijo la serpiente para engañarlos?

Luego, den vuelta la hoja y dígales: Aquí vemos símbolos que nos advierten sobre peligros.

Observen con cuidado los dibujos de la parte superior, y rodeen con un círculo los que sean más conocidos para ustedes. Algunos solo nos informan. Pero otros son advertencias y nos protegen del peligro. Cuando decidimos obedecer esas advertencias nos mantenemos a salvo.

Luego pida que observen la parte inferior de la hoja. Dígales que rodeen con un círculo los avisos que reciben de parte de Dios para protegerlos del peligro. Explíqueles que Dios quiere que se mantengan a salvo del pecado y de sus consecuencias. Por eso nos ha dado su Palabra y a personas sabias que nos guían y orientan para tomar buenas decisiones que agradan a Dios.

Mural

Para esta actividad necesitará una cartulina grande, tiras de papel de colores, tijeras y cinta adhesiva.

En la parte superior de la cartulina escriba el título de la unidad: EL SANTO AMOR DE DIOS. Y en la parte inferior anote el texto para memorizar (Romanos 3:23-24).

En el espacio del medio, pegue verticalmente las tiras de papel, dejando alrededor de 3 cm. entre una y otra. Debe haber una tira de papel por cada miembro de la clase. Si el grupo es numeroso, haga dos murales o use un papel más grande.

Cada semana los niños deberán añadir las figuras de la Sección Recortable a su tira.

Pida que recorten la figura 1 (óvalo amarillo) y escriban allí su nombre. Explíqueles que deberán continuar añadiendo figuras al mural durante toda la unidad, por lo cual deberán ser fieles en la asistencia para completar el proyecto. Déles tiempo para que todos peguen la figura del día.

MEMORIZACIÓN

Use el mural para repasar el texto. Pida que tres o cuatro voluntarios lo lean usando diferentes modulaciones de voz, por ejemplo: en voz baja, con voz grave, con voz aguda, etc. Después pida que los que ya lo sepan de memoria lo digan sin leerlo.

PARA TERMINAR

Hable con sus alumnos acerca de la importancia de aplicar en la vida diaria lo que aprenden en la clase. Pídales que esta semana se mantengan alerta ante todo aquello que los estimule a desobedecer a Dios, y que oren para que él los fortalezca.

Formen un círculo, y ore por cada uno de sus alumnos. También interceda por los familiares enfermos y por los niños que hayan faltado a clase.

notas

Resultados dolorosos

Base bíblica: Génesis 4:1-16.

Objetivo de la lección: Que los principiantes aprendan que ignorar las advertencias de Dios trae consecuencias dolorosas.

Texto para memorizar: *Por cuanto todos pecaron, y están destituidos de la gloria de Dios, siendo justificados gratuitamente por su gracia* (Romanos 3:23-24).

¡PREPÁRESE PARA ENSEÑAR!

Muchos de los principiantes ya saben que tomar decisiones siempre trae consecuencias. Sin embargo, hay consecuencias que son difíciles de afrontar (por ejemplo: heridas emocionales, restricción de privilegios, desconfianza, relaciones rotas y castigos).

Caín sufrió consecuencias dolorosas debido a su mala decisión. Aun así, experimentó la misericordia de Dios. Ayude a los principiantes a entender que la decisión de pecar tiene consecuencias dolorosas, pero Dios es misericordioso. Él siempre nos trata mejor de lo que merecemos.

COMENTARIO BÍBLICO

Caín, el personaje principal de este pasaje, actuó a su hermano Abel con crueldad e injusticia. Luego, al igual que sus padres (Génesis 3), trató de eludir las consecuencias justas de su acto.

Dios aplicó justicia con Caín, pero con misericordia. Leemos que él no pidió la vida de Caín para pagar por su falta. Más bien, implementó medidas para proteger su vida, asegurándose de que nadie lo maltratara, aun cuando él había matado a su hermano.

Ayude a sus alumnos a entender que Dios no tolera el pecado, pero ama al pecador. Aunque trató a Caín con dureza, también le mostró su misericordia. Es un ejemplo de cómo debemos tratar a los demás. Caín no solo actuó mal contra Abel, sino también contra su familia y, en especial, contra Dios.

Recuérdeles que Dios es el Creador de la vida y el único que tiene el derecho de quitarla. Caín se atribuyó la facultad de quitarle la vida a su hermano; por eso tuvo que afrontar las consecuencias de su pecado. Pero Dios, que es grande en misericordia, cuidó de su vida.

Ayude a los principiantes a entender que toda decisión trae consecuencias. Por lo tanto, deben pedir que Dios los ayude a tomar las mejores decisiones. También es necesario que sepan que las consecuencias del pecado son irreversibles, pero la gracia y el perdón de Dios son mayores.

DESARROLLO DE LA LECCIÓN

Use algunas de las siguientes actividades para enriquecer el aprendizaje de sus alumnos.

Mural

Pida a los niños que recorten la figura 2, que dice ADVERTENCIA, de la Sección Recortable del libro del alumno y que la peguen en la tira que corresponda. Mientras trabajan, haga un repaso de lo que aprendieron la semana pasada y relaciónelo con el nuevo tema. Dígales que la historia de hoy trata acerca de una advertencia que debemos aprender. Si tiene visitantes, ayúdelos a añadir su tira al mural.

¿Qué sucedería si...?

Abran el libro del alumno en la Lección 11. Pida a sus alumnos que dibujen lo que sucedería si ignoraran esas advertencias. Luego, déles tiempo para que muestren sus dibujos y pregúnteles: *¿Por qué creen que existen las advertencias?* Haga hincapié en que las advertencias no están puestas para arruinar nuestra diversión, sino para mantenernos a salvo de peligros. Explíqueles que Dios también nos hizo advertencias para que nos alejemos del pecado.

Pregúnteles: *¿Qué creen que sucede cuando ignoramos las advertencias de Dios?* Permita que respondan, y recalque lo que les sucedió a Adán y Eva cuando ignoraron a Dios y comieron del fruto prohibido.

HISTORIA BÍBLICA

La desobediencia de Caín

La vida fue difícil para Adán y Eva fuera del bello jardín que Dios había hecho para ellos. Pero un día Dios les envió algo que los hizo sentirse otra vez felices.

"Dios me ha bendecido al darme este hijo", dijo Eva.

Ellos llamaron Caín a su primer hijo.

Luego tuvieron otro bebé, al que pusieron por nombre Abel.

Los hermanos crecieron, y Abel decidió ser pastor de ovejas, mientras que Caín se dedicó a la agricultura.

Los dos muchachos trabajaban con esfuerzo y dedicación.

Un día decidieron ofrecer una ofrenda de gratitud a Dios.

Caín ofreció parte de su cosecha, mientras que Abel escogió una oveja de su rebaño.

"Abel", dijo Dios, "acepto tu ofrenda. Pero no puedo aceptar la tuya, Caín".

Al escuchar esas palabras, Caín se enojó mucho y sintió celos de su hermano.

"¿Por qué estás enojado?", le preguntó Dios a Caín. "Si haces lo correcto, aceptaré tu ofrenda. Pero si no lo haces, estarás pecando. El pecado quiere gobernar tu vida, pero si decides confiar en mí serás fuerte para resistir al pecado".

Caín decidió no escuchar la advertencia de Dios. Al contrario, sus celos crecieron más y más.

Un día Caín le dijo a su hermano: "Abel, vayamos al campo a dar un paseo".

Cuando estaban en el campo, Caín atacó a su hermano y lo mató.

Poco después, Dios le preguntó a Caín:

—¿Dónde está tu hermano Abel?

—No sé —respondió Caín—, yo no tengo por qué cuidarlo.

Entonces Dios le dijo:

—¿Qué es lo que has hecho? Tú no puedes ocultarme nada. Mataste a tu hermano, y por ello nunca más tendrás buenas cosechas. Vivirás errante, siempre viajando de un lugar a otro.

—¡Eso es demasiado! —replicó Caín—. Mi castigo es terrible, y cualquiera que me encuentre querrá matarme.

—No, —contestó el Señor—. Pondré una marca en ti, como un signo de que nadie podrá matarte. Si alguien te mata yo le castigaré siete veces más que a ti.

ACTIVIDADES

¿Cómo nos daña el pecado?

Dé tiempo para que los niños ayuden a Caín a encontrar el camino correcto. Hay diferentes opciones para empezar, pero solo una lo llevará hasta el final. Sin embargo, al igual que en la historia bíblica, Caín no podrá llegar a su casa ni hasta donde se encuentra su familia. Su pecado lo llevó a andar errante de un lado al otro.

Mientras trabajan, recalque a sus alumnos las terribles consecuencias del pecado de Caín.

Agua y aceite

Use estos elementos para ilustrar a sus alumnos que Dios es santo y que está separado del pecado. Consiga un frasco de vidrio con tapa. Llénelo hasta la mitad con agua, y añada unas gotas de colorante vegetal rojo para que sea más fácil observarlo. Llene el resto del frasco con aceite y tápelo bien.

Diga a sus alumnos: *Nuestro Dios es santo y no tolera el pecado. El pecado es desobedecer a Dios, y nos separa de él.*

Pida algunos voluntarios que agiten el recipiente para tratar de mezclar los dos líquidos. Dígales que observen cómo estos se separan.

Explíqueles que, de la misma manera, el pecado nos separa de Dios. La santidad de Dios y la vida de pecado no pueden mezclarse. Por eso es importante que nos arrepintamos y busquemos a Dios.

MEMORIZACIÓN

Con anticipación recorte varios círculos grandes de cartulina. Escriba en cada uno de ellos una o varias palabras del texto para memorizar. Escóndalos por el salón antes de que sus alumnos lleguen. Luego, pida que los busquen y los ordenen según el texto original. Repítanlo juntos varias veces.

Guarde los círculos para usarlos la próxima semana.

PARA TERMINAR

Exhorte a sus alumnos a obedecer las advertencias de Dios y a mantenerse lejos del pecado. Pídales que se mantengan alerta y eviten acercarse a lo que podría separarlos de Dios.

Interceda por sus alumnos. Cuando usted ora por ellos, los ayuda a sentirse apreciados y valorados como parte de la familia de la iglesia.

notas

Nuestro Dios de amor y misericordia

Base bíblica: Génesis 6:5—9:17.

Objetivo de la lección: Que los principiantes le agradezcan a Dios por su misericordia, y deseen obedecerlo.

Texto para memorizar: *Por cuanto todos pecaron, y están destituidos de la gloria de Dios, siendo justificados gratuitamente por su gracia* (Romanos 3:23-24).

¡PREPÁRESE PARA ENSEÑAR!

La historia de Noé tiene una enseñanza especial para cada principiante. Para aquellos que piensan que el pecado no es malo hasta que ven las consecuencias, la historia del diluvio muestra la seriedad del pecado. Este relato habla sobre la justicia de Dios, pero también muestra su gran amor y misericordia. Por mandato de Dios, Noé debía advertir a la gente acerca de las consecuencias de su pecado; sin embargo, no quisieron escuchar. Dios mostró su amor al liberar a Noé y a su familia con el arca.

Muchas veces se espera que el niño obedezca simplemente porque debe hacerlo. Entender cuáles son las razones de nuestros actos es mejor que obedecer solo porque alguien lo ordena. Ayúdelos a entender que Dios los ama y desea que lo obedezcan.

COMENTARIO BÍBLICO

Génesis 6:5—9:17. El énfasis de esta historia no está puesto en una persona, el diluvio o los animales, sino en la misericordia de Dios y sus planes para un nuevo inicio de su creación.

Génesis 6:6 muestra la intensa angustia de Dios al ver que el corazón del hombre se inclinaba solo al mal. No estaba enojado, sino triste y arrepentido. "Y se arrepintió Jehová de haber hecho al hombre en la tierra, y le dolió en su corazón".

Lamentablemente, el corazón humano siguió inclinándose hacia el mal, pero el diluvio originó una decisión irreversible en Dios. Luego del mismo, hizo un pacto con su creación: que no la destruiría otra vez con agua. Nuestro Dios se había comprometido a tener una relación de amor con su creación desde el principio, pero ese compromiso se intensificó. Por primera vez Dios sintió dolor y sufrió por la traición del hombre. Pero, una vez más vemos que su amor es tan grande que no exterminó al ser humano por completo, sino que le dio una nueva oportunidad.

DESARROLLO DE LA LECCIÓN

Escoja algunas de las siguientes actividades para complementar el desarrollo de la clase.

¡Repite la frase!

Que los principiantes se sienten formando un círculo, y dígales: *Dios hizo un mundo perfecto donde todo lo que había era bueno. Imaginemos cómo sería un mundo perfecto. Yo voy a comenzar. "En un mundo perfecto debería haber…"* (mucho amor). Complete la oración con una frase o una palabra. El niño que esté a su lado debe repetir la oración como usted la dijo y añadir otra idea (por ejemplo: *En un mundo perfecto debería haber mucho amor y nada de odio*).

Continúen el juego alrededor del círculo, dando tiempo para que cada alumno repita la frase y agregue las palabras que desee. Cuando alguien no pueda recordar toda la frase, detengan el juego y comiencen de nuevo.

Dígales: *Cuando Dios creó el mundo, hizo todo perfecto. ¿Qué fue lo que sucedió e hizo que todo cambiara?*

Permita que respondan, y recuérdeles que el pecado entró por la desobediencia de Adán y Eva.

Mural

Pida a sus alumnos que recorten la figura 3 de la Sección Recortable, donde se ve el arca con la palabra PROMESA, del libro y que la peguen en la tira que corresponda. Aproveche este tiempo para repasar con ellos lo aprendido en las lecciones anteriores, y haga una breve introducción al tema de hoy.

HISTORIA BÍBLICA

Reúna a sus alumnos para que escuchen la historia bíblica, y dígales: *Después del primer pecado de Adán y Eva, sus hijos y nietos continuaron desobedeciendo a Dios. Hoy vamos a aprender acerca de un hombre llamado Noé y lo que él hizo.*

Procure usar algunos materiales visuales al enseñar la historia. Si no tiene ilustraciones impresas, dibuje en una cartulina un arca.

Luego, consiga recortes, dibujos o fotografías de animales y úselos como ayudas visuales para ilustrar el relato.

Noé obedece a Dios

Luego de que Dios creó a Adán y Eva, el número de personas fue en aumento. Todos vivían en el mundo hermoso que Dios había creado.

Sin embargo, al pasar el tiempo, la gente se olvidó de Dios y comenzó a hacer lo malo. Ya no escuchaban la voz del Señor, y lo desobedecían; hacían cosas que sabían que no eran las correctas. Eso lastimó el corazón de Dios y lo hizo sentir muy triste, tanto que deseó no haber creado al hombre.

Pero, entre tantas personas malas, había un hombre que amaba al Señor y lo había obedecido toda su vida. Su nombre era Noé.

Un día Dios le dijo: "Tú eres la única persona de este tiempo que vive de acuerdo a mi voluntad. Los demás son malos y desobedientes. Por eso voy a enviar un gran diluvio para limpiar la tierra de toda la maldad. Construye un arca de las medidas que yo te daré. En ella estarán a salvo tú y toda tu familia. También debes poner en ella a una pareja de cada especie de animales. De esta forma estarán protegidos del agua".

Noé trabajó día y noche para construir el arca. Cuando la terminó, guardó adentro alimentos y todo lo necesario.

Luego de que todas las parejas de animales estuvieron dentro del arca, Noé y su familia tomaron sus pertenencias y entraron allí también. Entonces, Dios cerró la puerta del arca y comenzó a llover. Llovió durante 40 días y 40 noches. Cuando, al fin, dejó de llover, toda la tierra estaba cubierta de agua. Noé solo podía ver agua por todos lados. Los únicos que habían quedado con vida eran los ocupantes del arca.

Después de muchos días, el nivel del agua comenzó a bajar, quedando el arca encima de una montaña. Pasaron 40 días y Noé envió afuera a un cuervo. Pero, al no encontrar un lugar seco, este regresó al arca. Después de unos días, mandó a una paloma, quien también regresó al arca. Noé esperó otros siete días más. Cuando envió otra vez a la paloma, esta regresó con una ramita de olivo en el pico. Eso quería decir que la tierra estaba comenzando a producir otra vez.

Pasaron siete días y Noé volvió a enviar a la paloma, pero esta vez ya no regresó porque había encontrado tierra seca donde vivir.

Cuando al fin el agua se secó, Noé, su familia y los animales salieron del arca. Dios puso un hermoso arco iris en el cielo como recordatorio de su promesa de que nunca más enviaría otro diluvio para destruir la tierra. Noé construyó un altar de piedras y dio gracias a Dios por haberlo salvado del diluvio.

ACTIVIDADES

Palabras escondidas

Entregue los libros del alumno y pida que sus alumnos busquen las siete palabras escondidas en el dibujo de la Lección 12 (amor, obediencia, bondad, odio, pecado, maldad, fidelidad). Ayude a los que tienen dificultades con la lectura a identificar las letras.

Converse con ellos sobre la diferencia que hubo entre Noé y las demás personas. Pídales que busquen en su Biblia Génesis 6:8-9 y haga hincapié en las características que tenía Noé.

Den vuelta la hoja, y déles tiempo para que coloreen los espacios marcados para encontrar el mensaje escondido.

Trabajo manual

Provea a cada alumno la mitad de un plato de cartón, y facilite el tiempo necesario para que lo decoren con lápices o crayones de colores, como si fuera el cielo. Prepare varias tiras de papel de distintos colores para pegarlas en los platos formando un arco iris. Pegue las tiras siguiendo el contorno del plato; deje que sobresalgan las orillas para que, al agitar el plato, el movimiento de las tiras haga lucir vistoso el trabajo.

Mientras trabajan, enfatice que el arco iris nos recuerda que tenemos un Dios de amor y misericordia.

MEMORIZACIÓN

Divida su clase en dos equipos, y ponga sobre la mesa los círculos que preparó la semana pasada. Mézclelos, y pida que cada equipo trate de poner en orden el texto bíblico en el menor tiempo posible.

Cada vez que un equipo termine, todos deben repetir el texto en voz alta.

Luego pida que algunos voluntarios peguen los círculos en la pared para mantenerlos en un lugar visible durante el resto de la unidad.

PARA TERMINAR

Concluya la clase dando gracias a Dios por el amor y misericordia que tiene para con sus hijos. Recuerde a sus alumnos que Dios cuidó de Noé porque era obediente.

Anímelos a traer invitados la próxima clase, y despídanse entonando una alabanza a Dios.

Nuestro Dios de juicio y gracia

Base bíblica: Génesis 18:16—19:29.

Objetivo de la lección: Que los principiantes comprendan que Dios es justo, pero que desobedecerlo trae serias consecuencias.

Texto para memorizar: *Por cuanto todos pecaron, y están destituidos de la gloria de Dios, siendo justificados gratuitamente por su gracia* (Romanos 3:23-24).

¡PREPÁRESE PARA ENSEÑAR!

La imparcialidad es importante para los principiantes, pues provee orden y sentido de equidad, es decir, todos reciben el mismo trato. Los niños se quejan de inmediato si creen que una situación es injusta. Esta lección los ayudará a confiar en que Dios es justo.

De cualquier manera, la justicia demanda juicio hacia la maldad. En la historia de Sodoma y Gomorra, Dios muestra su gran misericordia aun a los malvados, cuando se compromete a perdonar a la ciudad si había allí 20 personas justas. A pesar de todo, esas ciudades eran pecaminosas y eso demandaba juicio.

En verdad, Dios es justo, pero la vida no lo es. Las malas decisiones, la ambición y el pecado hacen que nuestra sociedad esté llena de injusticias. El justo muchas veces sufre tanto como el injusto.

Aunque Dios perdonó la vida de Lot y su familia, ellos también sufrieron. Lot perdió a su esposa, a sus amigos y sus posesiones.

Dios es justo y misericordioso. Él es misericordioso con todo y, en muchas ocasiones, salva a los justos de grandes dificultades. Sin embargo, Dios finalmente juzgará y castigará al malvado.

En esta historia vemos que el juicio y la gracia de Dios actúan en forma conjunta. El juicio es obvio en la destrucción de ciudades que estaban en completo caos. La gente había rechazado a Dios, y su comportamiento se caracterizaba por la violencia, perversión y descontrol total.

La fe de Abraham marca un gran contraste entre él y la gente de esas ciudades. Abraham y Lot fueron fieles a Dios e intercedieron por su prójimo. Abraham intercedió por las ciudades, y Lot intercedió por los ángeles que lo visitaron.

Esta historia nos ayuda a ver cómo trata Dios a la humanidad, mostrando su gracia y misericordia para con todos. Él no destruyó las ciudades de inmediato; lo hizo cuando el clamor contra Sodoma y Gomorra aumentó y su pecado se agravó en extremo. La justicia de Dios demanda una respuesta. Aquellos que continúen rechazando a Dios sufrirán las consecuencias de sus pecados.

Pero, podemos estar seguros de que Dios salvará a los justos.

DESARROLLO DE LA LECCIÓN

Use algunas de las siguientes sugerencias didácticas para hacer más ágil y eficaz el desarrollo de la lección.

Juego de repaso

Esta actividad ayudará a sus alumnos a recordar lo que aprendieron en las lecciones anteriores, y les servirá como introducción al tema de esta semana.

Prepare nueve cajitas o recipientes del mismo tamaño, en los que quepa una pelota pequeña. Acomódelos de tres en tres, y únalos con cinta adhesiva, de tal forma que todos queden juntos. Luego, numérelos del 1 al 9.

Los principiantes deberán lanzar la pelota para introducirla en uno de los recipientes y, según el número en el que caiga, deberán contestar la pregunta que corresponda:

1) Menciona algo que recuerdes sobre la primera vez que alguien desobedeció a Dios.
2) ¿Qué es pecado?
3) ¿Quiénes pecaron?
4) ¿Qué hizo Caín?
5) ¿Qué sucedió con Caín después de que pecó?
6) ¿Cómo tuvo Dios misericordia de Caín?
7) ¿Cómo se sintió Dios al ver todo lo malo que hacía la gente en los tiempos de Noé?
8) ¿Cómo es el amor de Dios?
9) ¿De qué manera pueden acercarse a Dios las personas?

Mural

Pida a los niños que recorten la figura 4, que dice Cuidado, de la Sección Recortable del libro del alumno, y que la peguen en la tira que corresponda. Pídales que observen la figura, y dígales: *Dios envió a estos visitantes con una misión especial. Al escuchar la historia bíblica aprenderemos más sobre lo que hicieron al visitar dos grandes ciudades.*

¿Qué significa ser justo?

Escriba la palabra JUSTICIA en la pizarra o en una cartulina. Pida a sus alumnos que digan lo que dicha palabra significa, y escriba las respuestas en la pizarra. Luego, explíqueles que ser justo significa dar a cada uno lo que le corresponde; no hacer favoritismo y actuar de manera correcta.

Use esta actividad como introducción a la historia bíblica.

HISTORIA BÍBLICA

Mantenga su Biblia abierta en el pasaje bíblico para que sus alumnos sepan que lo que aprenderán proviene de la palabra de Dios. Si desea, pida que algunos voluntarios lean el pasaje antes de comenzar la narración.

Rescatados de Sodoma

—¡Bienvenidos! —dijo Abraham a los extranjeros que llegaron a su tienda. Él no recibía muchos visitantes en la calurosa tierra donde vivía—. Por favor, pasen y descansen un momento, y quédense a comer con nosotros.

Los forasteros aceptaron la invitación. Sin embargo, ellos no eran viajeros comunes. ¡Eran mensajeros de Dios!

—Dentro de un año, más o menos, tendrán el hijo que Dios les prometió —le dijeron a Abraham. Pero esas buenas noticias no eran las únicas que los mensajeros traían. Ellos se dirigían hacia ciertas ciudades donde había mucha perversión. Abraham caminó con ellos por un rato, mientras seguían su camino.

Dios pensó: "¿Le digo a Abraham lo que voy a hacer?" Entonces le dijo:

—El pecado de Sodoma y Gomorra es tan terrible que destruiré esas ciudades y a toda la gente que vive allí.

Abraham se preocupó mucho. Su sobrino Lot vivía en una de esas ciudades. Cuando los mensajeros siguieron su viaje hacia Sodoma, Abraham oró:

—Dios, ¿matarás a los buenos junto con los malos? Si hay 50 personas buenas y justas en Sodoma, ¿matarás a todas? ¿No salvarás la ciudad por amor a los 50 justos? Yo sé que no tratarías igual al bueno y al malo. ¡Tú eres misericordioso y perdonador! ¡Te pido que no lo hagas! Pero te conozco: el Juez de todo el universo hará lo que es justo.

—Si encuentro a 50 justos en toda la ciudad, no la destruiré —le contestó Dios.

—Y si solo hubiera 45 justos, ¿destruirás toda la ciudad a causa de esas otras cinco personas malas? —preguntó Abraham.

—Si hay 45 justos, no la destruiré —dijo Dios.

—No se enoje ahora mi Señor, pero quizá solo haya 30 personas buenas —continuó Abraham.

—No la destruiré si encuentro a 30 personas buenas —respondió Dios una vez más.

—¿Y si hubiera 20? —volvió a inquirir Abraham.

—Por esas 20 personas no la destruiré —respondió Dios.

—Preguntaré por última vez. ¿Qué pasaría si hubiera solo 10 personas buenas en Sodoma? —preguntó Abraham.

—Por amor a los 10 justos, no la destruiré —concluyó Dios.

Por último, los mensajeros llegaron a Sodoma. Al llegar a la puerta de la ciudad, vieron allí a Lot y se acercaron a él. Cuando Lot los vio, se levantó y se inclinó delante de ellos.

—Les ruego que se queden en mi casa esta noche — dijo Lot.

—No, acamparemos en la calle —respondieron los visitantes.

—Quédense en casa —insistió Lot.

Al final aceptaron. Los visitantes se entristecieron al ver lo que sucedía en la ciudad. ¡La perversión de la ciudad era terrible! ¡En toda la ciudad no había ni 10 personas que amaran ni obedecieran a Dios!

—¿Tienes más familia en esta ciudad? —preguntaron los visitantes a Lot—. Sácalos de aquí porque destruiremos este lugar. El clamor contra la gente de Sodoma y Gomorra es tan grande que Dios nos ha enviado a destruirla.

Con suma rapidez Lot fue a buscar a los hombres con los que sus hijas pensaban casarse y les dijo:

—Vamos, salgamos de esta ciudad porque Dios va a destruirla.

Pero ellos pensaron que era una broma.

Al amanecer, los ángeles le dijeron a Lot:

—¡Levántate, y llévate a tu esposa y a tus hijas para que no mueran cuando la ciudad sea destruida!

—Iré tras ellos —replicó Lot.

Como Lot se tardaba mucho, los ángeles los tomaron de la mano y los sacaron de la ciudad.

—¡Apresúrense! —les dijeron los visitantes— y no miren atrás.

Lot y su familia corrieron para salvar sus vidas. Pero la esposa de Lot miró atrás, y en ese momento se convirtió en estatua de sal.

Al día siguiente, muy temprano, Abraham se levantó y fue al lugar donde había orado a Dios. Desde allí miró hacia Sodoma y Gomorra, y a toda la llanura, y vio que de toda esa tierra subía humo como de un horno.

Dios destruyó esas ciudades perversas, pero se acordó de la oración de Abraham y rescató a su sobrino Lot.

ACTIVIDADES

El rescate

Distribuya los libros del alumno, tijeras y pegamento. Pida que los principiantes recorten las figuras de la anteúltima página del libro y sigan las instrucciones para completar la actividad sugerida.

Ayude a los que tengan dificultades para entender las indicaciones o para recortar.

Dedique tiempo para que relaten la historia bíblica, usando los libritos que acabaron de realizar.

MEMORIZACIÓN

Pida a sus alumnos que cierren los ojos, mientras usted escribe el texto para memorizar en la pizarra. Luego, pida que los abran y lean el versículo varias veces.

Pida que cierren los ojos otra vez, y borre una palabra clave. Diga que lo lean, agregando la palabra que falta. Continúe hasta borrar todo el texto.

PARA TERMINAR

Cultive en sus alumnos la disciplina de la oración, intercediendo en cada clase por cada uno de ellos y sus familias. Si es posible, escriba las peticiones en una cartulina, y péguela en el salón. De esta manera las recordarán y, cada vez que Dios responda alguna, pueden poner al lado una estrella.

Ore dando gracias a Dios por su misericordia y su justicia.

Anímelos a asistir la próxima semana a la última clase de esta unidad.

notas

Nuestro Dios de perdón

Base bíblica: Levítico 4; Hebreos 10:1-14.

Objetivo de la lección: Que los principiantes sepan que Dios ha provisto un camino para el perdón de nuestros pecados.

Texto para memorizar: *Por cuanto todos pecaron, y están destituidos de la gloria de Dios, siendo justificados gratuitamente por su gracia* (Romanos 3:23-24).

¡PREPÁRESE PARA ENSEÑAR!

La tragedia del pecado es que separa al ser humano de Dios. Sus alumnos aprendieron acerca del origen del pecado en la primera lección. En las lecciones subsecuentes estudiaron las consecuencias del pecado, y cómo Dios responde de manera justa y misericordiosa. Esta lección reafirma el tema de la misericordia de Dios. Aprenderemos que él creó un sistema de sacrificios para resolver el problema del pecado y, finalmente, entregó a su Hijo unigénito para que el que cree tenga vida eterna.

La mayoría de sus alumnos tiene una conciencia tierna. Sienten su propia culpa cuando hacen lo malo, y saben que el pecado los separa de Dios. Utilice esta lección para acercarlos a Dios y para que descubran que él ofrece el perdón y ha provisto una manera para que podamos recibir salvación.

COMENTARIO BÍBLICO

Levítico 4. El pacto establecido en Éxodo implicaba un llamado al pueblo de Dios a ser una nación santa (Éxodo 19:6). Levítico era como un manual que explicaba al pueblo de Dios cómo debían adorarlo. En la adoración eran esenciales la confesión, el arrepentimiento y los sacrificios para recibir el perdón. El capítulo 4 trata acerca de la ofrenda para obtener el perdón (por los pecados no intencionales). Es evidente que todo pecado deliberado excluía de la nación santa al pecador. El castigo por la rebelión era la muerte (véase Éxodo 21:12-17).

La ofrenda por el pecado muestra que es posible que el pueblo santo de Dios viole alguna de sus leyes de manera inconsciente o no intencional. El pueblo de Dios debía buscar la expiación de sus pecados tan pronto como se diera cuenta.

En este tipo de ofrenda, el adorador admitía que había hecho lo malo ante Dios, y presentaba al animal para el sacrificio. Como parte del ritual, debía colocar sus manos sobre el animal. Esta era una forma de identificarse con el animal que sacrificaría. A través de este, el pecador ofrecía su vida a Dios.

En este sistema, el sacrificio se hacía a favor del hombre, y el sacerdote era el mediador. Es difícil para nosotros ahora entender cómo el animal sacrificado tomaba el lugar del pecador. Sin embargo, los primeros creyentes pudieron entenderlo cuando Jesucristo murió en la cruz por el pecador. Entendieron que Jesús había ocupado nuestro lugar, aquel que nos correspondía a nosotros por nuestro pecado.

Hoy en día, los pecados que no son intencionales se pasan por alto con facilidad como "errores". Dios libera a su pueblo del pecado no intencional, pero el pecador debe reconocer su pecado y arrepentirse de corazón ante Dios.

Hebreos 10:1-14. El problema fue que los sacrificios se volvieron una rutina, y perdieron su significado. Los profetas, repetidas veces, denunciaron este hecho calificando los sacrificios como "vacíos". Los sacrificios que no cambiaban al pecador no eran verdaderos.

El escritor del libro a los Hebreos se enfoca en explicar que Cristo cumplió el sistema de sacrificios una vez y para siempre. El Señor Jesucristo fue el Cordero del sacrificio y, al mismo tiempo, el Sumo Sacerdote. Cristo ahora es el mediador entre nosotros y el Padre.

DESARROLLO DE LA LECCIÓN

Escoja algunas de las siguientes actividades para enriquecer el desarrollo de la lección.

Mural

Pida que sus alumnos recorten la figura de la lección de hoy y la añadan a la tira que corresponda. Para hacer un repaso general de esta unidad, pida que algunos voluntarios digan qué significa cada una de las figuras del mural.

Coloque el mural terminado en un lugar visible para que todos se enteren del tema que estudiaron los principiantes.

La cruz

Antes de la clase, dibuje una cruz para cada niño y recórtelas. En la clase, distribúyalas para que las decoren usando diferentes materiales (papeles o lápices de colores, arena, pinturas, etc.). Mientras trabajan, dígales: *¿Saben por qué* *en algunas iglesias hay cruces?* Escuche sus respuestas y, basándose en ellas, pregúnteles: *¿Por qué creen que Jesús murió en la cruz?*

Use las respuestas que den sus alumnos para iniciar el desarrollo de la historia bíblica.

HISTORIA BÍBLICA

Agua y aceite

Use la actividad "Agua y aceite" sugerida en la lección anterior para representar la separación que existe entre Dios y el pecado.

Después de que varios voluntarios hayan tratado de mezclar los líquidos, explíqueles que, tal como sucede con el agua y el aceite, nuestro Dios que es santo no se mezcla con el pecado. Sin embargo, Dios no desea que estemos separados de él, porque nos ama y ha provisto una forma de perdonar nuestros pecados.

Los sacrificios de Israel

Un día, cuando Moisés se encontraba en una montaña, Dios le dijo: "Moisés, di a los israelitas que, aunque soy el único dueño de toda la tierra, los elegí para que sean mi pueblo especial. Serán para mí un reino de sacerdotes y una nación santa. Si el pueblo me obedece, será mi tesoro especial".

Moisés bajó de la montaña rápidamente. Quería contarle a la gente lo que Dios le había dicho. Al hacerlo, ellos respondieron: "Haremos todo lo que Dios ha dicho".

Para recordarle a la gente que era el pueblo elegido, Dios le dio los Diez Mandamientos. Estas leyes los ayudaron a saber lo que estaba bien y lo que estaba mal. Dios le dijo a Moisés que construyera una tienda especial, a la que llamarían tabernáculo, para que las personas recordaran que Dios siempre estaba con ellos.

Dios esperaba que su pueblo lo obedeciera. Pero sabía que a veces quebrantarían sus mandamientos. Por eso ideó una forma en la que pudiera perdonar a las personas por sus pecados.

Así que le dijo a Moisés: "Cuando las personas desobedezcan alguno de mis mandamientos, tendrán que ofrecer un sacrificio. Diles que deben escoger su mejor animal, ya sea buey, cabra o cordero. Debe ser un animal perfecto: sin manchas, heridas ni enfermedades. Y luego deben llevar su animal al tabernáculo. Cuando estén allí, deben poner sus manos sobre el animal para mostrar que están arrepentidos por lo que hicieron. Luego, los sacerdotes tomarán el animal y lo sacrificarán como te he indicado".

Dios dio instrucciones muy claras acerca de cómo debían preparar y ofrendar los animales en sacrificio. Día tras día, año tras año, siguiendo las instrucciones que Dios les había dado. Esco-gían animales y los sacrificaban, como ofrenda de arrepentimiento por sus pecados.

Algunos estaban muy arrepentidos por el mal que habían hecho. Pero otros no lo estaban. Llevaban sacrificios solo porque todos los demás lo hacían. Los profetas sabían que algunos sacrificios que la gente llevaba no mostraban su arrepentimiento.

"Dios no está satisfecho con sus sacrificios", dijo el profeta Jeremías. "Dios nos dijo cómo ofrecerlos. Él quiere que ustedes lo amen y le obedezcan".

Aunque el plan de Dios para los sacrificios era bueno, muchas personas ofrecían holocaustos solo por costumbre, pero en su corazón no había arrepentimiento ni amor a Dios.

Sin embargo, Dios tenía un mejor plan para el perdón de los pecados para nuestro bien. Envió a su Hijo, Jesús, a morir en la cruz por los pecados de todo el mundo. Dios permitió que Jesús fuera sacrificado para que nuestros pecados fueran perdonados sin ofrecer más sacrificios de animales. Además, cuando las personas confían en Jesús como Salvador y Señor, el Espíritu Santo viene a morar en sus corazones y los cambia para que puedan amar más a Dios.

ACTIVIDADES

Dos tipos de sacrificio

Reparta los libros del alumno. Pida que los niños recorten la figura de la Lección 14, siguiendo el contorno marcado. Indíqueles que la doblen por las líneas punteadas para que, al abrir la tarjeta, vean la figura de la cruz. Pida que un voluntario lea la frase que dice: "En el Antiguo Testamento, cuando la gente pecaba, ofrecía animales en sacrificio".

Explíqueles que el dibujo muestra un altar, como los que había en el tabernáculo. El altar era el lugar especial donde los sacerdotes quemaban a los animales sacrificados.

Luego, pida que todos lean juntos la frase que dice: "Nosotros ya no tenemos que sacrificar animales. Jesús lo hizo posible ofreciéndonos el perdón".

Conversen sobre las diferencias que existen entre esos sacrificios. Explíqueles que los dos tipos de sacrificios fueron provistos por Dios para el perdón de los pecados. Ambos debían ser perfectos para que Dios los aceptara. Sin embargo, los sacrificios de animales tenían que hacerse una y otra vez. Pero cuando Cristo murió lo hizo una sola vez y por todas las personas. Los animales sacrificados no podían cambiar el corazón de las personas, pero Jesús tiene el poder de cambiarnos y transformarnos a su imagen.

Invitación evangelística

Si el Espíritu Santo lo guía, anime a sus alumnos a tomar una decisión personal de seguir a Cristo y arrepentirse de sus pecados. Use su Biblia y los pasajes sugeridos en el libro del alumno para guiarlos a aceptar la salvación.

Para ser un hijo de Dios debes:

1) Reconocer que has pecado — Romanos 3:23
2) Creer que Jesús murió por ti — Romanos 5:8
3) Arrepentirte de tus pecados — Romanos 6:23
4) Pedirle a Dios que te perdone — 1 Juan 1:9
5) Ahora eres un hijo de Dios — 1 Juan 1:12

Use esta sencilla oración para ayudar a los que tengan dificultades para orar:

Amado Dios, reconozco que he pecado y me arrepiento por todo lo malo que hice. Te pido que me perdones. Yo creo que Jesús murió por mí y lo recibo como mi Salvador y Señor. Ayúdame a obedecerte y amarte todos los días. Gracias por perdonarme y permitirme ser tu hijo. Amén.

Es importante que separe un tiempo especial para conversar con cada uno de sus alumnos antes o después de hacerles la invitación para recibir a Cristo en sus vidas. Ayúdelos a comprender que esta es una decisión personal y determinante para el resto de su vida.

MEMORIZACIÓN

Escriba las palabras de Romanos 3:23-24 en diferentes tarjetas u hojas. Péguelas con cinta adhesiva sobre una mesa o en la pizarra, de tal manera que sea sencillo despegarlas y volverlas a colocar. Lean el versículo varias veces. Pida que un voluntario cambie de lugar las tarjetas y que otro las ponga en orden de nuevo. Haga este ejercicio varias veces, y repitan el versículo cada vez que las tarjetas estén en orden.

PARA TERMINAR

Júntense para orar y dar gracias a Dios por haber provisto un camino para nuestra salvación.

Entonen un canto de alabanza, y felicite a los que hayan aceptado a Cristo.

Es importante que haga un seguimiento de estos alumnos para ayudarlos a crecer en la fe cristiana. Le sugerimos que converse también con sus padres, y les haga saber la decisión que sus hijos tomaron. Recuerde que, en los primeros años de formación espiritual de sus alumnos, su tarea como maestro de educación cristiana es fundamental.

notas

¡CELEBREMOS LA SEMANA SANTA!

Bases bíblicas: Mateo 21:1-11; Lucas 19:28-38; Juan 20:1-18; Lucas 24:13-35; Hechos 1:1-11.

Texto de la unidad: *Si confesares con tu boca que Jesús es el Señor, y creyeres en tu corazón que Dios le levantó de los muertos, serás salvo* (Romanos 10:9).

PROPÓSITOS DE LA UNIDAD

Esta unidad ayudará a los principiantes a:

- ❖ Alabar a Dios por lo que hizo por medio de Jesucristo.
- ❖ Creer que Jesús vive.
- ❖ Saber que Jesús se fue al cielo y regresará a buscarnos.

LECCIONES DE LA UNIDAD

Lección 15: ¡Celebremos la entrada triunfal de Jesús!

Lección 16: ¡Celebremos la resurrección de Jesús!

Lección 17: El camino a Emaús

Lección 18: ¡Jesús siempre está con nosotros!

POR QUÉ LOS PRINCIPIANTES NECESITAN LA ENSEÑANZA DE ESTA UNIDAD

La sociedad y los medios de comunicación han desviado la atención de los niños del verdadero significado de la Semana Santa. Muchos símbolos seculares siguen cautivando a los principiantes, quienes no están debidamente preparados para esta solemne celebración.

El enfoque de esta unidad trata sobre la celebración de la resurrección de Jesús. Sus alumnos sentirán emoción al saber quién es Jesús y lo que hizo por ellos.

Durante estas lecciones tendrá la oportunidad de transmitir a los niños el plan de salvación, y guiarlos a una relación profunda con Jesucristo. Ore pidiendo la guía del Espíritu Santo mientras prepara estas lecciones. Recuerde que, a través de su enseñanza, Dios puede transformar no solo la vida de sus alumnos, sino también las de sus padres. ¡Aproveche esta oportunidad para contar a los demás lo que Cristo hizo por usted!

¡Celebremos la entrada triunfal de Jesús!

Base bíblica: Mateo 21:1-11; Lucas 19:28-38.

Objetivo de la lección: Que los principiantes alaben a Dios por enviar a Jesús como nuestro Salvador.

Texto para memorizar: *Si confesares con tu boca que Jesús es el Señor, y creyeres en tu corazón que Dios le levantó de los muertos, serás salvo* (Romanos 10:9).

¡PREPÁRESE PARA ENSEÑAR!

¿Por qué los principiantes alaban a Dios? Quizá porque usted lo hace, o porque observan que todos en la iglesia lo hacen. Pero es posible que en realidad no entiendan lo que significa la alabanza.

Recuerde que los principiantes tienden a imitar las acciones de los demás aunque desconozcan su significado. Por eso, en esta lección enseñe a sus alumnos la importancia y el significado de la alabanza.

Deben aprender que alabamos a alguien cuando reconocemos que hizo algo extraordinario. Es una expresión de reconocimiento. Por lo tanto, alabar de corazón no puede ser un sentimiento secundario.

El primer Domingo de Ramos la multitud adoró a Dios por los milagros que había visto hacer a Jesús. También lo alababan porque pensaban que los libraría del dominio romano y establecería a Israel como un estado independiente. Sin embargo, al darse cuenta de que esa no era la misión de Jesús, sus alabanzas se convirtieron en reclamos.

Al estudiar estas lecciones, ayude a sus alumnos a descubrir lo que Jesús hizo por ellos para darles salvación y vida eterna.

COMENTARIO BÍBLICO

Mateo 21:1-11. La entrada triunfal a Jerusalén fue el final de una jornada muy ocupada para Jesús y sus discípulos. Jesús había estado enseñando y sanando a los enfermos, y los milagros habían atraído a gran número de seguidores. Cuando Jesús entró en Jerusalén, las esperanzas con respecto al Mesías que vendría a libertarlos estaban en su más alto nivel.

Jesús llegó a la ciudad santa como un rey poco común. No llegó en un hermoso carruaje ni sobre un caballo de guerra. Por el contrario, llegó montado sobre un asno y su vestimenta no era la de un rey. No hubo adornos reales en la montaña ni por el camino; sin embargo, la gente le ponía sus mantos y hojas de palma. Jesús fue humilde y su misión era pacífica. Se ofreció como alguien

que conquistaría, no con armas sino con amor. La gente que estaba en el camino gritaba: "¡Hosanna!", que significa: "¡Sálvanos, Señor!" Ellos no sabían que él traería la verdadera salvación. Sin embargo, no lo haría causando sufrimiento a sus enemigos, sino soportando él el sufrimiento y la humillación.

Como Zacarías profetizó: "He aquí tu rey vendrá a ti, justo y salvador, humilde, y cabalgando sobre un asno" (9:9), el Señor Jesús no llegó a Jerusalén a conquistar un trono ni un imperio, sino a conquistar sus corazones.

La ciudad se estremeció, pero no se salvó. La salvación que ellos esperaban era política y material. La salvación que Jesús les ofrecía era espiritual. Por eso, la misma gente que en ese momento gritaba "hosanna", horas después gritaba "crucifícale".

Esta lección le proveerá la oportunidad de enseñar a sus alumnos que Jesús desea ocupar el trono de sus corazones.

DESARROLLO DE LA LECCIÓN

Haga uso de algunas de estas actividades para complementar el estudio del tema bíblico.

Palmas de alabanza

Elabore palmas de papel con sus alumnos, o bien consiga palmas reales. Para hacerlas, necesitará moldes de palmas para trazarlas sobre papel verde, o también puede hacerlas en papel blanco y proveer lápices de color verde para que los niños las pinten. Luego, pida que las recorten.

Dígales: *Hoy es Domingo de Ramos, y les contaré una historia muy especial. Estas son palmas. Cuando Jesús entró a Jerusalén, la gente agitaba palmas como estas y gritaban: "¡Hosanna, Hosanna!" Estaban muy emocionados y felices porque estaban alabando a Jesús. Tú también puedes agitar tu palma y gritar "¡Hosanna!" para Jesús.*

¿Qué es alabar?

Que sus alumnos se sienten formando un círculo, y pregúnteles: *¿Saben qué significa "alabanza"?* Después de escuchar sus respuestas, explíqueles que la alabanza es nuestra respuesta hacia alguien que hizo algo extraordinario. La alabanza es una expresión de amor y admiración hacia alguien especial.

Dígales que Dios es el único digno de nuestra alabanza. Pida que mencionen algunas razones por las cuales es bueno adorar al Señor. Anótelas en la pizarra (por ejemplo: porque creó todo lo que existe, porque es bueno, porque nos cuida, etc.).

HISTORIA BÍBLICA

¡Alabemos al Señor!

Entonen un canto de alabanza, mientras agitan sus palmas y marchan alrededor del salón. Pida a los niños que se sienten para escuchar la historia.

Indíqueles que pongan las palmas sobre sus piernas y que, durante el relato, cada vez que escuchen la palabra "hosanna" las agiten.

Antes de iniciar el relato, muestre la Biblia y dígales: *Esta es la Biblia, la palabra de Dios. Aprendemos a conocer mejor a Dios al escuchar las historias que hay en este precioso libro.*

La Semana Santa es un tiempo muy hermoso y especial, en ella celebramos la entrega de Jesús, el Hijo de Dios. En la historia de hoy aprenderemos lo que sucedió antes de la primera Semana Santa, cuando los niños cantaban y alababan a Jesús.

La entrada triunfal

"Cuéntanos la historia de la Pascua otra vez", pedían los niños a su padre.

"Hace mucho tiempo, nuestro pueblo era esclavo en Egipto", comenzó a contar el papá. "Dios le dijo a Moisés que nos guiara a nuestra tierra, pero el Faraón no nos permitía salir. Finalmente, el ángel de la muerte pasó por Egipto. Todos los primogénitos de las familias egipcias murieron. Entonces el Faraón nos dejó en libertad".

"¿Cuándo nos dejarán los romanos que seamos libres?", preguntaron los niños.

"Algún día vendrá un Rey Mesías y nos librará", dijeron los padres. "El Mesías nos librará de los romanos".

El pueblo de Jerusalén estaba entusiasmado. Miles de judíos se habían reunido allí para celebrar la fiesta de la pascua. Jesús y sus discípulos también se dirigían a Jerusalén para la celebración.

"Vayan al próximo pueblo", dijo Jesús a dos de sus discípulos. "Al entrar, encontrarán un asno amarrado que nunca fue montado. Desátenlo y tráiganlo".

Jesús necesitaba el asno por una razón especial. Mucho tiempo atrás, el profeta Zacarías había dicho que el rey de Jerusalén llegaría de manera pacífica, montado en un asno. Tal como Jesús les había dicho, los discípulos encontraron el asno. Luego, pusieron sus mantos sobre él y se lo llevaron. Después, ayudaron a Jesús a subirse y tomaron el camino a Jerusalén.

Cuando vieron que se acercaba Jesús, algunas personas tendieron sus mantos sobre el camino. Pronto la multitud se dio cuenta de la presencia del Señor.

"¿No es el hombre que ha hecho tantos milagros?", se preguntaban unos a otros.

"¡Sí, es él! ¡Mira, viene hacia Jerusalén! ¿Crees que es el Mesías prometido?"

Enseguida la gente comenzó a alabar a Dios con alegría por todos los milagros que habían visto: "¡Hosanna! ¡Bendito el que viene en el nombre del Señor!" "¡Paz en el cielo y gloria en las alturas! ¡Hosanna!"

Muchos fueron a cortar palmas y ramas, y las ponían a lo largo del camino. Y, mientras Jesús pasaba, muchos exclamaban: "¡Hosanna, Hosanna!"

ACTIVIDADES

¡Hosanna!

Pida a los niños que abran sus libros en la Lección 15, y recorten la tira de la parte inferior. Dígales que después doblen la hoja por las líneas punteadas.

Luego, que doblen la figura de Jesús donde lo indican las líneas punteadas y la peguen por la parte inferior. Muevan la figura a través de la multitud, para repasar la historia del Domingo de Ramos.

Mural de alabanza

Durante la semana prepare ilustraciones acerca de diferentes maneras en que los principiantes pueden alabar a Dios en su vida diaria. Incluya escenas de niños que ayudan a sus padres, oran, cantan alabanzas, lee la Biblia, etc.

Muéstrelas a la clase y dígales que ellos pueden alabar a Dios de diferentes formas. Pida que peguen las ilustraciones en la pared o en algún lugar que usted les indique.

MEMORIZACIÓN

Pida que sus alumnos busquen en la Biblia el texto para memorizar (Romanos 10:9) y lo lean en voz alta.

Luego de repetirlo varias veces (por filas, por grupos, solo los niños, solo las niñas, etc.), pida que algunos voluntarios lo digan de memoria. Entregue las tarjetas del Club del versículo del mes para que lo repasen en casa. Solicite a los padres que lo estudien con sus hijos durante la semana.

PARA TERMINAR

Asegúrese de que los niños lleven a casa sus trabajos, y agradézcales por haber asistido a la clase. Anuncie algo acerca de la siguiente lección, tratando de hacer una conexión y despertando el interés para que no falten.

Forme dos círculos, y asigne un líder de oración para cada uno.

Al final, guíelos usted en una oración unida. No se olvide de incluir las peticiones, y anime a sus alumnos a alabar a Dios todos los días.

notas

_____

_____

_____

_____

_____

_____

_____

_____

_____

_____

_____

_____

_____

_____

_____

_____

_____

_____

_____

_____

_____

_____

_____

_____

_____

_____

_____

_____

¡Celebremos la resurrección de Jesús!

Base bíblica: Juan 20:1-18.

Objetivo de la lección: Que los principiantes sepan que Jesucristo resucitó de entre los muertos.

Texto para memorizar: *Si confesares con tu boca que Jesús es el Señor, y creyeres en tu corazón que Dios le levantó de los muertos, serás salvo* (Romanos 10:9).

¡PREPÁRESE PARA ENSEÑAR!

En muchos lugares la celebración de la Semana Santa perdió su verdadero significado. La publicidad, los medios de comunicación y el consumismo desvían la atención de los niños, que olvidan con facilidad que se trata de conmemorar el sacrificio de Jesús y su resurrección.

A través de la resurrección comprendemos mejor el gran amor que Cristo mostró al morir por nosotros en la cruz. Al mismo tiempo, Dios demostró su poder en la resurrección. Ambos hechos proclaman el mensaje de esperanza, amor y salvación. Cualquier otro tipo de celebración es insignificante al compararlo con el gran regalo de Dios.

Sea sensible a las reacciones de sus alumnos cuando escuchen la historia de la resurrección. El hecho de que Cristo resucitó traerá esperanza a sus corazones y una nueva perspectiva de la vida. El mensaje de la muerte de Cristo y su resurrección los ayudará a comprender con más profundidad el amor de Dios hacia ellos y hacia los demás.

COMENTARIO BÍBLICO

Juan 20:1-18. Los enemigos de Jesús estaban satisfechos, pues habían planeado matarlo muchos meses atrás. Finalmente habían presenciado su ejecución sobre una cruz romana. Para muchos significó el final. Algunos se fueron cabizbajos a sus casas, mientras que otros se alejaron pensando que habían cumplido su misión de matar a Jesús.

María Magdalena descendió del Gólgota con el corazón destrozado. Jesús le había perdonado mucho, y ella había creído que él era el Cristo, el Hijo de Dios. Tal vez las esperanzas de María habían muerto con su Maestro.

Todos los Evangelios presentan la historia de la resurrección de Jesús. Cada uno enfatiza diferentes detalles; sin embargo, aquí podemos ver que Juan se mantuvo firme en enfatizar la fe.

En el capítulo 19, Juan señala que sepultaron el cuerpo de Jesús rápidamente, porque estaba por comenzar el día de reposo. También dice que la tumba se encontraba en un jardín, cerca del Gólgota, y que José y Nicodemo colocaron a Jesús en la tumba después de preparar su cuerpo con 100 libras de especias.

Al tercer día, cuando aún estaba oscuro, María se dirigió a la tumba. Al llegar, vio la piedra removida y el cuerpo de Jesús no estaba. Ella, suponiendo de inmediato que alguien había robado el cuerpo de su Maestro, corrió para avisarles a Pedro y a Juan: "Se han llevado del sepulcro al Señor y no sabemos dónde lo han puesto". Quizá se preguntaba quién lo había hecho, o si los enemigos de Jesús estaban detrás de todo esto.

Pedro y Juan corrieron hacia la tumba. Allí encontraron los lienzos y el sudario, enrollado en otro lugar. Entonces volvieron con los demás discípulos para contarles lo sucedido. Es interesante que Juan escribe que el "otro discípulo" creyó al ver la tumba vacía. Se ha pensado que Juan creyó que Jesús había resucitado y no que alguien había robado su cuerpo.

Aparentemente, María no pensaba del mismo modo porque se quedó llorando afuera de la tumba. Pero, cuando se asomó para ver adentro, vio a dos ángeles que le preguntaron: "Mujer, ¿por qué lloras?" Ella respondió: "Porque se han llevado a mi Señor y no sé dónde lo han puesto".

María, cegada por la enorme tristeza, no reconoció que era Jesús mismo quien estaba con ella. Entonces la llamó por su nombre. En ese instante, ella reconoció a su amado Maestro.

La resurrección fue la confirmación final de que Jesús era el Cristo, el Hijo del Dios viviente, quien resucitó y vive para siempre.

DESARROLLO DE LA LECCIÓN

Elija algunas de estas actividades para ayudar a sus alumnos a comprender mejor el tema de estudio.

La crucifixión

Para esta actividad necesitará algunos elementos relacionados con la crucifixión (una corona de espinas, clavos, una cruz), o bien use ilustraciones sobre el tema. Supervise con suma atención los objetos filosos para evitar accidentes.

Dígales: *Muchos líderes religiosos querían matar a Jesús porque sus enseñanzas eran diferentes a las de ellos. Algunos temían que Jesús iniciara una rebelión contra el imperio romano. Por eso lo arrestaron y lo clavaron a una cruz para matarlo. ¿Por qué creen que trataron de esa manera al Hijo de Dios?* Escuche sus respuestas, y recuérdeles la importancia de lo que aprendieron en la lección 14 sobre el perdón mediante el sacrificio de Jesús.

Trabajo manual

Para esta actividad necesitará cruces hechas de cartulina o cartoncillo, pegamento y cáscaras de huevo limpias, secas y trituradas.

Pida a los niños que pongan pegamento a la figura de la cruz, y después le espolvoreen las cáscaras. Coloquen los trabajos terminados sobre una mesa para que el pegamento se seque y las cáscaras se adhieran por completo.

Conversen acerca del significado de la cruz y lo que representa para los cristianos.

HISTORIA BÍBLICA

La felicidad de María

"Pobre Jesús", pensó María mientras caminaba hacia el jardín.

Era tan temprano que el sol aún no había salido. "¡Lo extraño tanto! Lo menos que podemos hacer es enterrarlo de un modo apropiado. No tuvimos mucho tiempo para terminar todo antes del día de reposo".

María no podía creer lo que había sucedido. Ella había puesto todas sus esperanzas en Jesús, sin embargo, él había muerto y ya no estaría más con ellos. Cuando siguió caminando por el jardín, vio algo que la llenó de asombro.

"¡No puede ser!", exclamó María. "Alguien movió la piedra. ¡Alguien se ha llevado el cuerpo de Jesús! ¿Dónde está mi Señor? ¡Debo ir y decírselo a Pedro!"

Cuando Pedro y Juan escucharon lo que María les contó, fueron corriendo al jardín. Sus corazones palpitaban con fuerza, y estaban confundidos. Juan fue el primero en llegar. Se acercó y miró dentro de la cueva, pero solo vio el manto en el que habían envuelto a Jesús.

"María tenía razón", pensó. "Jesús no está aquí".

En cuanto Pedro llegó, entró a la tumba y comenzó a buscar por todos lados, pero no encontró a Jesús.

"¡Juan, ven!", gritó Pedro. "¡Mira, los lienzos están aquí! ¿Dónde estará el cuerpo del Maestro?"

Los dos discípulos regresaron a contarles a los demás lo que habían visto. Sin embargo, María se quedó allí. "Mi Señor ya no está", dijo llorando.

Luego, miró otra vez dentro de la tumba y, para su sorpresa, la tumba ya no estaba vacía. ¡Había dos ángeles con vestiduras blancas resplandecientes!

—Mujer, ¿por qué lloras? —le preguntaron los ángeles.

—Es que se han llevado a mi Señor y no sé dónde lo han puesto —respondió María con tristeza.

Cuando María estaba a punto de irse, de pronto, vio a un hombre en el jardín.

—Mujer —le dijo— ¿por qué lloras? ¿A quién buscas?

"Seguramente es el jardinero", pensó María. "Tal vez él se llevó a Jesús a otra tumba".

—Señor, ¿usted se llevó el cuerpo de Jesús a otra parte? ¿Sabe dónde está? Por favor, dígame dónde lo ha puesto y yo iré a buscarlo —dijo María.

—¡María! —dijo el hombre.

Cuando María lo miró con atención, una profunda felicidad llenó su corazón y exclamó:

—¡Maestro!

Ese hombre no era el jardinero. ¡Era Jesús! Estaba allí, hablándole en el jardín. ¡Jesús estaba vivo!

—No me toques todavía, María —le dijo Jesús con ternura—. Aún no he regresado a mi Padre. Ve y di a nuestros amigos que subiré a donde él está.

María corrió por el camino para contarles a los demás las buenas noticias.

—¡He visto al Señor! —exclamó emocionada—. ¡Lo he visto, ha resucitado!

ACTIVIDADES

¡Jesús vive!

Distribuya los libros, y pregunte a sus alumnos:

- *¿Cómo creen que se sintió María cuando se dio cuenta de que la persona que vio en el jardín era Jesús?* (Contenta, emocionada).
- *¿Qué hizo María cuando Jesús se fue?* (Les contó a los demás lo que había visto).

Ahora nosotros haremos algo que nos ayude a contarles a los demás la emocionante historia de la resurrección.

Pida que coloreen el dibujo que aparece al final de la Lección 16. Luego, que doblen la hoja por las líneas punteadas para formar un librito.

Anímelos a usar el trabajo que hicieron para contarles la historia de la resurrección de Jesús a sus amigos y familiares.

La piedra

Prepare con anticipación periódicos (diarios) viejos. Entregue dos hojas a cada niño. Pídales que las arruguen formando una pelota. Coloquen cinta adhesiva alrededor para evitar que se deshaga.

Dígales que esa bola representa la piedra que colocaron en la entrada del sepulcro, y que fue removida cuando Jesús resucitó.

Indíqueles que se coloquen en un extremo del salón, y cuando usted diga: "¡Jesús resucitó!", deberán hacer que las bolas rueden, llevándolas con los pies hasta el otro extremo. Después, que regresen al punto de partida.

Varíe la dinámica del juego, dando diferentes instrucciones (por ejemplo: que empujen la pelota con la mano, con los ojos cerrados, con la nariz, que la trasladen en un solo pie, etc.).

MEMORIZACIÓN

Acomode a sus alumnos en fila. Indíqueles que cuando diga "arriba" se deberán estirar todo lo que puedan, como tratando de tocar el techo, y decir en voz fuerte el texto. Y cuando diga "abajo" deben agacharse y repetir el texto en voz baja.

Repita el juego varias veces para reforzar la memorización.

PARA TERMINAR

Anime a los principiantes a que digan sus pedidos de oración. Pregunte si algún voluntario desea orar en voz alta. Esto incrementará su confianza para orar en público.

Concluya dando gracias a Dios por la resurrección de su Hijo Jesús.

Invítelos a la próxima clase, y no olvide visitar a los que están enfermos o faltaron a clase.

notas

El camino a Emaús

Base bíblica: Lucas 24:13-35.

Objetivo de la lección: Que los principiantes sepan que Jesús nos ayuda a conocerlo mejor.

Texto para memorizar: *Si confesares con tu boca que Jesús es el Señor, y creyeres en tu corazón que Dios le levantó de los muertos, serás salvo* (Romanos 10:9).

¡PREPÁRESE PARA ENSEÑAR!

La semana pasada los principiantes aprendieron que Dios resucitó a Jesús. Esta semana aprenderán que él demostró que estaba vivo, apareciéndose a sus seguidores. Estas apariciones fortalecieron la fe de los primeros cristianos. De la misma forma, saber que Jesús vive fortalecerá la fe de sus alumnos.

Hoy Jesús continúa revelándose a sus discípulos y lo hace a través de las enseñanzas de la Biblia.

Prepare su corazón para contarle esta importante verdad bíblica a sus alumnos. Recuerde que su tarea, como maestro de educación cristiana, es reflejar la imagen de Cristo a los niños a los que enseña.

COMENTARIO BÍBLICO

Lucas 24:13-35. Era la tarde del día de la resurrección, cuando Jesús se apareció a dos de sus seguidores mientras iban a Emaús. ¿Por qué Jesús decidió revelarse a estos dos seguidores, y no a su grupo íntimo de discípulos?

En la lección de la semana pasada vimos que Jesús apareció ante María Magdalena. En la historia de hoy aparece ante Cleofas y su acompañante, cuyo nombre no conocemos. Aunque no sabemos con exactitud por qué Jesús decidió presentarse ante estos dos hombres, podríamos pensar que quería desmentir el rumor que los sacerdotes estaban divulgando. Al comprender que la resurrección de Jesús era real, los sacerdotes pagaron a los soldados para que dijeran que los discípulos habían robado el cuerpo de Jesús.

Algunos discípulos respondieron con escepticismo al escuchar los testimonios acerca de la resurrección del Maestro. No fue sino hasta que Jesús se les apareció que creyeron y se regocijaron en gran manera.

Al igual que la multitud presente en la entrada triunfal, Cleofas y su compañero esperaban que Jesús liberara a los israelitas del imperio romano. Sin saber en realidad con quién hablaban, le abrieron su corazón y expresaron su tristeza al ver que a Jesús lo habían crucificado, frustrando sus esperanzas de libertad.

Y, tal como sucedió con María Magdalena en la tumba, los caminantes a Emaús no reconocieron a Jesús porque su vista estaba cegada.

Según el versículo 31, después de que Jesús tomó el pan y lo bendijo, sus ojos fueron abiertos y reconocieron al Maestro. Vemos con claridad que Jesús tenía el control de la situación y que se les reveló en el tiempo que él tenía preparado.

La Biblia nos cuenta que, mientras caminaban, Jesús comenzó a declararles todo lo que las Escrituras decían acerca de él, empezando con Moisés y continuando con los profetas.

Podemos estar seguros de que Jesús continúa revelándose a nosotros mediante su Palabra cada vez que lo buscamos de corazón.

Cuando Jesús desapareció de su vista, Cleofas y su compañero regresaron de inmediato a Jerusalén, mientras se decían el uno al otro: "¿No ardía nuestro corazón en nosotros, mientras nos hablaba en el camino y cuando nos abría las Escrituras?"

Al llegar, encontraron a los once reunidos, sorprendidos con la noticia de que el Señor se les había revelado a algunos. Enseguida, Cleofas contó cómo el Señor se les había revelado a ellos. Esto sirvió para que sus discípulos creyeran que Jesús ya no estaba entre los muertos, sino que había resucitado, como había prometido.

Jesús continúa revelándose al mundo a través de su iglesia, y es importante que les enseñemos a nuestros niños a contar las maravillosas noticias de que "Jesús vive, y vive para siempre".

DESARROLLO DE LA LECCIÓN

Elija algunas de estas actividades para incentivar la participación de sus alumnos y enfocarlos en el tema de estudio.

Invitado sorpresa

Invite a un adulto que muchos de sus alumnos conozcan. Pídale que use un disfraz, y permita que sus alumnos traten de adivinar quién es.

Pida al invitado misterioso que parta un trozo de pan y le dé un pedacito a cada niño.

Luego de un tiempo, que se quite el disfraz y diga quién es.

Explique a los niños: *En la historia de hoy unos caminantes no reconocieron a una persona muy importante. Veamos si ustedes descubren de quién se trata.*

El camino a Emaús

Consiga un mapa de la Tierra Santa, o bien use alguno de los mapas de la Biblia para mostrárselo a los niños. Señale la ubicación de las ciudades de Jerusalén y Emaús, a más de 11 km. de distancia una de otra. Para que los niños tengan una referencia acerca de la distancia que caminaron los discípulos, haga una comparación con lugares conocidos que estén a esa distancia de su iglesia. Explíqueles que la historia bíblica trata sobre dos discípulos que caminaron esa distancia para llegar a la ciudad de Emaús, pero algo muy especial les sucedió en el camino.

¡Noticias! ¡Noticias!

Para esta actividad necesitará periódicos (diarios) o revistas. Muestre los periódicos a sus alumnos y pregúnteles cuál es su utilidad. Tomando en cuenta sus respuestas, explíqueles que los periódicos son medios informativos por los que se difunden las noticias. Cuando algo extraordinario o muy importante sucede, mucha gente se entera leyéndolo en el periódico.

En la historia de hoy algo muy importante sucedió, pero no se difundió en el periódico. Escuchen con atención para que sepan quiénes fueron los que contaron las buenas noticias.

HISTORIA BÍBLICA

Por el camino a Emaús

—¿Escuchaste por qué María estaba tan emocionada esta mañana? —preguntó Cleofas.

—Sí —respondió su amigo—. ¿Puedes creer lo que contó? ¡Ella dice que vio ángeles!

—También aseguró que Jesús está vivo —mencionó Cleofas—. Eso sería maravilloso, pero no puedo creer que sea cierto.

—Claro. Nosotros vimos con nuestros propios ojos cómo Jesús murió en la cruz. Él ya murió, así que no estará más con nosotros. ¿Ahora qué haremos?

Mientras viajaban de Jerusalén hacia Emaús, un tercer viajero se unió a ellos.

—Hola —los saludó el desconocido misterioso—, ¿de qué hablan con tanto interés?

—¿Acaso eres el único en Jerusalén que no se ha enterado de todo lo que sucedió en estos días? —respondió Cleofás.

—¿Qué pasó? —preguntó el desconocido.

—Lo que le hicieron a Jesús, el profeta de Nazaret.

—¡Era un profeta poderoso! Todos lo escuchaban.

—Todos, excepto los sacerdotes judíos y nuestros gobernantes —aclaró Cleofas—. Hace tres días lo ejecutaron en una cruz.

—¡Fue terrible! —se lamentó el amigo de Cleofas—. Nosotros pensábamos que él volvería a hacer de Israel una gran nación, pero ahora está muerto.

—Estábamos hablando acerca de una amiga que nos contó que había tenido una visión de ángeles. ¡Además dice que vio a Jesús vivo! Estamos muy confundidos y no sabemos qué creer.

(Haga una pausa en la narración. Pregunte a los niños cómo creen que se sentían los dos viajeros. Pida que adivinen quién podría ser el desconocido misterioso).

—¿No recuerdan lo que dicen las Escrituras? —preguntó el desconocido—. ¿Acaso el Prometido de Dios no tenía que sufrir primero, y después entraría a su gloria?

Cleofas y su amigo escucharon con atención, mientras el viajero misterioso les hablaba de las Escrituras.

Cuando estaban cerca de la ciudad de Emaús, el viajero desconocido hizo como que debía ir más lejos, pero ellos le dijeron: "Por favor, quédate con nosotros. Ya es tarde".

"Muchas gracias", respondió el desconocido. "Es una buena idea".

Los tres entraron a la ciudad. Cuando la cena estuvo lista, se sentaron a la mesa. Entonces, el desconocido tomó un trozo de pan, dio gracias por él, lo partió y les dio un poco a los dos hombres. Fue en ese momento cuando los discípulos pudieron reconocerlo, pero él desapareció.

"¡Era Jesús! ¿Acaso no sentíamos algo especial cuando nos hablaba de las Escrituras?", dijeron Cleofas y su amigo.

En ese momento decidieron regresar a Jerusalén para contarles a los demás lo que les había sucedido. Allí encontraron reunidos a los once apóstoles, junto con otras personas.

"¡Es verdad!", decían algunos discípulos. "¡El Señor ha resucitado! ¡Pedro y algunos otros lo vieron!"

Los seguidores de Jesús estaban reunidos, contando los relatos de personas que habían visto a Jesús. De repente, la puerta se abrió. Cleofas y su amigo entraron corriendo.

"¡Acabamos de ver a Jesús!", anunciaron casi sin aliento. "¡Está vivo!"

ACTIVIDADES

Jesús es el Hijo de Dios

Abran el libro del alumno en la Lección 17. Pida a los niños que recorten la tira de la parte inferior de la hoja. Luego, dígales que recorten el recuadro y las instrucciones (asegúrese de que guarden la parte de las instrucciones para usarla en la próxima actividad).

Ayúdelos a pegar el recuadro sobre la línea marcada en la ilustración. Muéstreles cómo deben levantar el recuadro para ver el rostro de los discípulos cuando reconocieron a Jesús.

¡Contemos las buenas noticias!

Pregunte a los principiantes:

¿Cómo se reveló Jesús a los viajeros del camino a Emaús?

Quizá respondan que Jesús se acercó y caminó con ellos. Aunque esto es verdad, recuérdeles que Jesús se les reveló a través de las Escrituras. Usó el Antiguo Testamento para ayudarlos a entender quién era él y cuál fue su misión en la tierra.

¿Cómo se revela Jesús ahora?

A través de la Biblia, la palabra de Dios. También por medio de la comunidad de los creyentes, la iglesia y la oración.

Pida que abran los libros en la segunda página de la Lección 17 y lean la parte que dice: "Ve y cuenta las buenas noticias a los demás". Sigan las instrucciones para completar la actividad.

Ayude a los principiantes a pensar en personas a las que podrían contarles las buenas noticias de la resurrección de Jesús.

MEMORIZACIÓN

Tomados de la mano, formen un círculo y, mientras dan vueltas en la rueda, repitan juntos el texto para memorizar un par de veces. Cuando se detengan, alguno de los niños deberá decir el texto solo. Luego, que todos giren otra vez y lo repitan juntos, siguiendo las mismas instrucciones. El juego debe terminar cuando todos hayan participado.

PARA TERMINAR

Den gracias a Dios por habernos permitido conocer a su Hijo Jesús. Entonen cantos de alabanza antes de despedirse.

Asegúrese de que los niños lleven a su casa sus trabajos manuales y sus pertenencias personales. Despídalos con afecto, y anímelos a asistir a horario a la próxima clase.

notas

¡Jesús siempre está con nosotros!

Base bíblica: Hechos 1:1-11.

Objetivo de la lección: Que los principiantes sepan que deben estar preparados para el regreso de Jesús.

Texto para memorizar: *Si confesares con tu boca que Jesús es el Señor, y creyeres en tu corazón que Dios le levantó de los muertos, serás salvo* (Romanos 10:9).

¡PREPÁRESE PARA ENSEÑAR!

La resurrección de Jesús no es solo un evento que sucedió en el pasado. Él no fue simplemente un buen hombre que vivió mucho tiempo atrás. Nuestro Señor resucitado está vivo hoy y regresará a la tierra. ¿Cuándo? Nadie lo sabe, excepto Dios. Sin embargo, la iglesia siempre ha esperado el regreso de Cristo. Esto infunde valor a los creyentes y le da sentido a la misión de la iglesia.

Es común que, al escuchar sobre estos eventos, los niños sientan algo de miedo, pero debemos recordarles que no deben temer el regreso del Señor. Los principiantes deben esperarlo con la misma emoción y regocijo con que los judíos fieles esperaban su primera llegada.

Esta lección forma un puente entre el Domingo de Resurrección y el inicio de la iglesia y su misión. Jesús ascendió al Padre, pero antes de irse le dejó a sus seguidores un trabajo para realizar. Cuando él vuelva, ¿encontrará que somos fieles en el cumpliendo de su obra?

COMENTARIO BÍBLICO

Hechos 1:1-11. En este pasaje Lucas hace un repaso de lo que había tratado en su Evangelio. Aquí confirma que en verdad Jesús estaba vivo, que se apareció a sus apóstoles durante 40 días, y que les habló del reino de Dios.

Una de las mayores pruebas de que Jesús resucitó es que los discípulos no habrían comenzado la obra de la iglesia si hubieran estado desmoralizados, derrotados y desorganizados. A causa de la resurrección de Jesús tenían esperanza, convicción y una entrega total a la misión que se les había encomendado.

En el versículo 4 Jesús da las últimas instrucciones a sus discípulos, ordenándoles que no se fueran de Jerusalén, sino que esperaran la promesa del Padre. Es incuestionable que, sin la dirección y el poder del Espíritu Santo, no habrían podido realizar la misión que tenían por delante.

Habiendo dado este mandamiento, Jesús ascendió al cielo, una nube lo recibió, y sus discípulos no lo vieron más. En ese momento, dos ángeles con vestiduras blancas aparecieron ante ellos y les dijeron: "Varones galileos, ¿por qué estáis mirando al cielo? Este mismo Jesús, que ha sido tomado de vosotros al cielo, así vendrá como le habéis visto ir al cielo" (Hechos 1:11).

La promesa que los discípulos recibieron es para nosotros también. Es cierto que el Espíritu Santo descendió en el día de Pentecostés sobre los discípulos, pero aún puede hacerlo sobre nuestras vidas. En ocasiones pensamos que estos temas son difíciles de entender para los niños. Oremos para que el Espíritu Santo hable a sus corazones, para que comprendan que él desea llenar nuestra vida con su presencia y su poder, y así podremos transmitir el mensaje de salvación a los que nos rodean.

Enfaticemos también que, tal como muestran los tiempos, la venida de Jesús está cerca. Invite a sus alumnos a consagrar su vida a Jesús y a estar siempre preparados para su venida.

DESARROLLO DE LA LECCIÓN

Escoja algunas de las siguientes actividades para enriquecer el desarrollo de la lección.

¿Cómo es el cielo?

Provea diversos materiales para que los principiantes hagan dibujos del cielo, de acuerdo a la forma en la que se imaginan que es y lo que hay en él. Mientras trabajan, elogie sus dibujos y anímelos a usar su imaginación.

Invitado especial

Invite a un líder de misiones de su congregación para que hable acerca de un misionero por quien la iglesia esté orando, o del cual tengan información. Luego, pregúnteles: *¿Qué creen que hacen los misioneros? ¿Por qué creen que nuestra iglesia los apoya y ora por ellos?*

Tal vez respondan que los misioneros ayudan a las personas y le hablan a la gente de Dios.

Escuche sus respuestas y dígales: *Al escuchar la lección de hoy, traten de descubrir la razón más importante por la que nuestra iglesia apoya a los misioneros.*

HISTORIA BÍBLICA

Como el libro de Hechos es una carta, le sugerimos que, para narrar la historia, la copie en una hoja y la ponga dentro de un sobre. Diga a los niños que va a leerles una carta que envió Lucas, y comience el relato.

Recuerde leer despacio y con pausas. Explique las palabras que sean de difícil comprensión para los principiantes.

Jesús nos acompaña

Estimado Teófilo, tú sí que haces honor a tu nombre. Debe ser agradable tener un nombre que significa "alguien que ama a Dios".

Bueno, tengo mucho más que contarte.

¿Recuerdas que en mi primera carta te escribí acerca de Jesús? Allí te conté quién era, qué hacía y qué enseñaba. Te relaté todo, desde su nacimiento hasta que subió al cielo.

Ahora tengo mucho más que contarte. Los acontecimientos fueron muchos. ¿Por dónde comienzo? Ya sé, continuaré desde donde terminé la vez anterior.

Como te decía, es cierto que Jesús sufrió y murió. Pero Dios lo resucitó de entre los muertos. Al principio dudábamos de que fuera verdad, pero Jesús se presentó ante nosotros y lo vimos varias veces durante 40 días. Nos dio muchas pruebas de su resurrección, y nos convenció a todos.

Continuó hablándonos sobre el reino de Dios.

Una vez, cuando comía con nosotros, nos dijo: "No se vayan de Jerusalén. Quédense allí para esperar el regalo que mi Padre les prometió, del cual me han escuchado hablar". Eso llamó nuestra atención. "¡Regalo! ¿Qué regalo?"

Jesús continuó hablándonos sobre el bautismo con el Espíritu Santo, pero no entendimos que ese era el regalo. Seguíamos pensando que Jesús tendría un trono y sería coronado como rey de Israel.

Cuando vimos a Jesús por última vez, le preguntamos: "Señor, ¿restaurarás ahora el reino de Israel?"

Fue un poco vergonzoso seguir haciendo la misma pregunta y recibir siempre la misma respuesta. Jesús nos dijo que no podíamos saber cuándo lo haría. Eso significaba: "No", o por lo menos, "todavía no".

Estábamos en una montaña, conversando con Jesús y tratando de aprender más acerca del regalo de Dios y de su reino. Entonces, Jesús dijo algo que nunca olvidaremos: "Recibiréis poder, cuando haya venido sobre vosotros el Espíritu Santo, y me seréis testigos en Jerusalén, en toda Judea, en Samaria, y hasta lo último de la tierra".

Aún estábamos tratando de entender lo que nos había dicho cuando, de repente, Jesús comenzó a elevarse del suelo. Todos lo seguimos con la mirada hasta donde pudimos, pero después una nube lo cubrió y ya no pudimos verlo más. Luego, vimos a dos hombres vestidos de blanco.

Ellos nos preguntaron: "¿Por qué estáis mirando al cielo?" Y, antes de que pudiéramos res- *ponder, agregaron: "Este mismo Jesús, que ha sido tomado de vosotros al cielo, así vendrá como le habéis visto ir al cielo".*

Así que hicimos lo que Jesús nos dijo. Regresamos a Jerusalén a esperar. ¡No sabíamos que solo 10 días después recibiríamos el mejor regalo de toda nuestra vida!"

ACTIVIDADES

Jesús subió al cielo

Distribuya los libros del alumno, y pida que los niños recorten la tira con la figura de Jesús de la Sección Recortable, anteúltima página del libro del alumno. Ayúdelos a hacer los cortes por las líneas negras marcadas, y a doblar la hoja por la mitad. Muéstreles cómo introducir la tira de dibujos por las aberturas.

Muevan la tira de arriba hacia abajo para representar la ascensión de Jesús.

Luego, den vuelta la hoja para continuar con la actividad.

Recuerde a los principiantes que Jesús regresará a la tierra y lo hará tal como se fue al cielo. A esto lo llamamos la "segunda venida de Cristo".

¡Preparados!

Diga a sus alumnos:

- *Antes de que Jesús ascendiera al cielo, les pidió a sus discípulos que hicieran algo. ¿Qué debían hacer?* (Esperar al Espíritu Santo y ser sus testigos).
- *¿Qué debemos hacer mientras esperamos la segunda venida de Cristo?* (Ser sus testigos).

Hablen sobre lo que significa ser testigo de Cristo. Una forma de serlo es hablar de Jesús, o vivir de tal forma que las personas vean que Jesús cambió nuestra vida.

Preparen un mural sobre lo que significa ser testigo de Cristo, y colóquenlo en un lugar visible en el templo.

MEMORIZACIÓN

Como esta es la última lección de la unidad, prepare premios sencillos para los que hayan memorizado el texto. Déles tiempo para que todos, en forma individual digan el texto y les cuenten a los demás lo que estudiaron durante estas lecciones.

PARA TERMINAR

Si el tiempo y el espacio se lo permiten, presente una exposición de los trabajos que sus alumnos realizaron durante esta unidad. De esta forma reconocerá el trabajo de los niños, y los padres podrán identificarse con lo que estudiaron sus hijos. Si asisten padres que no son miembros regulares de la congregación, atiéndalos con cortesía, y converse con ellos sobre el plan de salvación.

LA IGLESIA CRECE

Bases bíblicas: Hechos 2:1-41; 6:1-7; 6:8—8:3; 9:36-42.

Texto de la unidad: *Id por todo el mundo y predicad el evangelio a toda criatura* (Marcos 16:15).

PROPÓSITOS DE LA UNIDAD

Esta unidad ayudará a los principiantes a:

❖ Saber que la iglesia crece a medida que sus miembros creen en el mensaje de salvación, y lo transmiten a los demás.

❖ Comprender que la iglesia trabaja para suplir sus propias necesidades y ayudar a los necesitados.

❖ Participar activamente en los ministerios de la iglesia.

LECCIONES DE LA UNIDAD

Lección 19:   La iglesia comienza a crecer

Lección 20:   La iglesia necesita ayudantes

Lección 21:   La iglesia es perseguida

Lección 22:   La iglesia demuestra el amor de Dios

POR QUÉ LOS PRINCIPIANTES NECESITAN LA ENSEÑANZA DE ESTA UNIDAD

Los principiantes recién están comenzando a comprender que el mundo cristiano es más grande que su iglesia local. Esta unidad les presenta a la iglesia primitiva, su desarrollo y crecimiento.

Es importante que sepan lo que significa formar parte de la iglesia. Ayúdelos a entender que ser parte de la iglesia es más que asistir a la escuela dominical o a los servicios semanales.

Mediante esta unidad, sus alumnos comprenderán mejor lo que es la iglesia, su misión, el compañerismo cristiano y la bendición de pertenecer a la gran familia de Cristo, y de esa manera la apreciarán más.

La iglesia comienza a crecer

Base bíblica: Hechos 2:1-41.

Objetivo de la lección: Que los principiantes sepan que el Espíritu Santo ayuda al crecimiento de la iglesia.

Texto para memorizar: *Id por todo el mundo y predicad el evangelio a toda criatura* (Marcos 16:15).

¡PREPÁRESE PARA ENSEÑAR!

Los principiantes entienden el concepto de crecimiento porque ellos están creciendo rápidamente. Es común que noten cambios en su cuerpo, y que la ropa que usaban les quede chica de un momento a otro.

Lo que muchos de ellos tal vez no entiendan es la manera en la que crece la iglesia. Algunos quizá lo relacionen con un concurso para ver quién invita mayor cantidad de amigos a la clase. Esas actividades contribuyen al crecimiento numérico de una iglesia y a veces los resultados espirituales son duraderos. Pero, la clave del crecimiento de la iglesia es la obra del Espíritu Santo.

Entender cómo el Espíritu Santo ayuda en el crecimiento de la iglesia no será un concepto fácil de asimilar para los principiantes. Sin embargo, pueden empezar a comprender las siguientes ideas:

1) El Espíritu Santo da valor y poder a los cristianos para que hablen a los demás acerca de Jesús.
2) El Espíritu Santo ayuda a las personas que no son cristianas a que entiendan las buenas nuevas y deseen ser parte de la familia de Dios.

Pocos principiantes están preparados para ser llenos del Espíritu Santo, pero deben aprender que él puede trabajar usando a los niños para alcanzar los propósitos divinos.

Por medio de esta lección entenderán mejor la obra del Espíritu Santo, y desearán formar parte de la obra de Dios en la tierra.

COMENTARIO BÍBLICO

Hechos 2:1-41. Era el amanecer del día de Pentecostés, que se festejaba 50 días después de la pascua. Los discípulos estaban juntos, tal como Jesús les había ordenado. Sin embargo, ese día comenzó de una manera poco común: "De repente vino del cielo un estruendo como de un viento recio que soplaba, el cual llenó toda la casa donde estaban" (v. 2).

El Espíritu Santo descendió con poder y llenó la casa donde estaban reunidos. Al instante, sus vidas fueron transformadas por completo y consagradas. ¡Todos fueron llenos del poder del Espíritu de Dios! La Biblia explica que aparecieron lenguas como de fuego que se asentaron sobre cada uno de los discípulos. Y ellos empezaron a proclamar las buenas nuevas de salvación en otros idiomas.

Después de estas manifestaciones, Pedro predicó un mensaje poderoso y unas 3.000 personas se convirtieron a Jesús. Para muchos, este mensaje marca el inicio de la iglesia de Jesucristo; pero esto no habría sido posible si Pedro no hubiera recibido la llenura del Espíritu Santo.

Recordemos que Pedro negó a Jesús tres veces; además, trató de persuadirlo para que no fuera a la cruz. Pero, ahora se había levantado con denuedo para predicar el mensaje de salvación. Sin duda, no habría podido hacerlo si no hubiera experimentado esa transformación en su vida.

Es maravilloso ver que el Espíritu Santo no solo actuó en los apóstoles, sino en los que escucharon el mensaje. Estos "se compungieron de corazón, y dijeron a Pedro y a los otros apóstoles: Varones hermanos, ¿qué haremos?" (v. 37). Fue por la única intervención del Espíritu Santo que la iglesia comenzó a crecer de manera tan explosiva.

El Espíritu Santo hoy sigue trabajando en la iglesia, haciéndola crecer para que así muchos no se pierdan, sino que procedan a arrepentirse de sus pecados. La iglesia no crece mediante estrategias o planes de evangelismo. Solo lo hace por medio del Espíritu Santo que opera en la vida del creyente y del inconverso.

Ayude a sus alumnos a buscar la llenura del Espíritu Santo a esta temprana edad. No crea que Dios no puede utilizarlos porque son niños. Muchas familias se convierten al Señor porque los hijos comienzan a ir a la iglesia, y después llevan a sus padres y hermanos. Ore por sus alumnos. Ellos pueden ser instrumentos de Dios a través del Espíritu Santo.

DESARROLLO DE LA LECCIÓN

Use algunas de las siguientes actividades para centrar la atención de sus alumnos en el tema de estudio.

Nuestra iglesia

Prepare una cartulina grande, lápices de colores y otros materiales para decorar el dibujo.

Coloque los materiales sobre una mesa, y pida que sus alumnos hagan un dibujo de su iglesia. Si hay muchos niños en su clase, divídalos en pequeños grupos y pida que cada grupo elabore un dibujo diferente.

Mientras trabajan, converse con ellos acerca de las personas que forman la iglesia: el pastor, los maestros de educación cristiana, los niños, los jóvenes, etc. Dígales que cada persona es importante para el crecimiento de la congregación, pero que en la clase de hoy aprenderán sobre alguien que trae bendición y crecimiento a las iglesias.

¿Cómo crece la iglesia?

Prepare varios carteles que muestren las etapas de crecimiento (por ejemplo: de una planta, de un animal y de una persona).

Trace una línea vertical para dividir la cartulina en dos secciones. De un lado dibuje una planta pequeña; del otro, un árbol. Pregunte a los niños qué fue lo que necesitó esa planta para crecer. Escuche sus respuestas. Hágales la misma pregunta con respecto a los otros ejemplos.

Dígales: *Hemos visto que las plantas, los animales y las personas necesitan ciertas cosas que los ayudan a crecer. De la misma forma, la iglesia de Jesús necesita una ayuda muy especial para su crecimiento. Escuchen la historia con atención para saber de qué se trata.*

HISTORIA BÍBLICA

La iglesia comienza a crecer

"¡Querido amigo!", exclamó un joven, "¡qué alegría me da verte! ¡Cuánto deseaba que pudieras venir este año!".

"Shalom", respondió el amigo, "paz sea contigo y con tu familia. Acabo de llegar de Roma para celebrar la fiesta de Pentecostés. El viaje es largo, pero no quería perderme la celebración. Vayamos a comer algo y, mientras tanto, hablaremos de los viejos tiempos".

En toda la ciudad de Jerusalén se escuchaban voces y risas de viejos amigos que se reencontraban.

Mucha gente había viajado cientos de kilómetros, desde otros países, para asistir a la celebración de Pentecostés. Para muchos judíos esta era la celebración favorita de todo el año.

Hacía solo diez días que Jesús había subido al cielo. ¿Recuerdan qué les ordenó a sus discípulos? (Permita que respondan: que esperaran en Jerusalén hasta que Dios les enviara la promesa del Espíritu Santo para darles poder).

Ahora, en el día de Pentecostés, 120 seguidores de Jesús estaban reunidos. En ese grupo estaban Pedro y los otros discípulos, y muchas otras personas que amaban a Jesús. De pronto, escucharon algo.

—¡Escuchen!" —exclamó uno de los creyentes—. ¡Escuchen ese viento!

De repente, cuando el viento comenzó a soplar aún más fuerte, algo especial sucedió. Del cielo bajaron llamas de fuego que parecían lenguas, y una luz resplandeciente llenó el cuarto. Los creyentes vieron que las lenguas de fuego permanecían sobre ellos, pero no los lastimaban. Entonces, todos los que estaban allí fueron llenos del Espíritu Santo. Sus corazones se llenaron de amor y gozo.

Desde ese momento los seguidores de Jesús deseaban que toda la gente sintiera ese gozo y amor. Por medio del poder del Espíritu Santo comenzaron a hablar en otros idiomas, como el Espíritu les indicaba. Llenos de emoción, salieron con rapidez de la casa, alabando a Dios. Ya no tenían miedo de hablar de Jesús. El Espíritu Santo les daba poder y valor para hablar.

Las personas que habían ido a celebrar el Pentecostés escucharon el ruido y la conmoción, así que se acercaron con curiosidad. Y al ver se asombraron porque, aunque venían de muchos países diferentes, todos entendían lo que los discípulos estaban diciendo.

—¿Qué está sucediendo? —se preguntaban unos a otros—. Esos hombres son de Galilea, pero están hablando en nuestros idiomas. ¿Qué significa eso?

Entonces Pedro se puso de pie para que todos lo vieran, y empezó a predicar:

—Judíos y todos los que viven en Jerusalén, permítanme explicarles lo que está sucediendo. Escuchen con atención lo que tengo que decirles. Hace mucho tiempo Dios prometió enviar al Espíritu Santo. El profeta Joel nos habló de esa promesa. Y hoy Dios ha cumplido su promesa, y el Espíritu Santo ha venido.

Luego, Pedro les habló acerca de Jesús: "Dios nos envió a Jesús de Nazaret. Él era un hombre muy especial. Hizo muchos milagros para probar que Dios lo había enviado. Todos lo saben porque sucedió aquí, entre ustedes. Aun así, ustedes permitieron que hombres perversos lo mataran en una cruz. Esos hombres malos creían que habían acabado con Jesús, pero ese era el plan de Dios desde hacía mucho tiempo. Él sabía que todo eso sucedería. Sin embargo, Dios resucitó a Jesús, y nosotros fuimos testigos de ese asombroso acontecimiento. ¿Me comprenden? Jesús de Nazaret, el hombre al que clavaron en la cruz, es nuestro Señor y Salvador".

Cuando las personas escucharon eso, el Espíritu Santo los ayudó a reconocer que habían desobedecido a Dios, y se arrepintieron de sus pecados.

—Hermanos, ¿qué debemos hacer? —preguntaban con tristeza y preocupación.

—Cada uno de ustedes debe arrepentirse y bautizarse en el nombre de Jesucristo para que sus pecados sean perdonados, y recibirán el regalo del Espíritu Santo —les dijo Pedro.

Ese día 3.000 personas creyeron en Jesucristo. Por medio del poder del Espíritu Santo, le pidieron a Dios que los perdonara por haber sido desobedientes. Y el Espíritu Santo vino a sus vidas. Entonces la iglesia comenzó a crecer, tal como lo había planeado Dios.

ACTIVIDADES

REPASO BÍBLICO

Escriba con anticipación las siguientes preguntas en tiras de papel, y póngalas en una canasta o en una bolsa. Luego, pida que varios niños saquen una tira, lean la pregunta en voz alta y respondan. Si alguno tuviere dificultades, permita que el grupo lo ayude.

Si desea, añada más preguntas, de acuerdo al número de asistentes a su clase.

1) ¿Qué estaban haciendo los 120 seguidores de Jesús el día de Pentecostés? (Esperaban la promesa del Espíritu Santo).
2) ¿Qué vieron los discípulos que descendía del cielo? (Lenguas como de fuego).
3) ¿Qué les sucedió a los discípulos cuando escucharon el viento y vieron el fuego? (Fueron llenos del Espíritu Santo).
4) ¿Cómo se sintieron después de recibir el Espíritu Santo? (Gozosos, llenos de poder y valor para hablar sobre las buenas nuevas de Jesús).
5) ¿Qué hicieron después de recibir el Espíritu Santo? (Hablaban en otros idiomas).

6) ¿Quién predicó a la multitud en Jerusalén? (Pedro).
7) ¿Qué hicieron las personas cuando escucharon el mensaje de Pedro? (Se arrepintieron de sus pecados y fueron bautizados).
8) ¿Cuántas personas creyeron en Jesús aquel día? (Tres mil).

El Espíritu Santo ayuda a la iglesia a crecer

Reparta los libros del alumno, y dé tiempo para que los principiantes dibujen algunas formas en que el Espíritu Santo ayuda a que la iglesia crezca. Si tienen dificultades para hacerlo, déles algunas ideas o dialoguen sobre el tema.

Pídales que observen las diferencias entre el templo de la iglesia primitiva y los templos actuales. Recuérdeles que, aunque la situación y el tiempo son diferentes, ahora tenemos la misma misión: hacer discípulos en todas las naciones.

MEMORIZACIÓN

Use la segunda página de la Lección 19 del libro del alumno para que los niños repasen el versículo de la unidad. Pídales que busquen Marcos 16:15 en su Biblia, y que llenen los espacios en blanco.

Reparta las tarjetas del Club del versículo del mes para que las lleven a su casa y estudien el texto durante la semana.

PARA TERMINAR

Forme equipos de niños que lo ayuden a limpiar el salón y guardar los materiales antes de despedirse.

Júntense para orar, dando gracias a Dios por haber enviado al Espíritu Santo el Día de Pentecostés. Intercedan unos por los otros, y recuerden también a los enfermos y necesitados.

notas

La iglesia necesita ayudantes

Base bíblica: Hechos 6:1-7.

Objetivo de la lección: Que los principiantes aprendan a trabajar en su iglesia para servir a los demás.

Texto para memorizar: *Id por todo el mundo y predicad el evangelio a toda criatura* (Marcos 16:15).

¡PREPÁRESE PARA ENSEÑAR!

¿En quién piensan sus alumnos cuando se habla de "trabajar en la iglesia"? ¿En el pastor? ¿En los maestros? Quizá piensen que no tienen la edad suficiente como para asumir una responsabilidad en la iglesia. O tal vez piensen que es la iglesia la que debe hacer algo por ellos. Aunque los adultos tienen mayores responsabilidades, los niños deben entender que la iglesia crece cuando sus miembros trabajan unidos para resolver sus problemas y ayudar a los demás. Durante esta etapa los principiantes desean ayudar en lo que pueden. Por lo general, son serviciales y cooperativos. Aproveche esta oportunidad para asignarles tareas que puedan realizar, y reconozca sus esfuerzos.

Esta es la mejor edad para enseñar a sus alumnos que Dios se agrada cuando trabajamos en su obra, y para motivarlos a servir en su iglesia local.

COMENTARIO BÍBLICO

Hechos 6:1-7. En este pasaje bíblico vemos que la iglesia primitiva crecía a pasos agigantados y eso originaba una seria disputa. Muchos habían dejado de asistir a la sinagoga y se reunían por las casas para alabar a Dios.

Una de las actividades de la sinagoga era suplir las necesidades de los pobres, y los cristianos continuaron esa práctica en la iglesia. Sin embargo, la tarea no era fácil. Los líderes se dieron cuenta de que cuidar de los pobres era un ministerio importante y de tiempo completo.

Aunque los apóstoles trataban de participar en todo, necesitaban ayuda para que la iglesia funcionara bien. Por lo tanto, pidieron la guía del Espíritu Santo para hallar personas idóneas que realizaran esa tarea.

Los hermanos de la iglesia primitiva sabían que era necesario colaborar y predicar el evangelio para atraer más personas a la salvación. Y hubo siete varones dispuestos a aceptar el llamado, y a cumplir la misión de cuidar de su prójimo y "dar de comer al hambriento".

Use esta lección para enseñar a sus alumnos que es importante participar en el trabajo de la iglesia y cuidar los unos a los otros.

DESARROLLO DE LA LECCIÓN

Escoja algunas de estas actividades para complementar el aprendizaje bíblico de sus alumnos.

Gracias por su trabajo

Pida a sus alumnos que elaboren tarjetas o escriban cartas de agradecimiento para los que trabajan en los ministerios de la iglesia (el pastor, maestros, ujieres, diáconos, etc.).

Le sugerimos que use la receta para hacer papel reciclado que se incluye al principio del libro.

Pregúnteles:
- *¿Cuáles son algunos de los trabajos que hacen los hermanos de nuestra iglesia?* (Permita que respondan y complemente la información).
- *¿Quiénes están encargados de hacer esos trabajos?* (Dé tiempo para que respondan; quizá expresen que no saben quiénes realizan los diferentes ministerios).

Pídales que confeccionen las tarjetas de agradecimiento. Sería mejor que cada niño le escriba a una persona diferente.

Cuando terminen, asegúrese de que todas las tarjetas lleguen a su destinatario.

¿Cuál es mi trabajo?

Que sus alumnos se sienten formando un círculo, y hagan juntos una lista de los trabajos que ellos pueden hacer en la iglesia. Escriba las respuestas en la pizarra o en una cartulina. Después, cada uno deberá elegir un trabajo y comprometerse a realizarlo durante la próxima semana. (Recuerde que los trabajos deben ser apropiados para la edad de sus alumnos. Por ejemplo: ordenar los materiales del salón, recoger la basura, limpiar las mesas, acomodar las Biblias, recoger la ofrenda, dar la bienvenida a los visitantes, ayudar al maestro, etc.).

HISTORIA BÍBLICA

Si es posible, invite a un joven para que se disfrace como un personaje de los tiempos bíblicos y narre la historia. Diga a sus alumnos que el invitado de hoy representa a un miembro de la iglesia primitiva y les contará una historia muy interesante.

La iglesia necesita ayudantes

"Pedro, Jacobo, Mateo, necesitamos hablar con ustedes. Se están olvidando de atender a nuestras viudas cuando reparten la comida diaria".

Los apóstoles escucharon con atención lo que esa gente les decía. Eran griegos que habían llegado a Jerusalén desde un lugar lejano. Al escuchar las buenas noticias sobre Jesús, se habían convertido en cristianos. La iglesia estaba creciendo rápidamente, pero ahora estos hermanos griegos tenían un problema.

—Su costumbre de dar comida a las viudas y a los huérfanos es muy buena —dijeron los creyentes griegos— pero no son justos. Dan la mayor parte de la comida a las viudas hebreas, pero las viudas y los huérfanos griegos no reciben lo suficiente.

—Si eso es lo que está sucediendo, no es justo —respondieron los apóstoles—. Reunamos a todos los cristianos para conversar sobre este problema.

—Nos parece bien —respondieron los demás.

En esa reunión los apóstoles informaron sobre la queja que habían presentado los griegos.

—Hay un problema —dijeron los apóstoles—. No sería correcto que nosotros dejáramos de predicar, porque ese es el ministerio que Jesús nos dejó. Pero las viudas y los huérfanos necesitan alimentos, así que pensamos un plan que estamos seguros que funcionará. Vamos a orar y después escogeremos a siete hombres, llenos del Espíritu Santo y sabiduría. A ellos les daremos la tarea de atender a los enfermos, alimentar a los hambrientos, y cuidar de las viudas y los huérfanos. Así los apóstoles podremos dedicarnos a la oración, la enseñanza y la predicación de la palabra de Dios.

—¡Es una gran idea! —expresaron los demás—. ¿A quiénes escogeremos?

—¿Qué piensan de Esteban? —sugirió alguien—. Él es un hombre lleno de fe y del Espíritu Santo.

—Nosotros recomendamos a Felipe —dijeron otros—. Él también es un cristiano lleno del Espíritu Santo.

De ese modo, eligieron a Esteban, a Felipe y a otros cinco cristianos llenos del Espíritu. Luego, los presentaron a los apóstoles para que dieran su aprobación.

Los apóstoles oraron, poniendo sus manos sobre los siete diáconos, y les dijeron:

—Cumplan la obra del Señor.

Gracias a esa ayuda, todas las viudas y los huérfanos recibieron los alimentos necesarios. Los apóstoles tuvieron tiempo para estudiar la palabra de Dios, predicar, enseñar y orar. Y más y más personas escucharon las buenas nuevas sobre Jesús y se hicieron cristianos.

La iglesia creció aún más, porque todos trabajaban juntos para cumplir la obra de Dios.

ACTIVIDADES

¿De quién es ese trabajo?

Reparta los libros del alumno. Indique a los niños que unan con una línea cada figura (la de los apóstoles y la de los siete diáconos de la Lección 20) con los trabajos que hacían.

Pídales que rodeen con un círculo los tres trabajos que consideren más importantes.

Cuando terminen, explíqueles que todo lo que se hace en la iglesia es valioso, por pequeño que parezca. Recuérdeles que esa es la enseñanza de la historia de hoy: cualquier trabajo que se hace para el Señor es importante.

¡Puedo hacerlo!

Pida que den vuelta la hoja, y dígales: *Hay muchas tareas que los niños pueden hacer para ayudar en el trabajo de la iglesia. ¿Pueden darme algunos ejemplos?* (Permita que respondan; algunas sugerencias: ayudar a mantener limpia la iglesia, invitar a nuestros amigos, participar de los servicios y las clases, cantar para alguna ocasión especial en un coro, orar, ofrendar y ayudar a los necesitados).

Pídales que observen las ilustraciones de la segunda página de la Lección 20; luego, que coloreen las que muestren trabajos que ellos pueden hacer en la iglesia. Después, pida que en el espacio en blanco realicen un dibujo acerca de cómo pueden usar sus talentos y habilidades para colaborar en la iglesia.

Mientras trabajan, pregúnteles: *¿Qué creen que sucedería si todos en la iglesia trabajáramos juntos para resolver los problemas y ayudar a los demás?* Deje que respondan, y lea Hechos 6:7 como conclusión.

Invitados especiales

Con anticipación, invite a uno o dos miembros de la iglesia que tengan alguna participación activa en algún ministerio. Pídales que les cuenten a sus alumnos el trabajo que hacen en la iglesia, y por qué su trabajo es importante. Recuérdeles que sean breves para mantener la atención de los principiantes.

MEMORIZACIÓN

Escriba el texto para memorizar en la pizarra y léalo una vez con sus alumnos. Después, borre la primera y la última palabra, y pida que un voluntario lo diga. Vaya borrando palabras hasta que la pizarra quede en blanco y sus alumnos digan el texto de memoria.

PARA TERMINAR

Formen un círculo para orar, dando gracias a Dios por las personas que trabajan en la iglesia.

Pida a cada uno de sus alumnos que ore por un líder de su iglesia durante esta semana. Si es posible, entréguelos un papelito con el nombre de la persona por quien orarán.

Entonen un canto de alabanza antes de despedirse, y no olvide invitarlos a la próxima clase.

notas

La iglesia es perseguida

Base bíblica: Hechos 6:8—8:3.

Objetivo de la lección: Que los principiantes aprendan a confiar en Dios cuando deban sufrir por defender su fe.

Texto para memorizar: *Id por todo el mundo y predicad el evangelio a toda criatura* (Marcos 16:15).

¡PREPÁRESE PARA ENSEÑAR!

A medida que los principiantes desarrollan más amistades en la escuela y en su vecindario, se vuelven más sensibles a lo que otros piensan de ellos. Esto los hace más susceptibles a la influencia de sus compañeros, por lo que se sienten heridos con facilidad cuando los rechazan o los tratan mal.

En especial, les resulta difícil tolerar burlas y rechazo por hacer lo correcto. Si no se les aconseja en forma adecuada, quizá desvíen su enfoque y adopten el comportamiento de los demás, con el único motivo de ser aceptados. Esta historia los animará al saber que no están solos cuando sufren por amar y servir a Dios. Asegúreles que Dios siempre está con ellos y los comprende cuando se enfrentan a la persecución. Parecería que los cristianos de todo el mundo están enfrentando una hostilidad cada vez mayor, por lo que esta puede ser una de las lecciones más importantes que usted enseñe. Anime a sus alumnos a ser fieles testigos de Cristo dondequiera que se encuentren.

COMENTARIO BÍBLICO

Hechos 6:8—8:3. La iglesia de Jerusalén crecía rápidamente. Había allí hombres llenos de la gracia y el poder de Dios, y uno de ellos era Esteban. Él era uno de los líderes de los primeros cristianos que, según el versículo 8, "hacía grandes prodigios y señales entre el pueblo".

Desafortunadamente, algunas personas se oponían a su ministerio, y de continuo argumentaban contra él. Sabemos que era el Espíritu Santo quien le daba a Esteban la sabiduría para hablar con autoridad, al punto que sus opositores no encontraban respuesta a sus argumentos.

Entonces algunos sobornaron a ciertas personas para que levantaran falso testimonio contra Esteban, y así poder acusarlo. Al empeorar la situación, lo llevaron ante el concilio. Cuando el sumo sacerdote lo interrogó, Esteban les recordó lo que Dios había hecho en el pasado. Comenzando desde Abraham, predicó las grandezas de Dios y su revelación de amor a través de su Hijo Jesús, a quien ellos habían crucificado, diciendo

que ahora estaba sentado a la diestra de Dios. Esteban, lleno del Espíritu Santo, les predicó con poder y los confrontó con la realidad. Ellos habían rechazado y crucificado al Salvador del mundo, al único y verdadero Mesías, así como sus antepasados habían perseguido y matado a los profetas que Dios les había enviado.

Esto indignó tanto a sus opositores que crujían los dientes contra él. Al fin, lo condenaron injustamente y lo apedrearon. Ese juicio, según las leyes judías, fue ilegal porque el sanedrín no tenía derecho de sentenciar a alguien a la muerte. Fue la incontrolable ira que sintieron lo que los llevó a arremeter contra Esteban y matarlo.

Aun con su último aliento de vida, Esteban invocó a Cristo Jesús y dijo: "Señor, no les tomes en cuenta este pecado". Vemos que Esteban seguía el ejemplo de Jesús, quien también le rogó al Padre que perdonara a sus ejecutores.

Esta lección nos enseña que aquel que sigue a Cristo con verdadero compromiso encontrará dificultades en el camino, pero el Espíritu Santo lo equipará y sostendrá para enfrentar las dificultades. El Señor necesita siervos comprometidos y llenos del Espíritu Santo para que sirvan en su iglesia.

DESARROLLO DE LA LECCIÓN

Elija algunas de las siguientes actividades para enriquecer el trabajo grupal y fomentar la participación de sus alumnos.

¿En quién confiamos?

Pida a los niños que se sienten formando un círculo. Conversen acerca de personas en las que se puede confiar. Pida a los principiantes que nombren a personas de la comunidad que ayudan a la gente (bomberos, maestros, policías, doctores, algunos vecinos, etc.). Hablen sobre situaciones en las que estas personas ayudan (cuando se produce un incendio, cuando estamos perdidos, enfermos, etc.).

Dígales: *Hay alguien en quien podemos confiar porque siempre está con nosotros. ¿Quién es?* (Dios). *Aun cuando tenemos problemas, Dios está con nosotros. Si alguien en la escuela los molesta* o se burla de ustedes por hacer lo correcto, recuerden que no están solos, Dios está con ustedes.

¿Qué es persecución?

En la pizarra o en una cartulina escriba con letras grandes la palabra PERSECUCIÓN.

Pregunte a los niños: *¿Alguna vez escucharon la palabra "persecución"? ¿Qué creen que significa?* Permita que respondan. Luego, complemente sus respuestas explicándoles que la persecución significa molestar a alguien o conseguir que sufra haciéndole el mayor daño posible. Algunas personas son crueles con otras por lo que creen o lo que son.

¿Alguna vez alguien los maltrató por lo que creen o por ser diferentes a los demás?

Partiendo de sus respuestas, dígales que la historia de hoy trata acerca de un hombre que obedeció la gran comisión y le habló a la gente que vivía en Jerusalén sobre Jesús, aunque esto le costó la vida.

HISTORIA BÍBLICA

Esteban confía en Dios

Un día Esteban estaba predicando a mucha gente. De pronto, escuchó voces enfurecidas que se acercaban.

—¡Deja de hablar de esa manera! ¡Estás hablando contra Dios! —gritó un hombre.

—No es correcto hablar mal sobre el templo —dijo otro—; el templo es un lugar sagrado.

—Estás incitando a la gente a desobedecer nuestra ley religiosa —dijeron otros—. ¡Por qué no te callas!

Esteban vio que todos estaban muy enojados. Pero, ¿por qué esa gente lo odiaba tanto? Él no había hecho nada de lo que lo acusaban. Todos estaban mintiendo. Lo único que Esteban había hecho era enseñar a la gente acerca de Jesús.

Pero eso no le importaba a la gente que lo rodeaba. Ellos no querían amar a Jesús. Solo querían deshacerse de Esteban.

Ese día, lo atacaron y lo llevaron al sanedrín, que era un grupo de líderes religiosos de los judíos. Allí estos hombres dijeron más mentiras sobre Esteban.

"Lo único que hace es hablar mal sobre el templo y la ley. Le oímos decir que Jesús de Nazaret destruirá este lugar y cambiará las costumbres que nos enseñó Moisés".

Los líderes del sanedrín escucharon todas las mentiras que decían los indignados hombres. Después, miraron a Esteban. Él no se veía enojado. Al contrario, su rostro mostraba amor, como el rostro de un ángel.

Entonces el sumo sacerdote le preguntó:

—¿Es cierto todo lo que dicen contra ti?

En vez de responder sí o no, Esteban comenzó a recordarles todo lo que Dios había hecho por amor a su pueblo.

—Dios llamó a Abraham a una tierra nueva y le dio una gran familia —dijo Esteban—. Después, Dios rescató a su pueblo de la esclavitud de Egipto. Les dio leyes buenas para ayudarlos a vivir bien, y les envió profetas para enseñarles el camino de Dios. Por último, envió a su Hijo Jesús para que fuera nuestro Salvador. Pero ustedes lo mataron, así como mataron a los profetas. Dios les ha mostrado su amor una y otra vez, pero ustedes no quieren oírlo ni obedecerlo.

Cuando los líderes religiosos lo escucharon, se enfurecieron contra Esteban.

—Blasfemas —le respondieron indignados.

—Miren —dijo mirando el firmamento—, veo los cielos abiertos y veo a Jesús a la diestra de Dios.

—¡Basta! —gritaron los líderes, mientras se tapaban los oídos y gritaban con fuerza.

Luego, tomaron a Esteban y lo arrastraron fuera de la ciudad. Lo arrojaron al piso y comenzaron a lanzarle grandes piedras.

Las piedras puntiagudas golpeaban a Esteban en la cabeza, los brazos, las piernas y todo su cuerpo. Pronto, la sangre empezó a correr por su cara y su cuerpo.

Esteban miró a los hombres que lo estaban apedreando, y oró así: "Señor Jesús, recibe mi espíritu, y no les tomes en cuenta este pecado". Después de esto, murió.

La muerte de Esteban no hizo que esos hombres se arrepintieran por lo que habían hecho. Al contrario, querían destruir a todos los cristianos, así que comenzaron a perseguirlos y a encerrarlos en prisiones.

Para escapar de la persecución, muchos cristianos huyeron de Jerusalén a otras ciudades y países. Tuvieron que dejar sus casas, sus trabajos y muchas de sus posesiones, pero no renunciaron a su fe en Jesús.

A todo lugar a donde iban hablaban acerca de las buenas noticias de Jesús. Al escuchar el mensaje, la gente de esos lugares también creyeron en Jesús. Los hombres enfurecidos podían perseguir a los cristianos, y aun matarlos, pero no podían evitar que la iglesia siguiera creciendo.

ACTIVIDADES

La persecución de Esteban

Distribuya los libros del alumno y pida a los principiantes que recorten la tira de dibujos de la Sección Recortable, anteúltima página.

Lean juntos el versículo bíblico que está en la parte inferior. Luego, ayúdelos a recortar las dos aberturas marcadas sobre la figura de la Biblia, y muéstreles cómo introducir la tira de dibujos por ellas. Pida que algunos voluntarios usen su trabajo terminado para relatar lo que aprendieron en la historia bíblica.

Triunfemos sobre la persecución

Pida a los niños que corten las estrellas y los cuadrados con números de la Sección Recortable.

Pídales que se distribuyan en parejas para realizar este juego. Cada uno deberá colocar una estrella con su nombre en la casilla de inicio. Luego, poner todos los números en una bolsa. Después, cada jugador deberá sacar un número sin ver, y avanzar los espacios que indique ese número. Si un jugador llega a una casilla donde hay una orden, debe leerla en voz alta y hacer lo que allí se indica.

Este juego los ayudará a identificar ocasiones en que quizá sean maltratados por hacer lo correcto, o perseguidos por amar y servir a Dios. Asegúreles que pueden confiar en Dios, porque él estará con ellos en los momentos difíciles y les dará el valor que necesitan para defender su fe en Cristo.

La iglesia perseguida

Consiga un mapa mundial y marque con un color visible los siguientes países: China, Vietnam, Egipto, Irán, Pakistán, Afganistán, Libia, Nigeria, Sudán, Somalia y Malasia.

Explique a sus alumnos que en muchos de esos países los cristianos son perseguidos, y muchos mueren a causa de su fe. En alguno de esos lugares está prohibido reunirse para adorar a Dios y, si lo hacen, las autoridades destruyen sus templos.

Oren por los cristianos que sufren persecución alrededor del mundo. Anime a los principiantes a interceder cada día por la iglesia perseguida.

Si desea, prepare tarjetas con el nombre de cada país para que los niños se las lleven a su casa como "recordatorios de oración".

MEMORIZACIÓN

Escriba las palabras de Marcos 16:15 en una cartulina. Luego, divida la clase en cuatro grupos y el versículo con la cita en cuatro frases: (1) Id por todo el mundo; (2) y predicad el evangelio; (3) a toda criatura; (4) Marcos 16:15.

Asigne una frase a cada grupo para que la digan cuando les toque su turno. Cambie las frases que le dará a cada grupo, de manera que todos aprendan el texto completo.

PARA TERMINAR

Anime a sus alumnos a confiar en Dios en los tiempos difíciles. Oren los unos por los otros.

Distribuya los trabajos realizados y asegúrese de que todos lleven consigo sus pertenencias. Al finalizar, invítelos a la próxima clase para estudiar la última lección de esta unidad.

notas

La iglesia demuestra el amor de Dios

Base bíblica: Hechos 9:36-42.

Objetivo de la lección: Que los principiantes sepan que la iglesia crece cuando los creyentes muestran a los demás el amor de Dios.

Texto para memorizar: *Id por todo el mundo y predicad el evangelio a toda criatura* (Marcos 16:15).

¡PREPÁRESE PARA ENSEÑAR!

Los niños son egocéntricos por naturaleza. Pero, con la guía y enseñanza apropiadas, aprenderán a considerar las necesidades y sentimientos de los demás. Con esta lección los principiantes se darán cuenta de que es importante ayudar a los demás. Al ayudarlos en el nombre de Cristo no solo resolvemos sus problemas inmediatos, sino que les transmitimos el mensaje de amor y salvación.

Los principiantes comprenderán que pueden mostrar el amor de Dios al considerar las necesidades de los demás. Cultive en sus alumnos el deseo de ayudar. Pronto se darán cuenta de que, aun siendo pequeños, pueden usar sus talentos y habilidades en el nombre del Señor.

COMENTARIO BÍBLICO

Hechos 9:36-42. La iglesia primitiva continuó desarrollándose gracias al poder del Espíritu Santo. En esta nueva comunidad de creyentes nadie se quedaba sentado. Gente común y sencilla predicaba con autoridad la palabra de Dios ante religiosos y autoridades.

Además, desarrollaron un ministerio de compasión que impactó a Jerusalén y las ciudades a su alrededor. Los primeros cristianos mostraban el amor de Dios de forma práctica. La presencia del Espíritu Santo en su vida les dio poder para tratar al prójimo con amor y generosidad. Por la gracia de Dios establecieron un compañerismo en el que todos cuidaban de los demás con compasión. Eso es lo que hacía Tabita. Mostraba el amor de Dios, supliendo las necesidades de los pobres y desamparados. Dios no pasó por alto lo que ella hacía. Por su fidelidad y compromiso, realizó un milagro devolviéndole la vida, por lo que muchas personas en Jope creyeron en el evangelio.

DESARROLLO DE LA LECCIÓN

Use algunas de las siguientes actividades para enriquecer el desarrollo de la lección.

¿Cómo puedo ayudar?

Provea hojas blancas y lápices de colores. Pida a sus alumnos que realicen dibujos sobre diferentes maneras en que pueden mostrar el amor de Dios ayudando a los demás. Luego, pegue los dibujos en una cartulina para armar un mural. Dé tiempo para que los principiantes lo decoren y lo peguen en la pared.

Conversen sobre la importancia de ser imitadores de Cristo ayudando a nuestros semejantes.

HISTORIA BÍBLICA

La iglesia muestra el amor de Dios

—Acabo de terminar este vestido para ti —dijo Tabita—. Espero que te guste.

—¡Ay, Tabita! Es hermoso. Muchas gracias —replicó una madre joven.

Casi toda la gente de Jope conocía a Tabita, en especial los pobres. Ella se preocupaba mucho por los necesitados, y se los demostraba haciéndoles hermosos vestidos. Sabía coser muy bien, así que usaba su talento para ayudar a la gente.

—Hice esto para ti —dijo Tabita, mientras le entregaba un hermoso vestido a una anciana.

—¡Muchas gracias, Tabita!

Un día se enfermó de gravedad y, al poco tiempo, murió. Sus amigos la pusieron en una sala.

—¿Por qué una persona tan buena tuvo que morir? ¡La extrañaremos mucho, la amamos tanto! —decían con tristeza sus amigos.

—Ella hizo muchas cosas buenas por nosotros. ¿Qué haremos sin ella? —se preguntaban unos a otros.

—Pedro está en Lida —mencionó uno de los amigos de Tabita—. Tal vez él sepa qué hacer.

—¡Ustedes dos, vayan por él!

Los dos hombres fueron de Jope a Lida. Cuando le dijeron a Pedro lo que había sucedido, él fue de inmediato a Jope. Al llegar a la casa, quedó sorprendido. ¡Había mucha gente llorando!

—¡Pedro! Nos da tanto gusto que hayas venido. Pobre Tabita. Era tan buena con nosotros. Mira la hermosa ropa que nos hizo. La extrañaremos mucho.

—Déjenme solo —les dijo Pedro—. Por favor, esperen afuera.

La gente salió en silencio hacia el otro cuarto.

Entonces Pedro se arrodilló y oró. Luego, miró el rostro de la mujer muerta y dijo: "¡Tabita, levántate!"

Por el poder de Dios, Tabita abrió los ojos. Cuando vio a Pedro, se sentó en la cama.

"Ya pueden entrar", les dijo Pedro a los amigos.

—¡Miren todos! ¡Tabita está viva! El poder de Dios le devolvió la vida —aclaró Pedro a la gente—. ¡Aquí la tienen, está viva!

La gente se alegró mucho. Alabaron y dieron gracias a Dios. Y cuando las demás personas de Jope escucharon acerca del maravilloso milagro, muchas creyeron en el Señor Jesucristo.

ACTIVIDADES

Proyecto de amor

Organice con su clase un proyecto de ayuda a la comunidad, o ministerios de compasión, para poner en práctica lo que aprendieron hoy. Le sugerimos recolectar víveres para donarlos a alguna familia necesitada. O, si saben de algún lugar donde haya ocurrido alguna tragedia, podrían recoger una ofrenda y enviarla al misionero o al pastor que trabaja allí.

Mostremos el amor de Dios

Pida que algunos voluntarios lo ayuden a repartir los libros del alumno. Dé tiempo para que los principiantes recorten los recuadros de la parte inferior de la página y los peguen en los espacios en blanco, según el orden de la historia bíblica.

Mientras realizan esta actividad, haga un breve repaso de lo que aprendieron en esta lección.

Yo también puedo mostrar el amor de Dios

Anime a los niños a poner en práctica los principios bíblicos que estudiaron. Usando su hoja de trabajo, pídales que cada día escriban o dibujen cómo demostraron el amor de Dios a los demás.

Recuérdeles que algunas formas de mostrar el amor de Dios son: ayudar a los ancianos, compartir alimentos con los que no tienen, ayudar a los padres, etc. Dígales que la próxima semana deben traer la hoja para contarle al resto del grupo lo que hicieron.

MEMORIZACIÓN

Pida que algunos voluntarios pasen al frente y digan de memoria el texto bíblico de esta unidad. Prepare pequeños premios para reconocer el esfuerzo de sus alumnos.

Si desea, invite a los padres de los niños, y preparen una demostración de lo que aprendieron en estas cuatro lecciones.

PARA TERMINAR

Realice un breve repaso de las historias que estudiaron durante la unidad.

Luego, formen un círculo y oren pidiendo al Señor que los ayude a amar a sus semejantes.

Asegúrese de que todos lleven a su casa los trabajos manuales que realizaron.

notas

LA GRAN COMISIÓN

Base bíblica: Hechos 1:1-14; 10; 3:1-12; Filipenses 2:25-30; 4:14-20.

Texto de la unidad: *Por tanto, id, y haced discípulos a todas las naciones, bautizándolos en el nombre del Padre, y del Hijo, y del Espíritu Santo* (Mateo 28:19).

PROPÓSITOS DE LA UNIDAD

Esta unidad ayudará a los principiantes a:

❖ Reconocer la importancia de ser testigos de Cristo.

❖ Aprender que al apoyar a los misioneros y servir a Jesús respondemos al llamado de la gran comisión.

❖ Apoyar a los misioneros con sus oraciones y ofrendas.

LECCIONES DE LA UNIDAD

Lección 23: La gran comisión

Lección 24: Pedro le habla de Jesús a Cornelio

Lección 25: La iglesia envía a Pablo y a Bernabé

Lección 26: Ofrendas para la misión

POR QUÉ LOS PRINCIPIANTES NECESITAN LA ENSEÑANZA DE ESTA UNIDAD

Los niños de esta edad están comenzando a mostrar un marcado interés por explorar el mundo. Sienten curiosidad y desean saber más cada día.

Esta unidad los ayudará a saber que Dios no solo quiere que ellos sean salvos, sino que se interesa por la gente de todo el mundo. Dios desea que se conozca su Palabra aun en las regiones más alejadas e inhóspitas.

Ayúdelos a comprender que cada cristiano es un "testigo" y, por lo tanto, tiene la responsabilidad de contarles a los demás las buenas nuevas del amor de Dios. Esto es lo que llamamos "la gran comisión".

Aprovechando el ingenio y la energía de sus alumnos, busquen formas de transmitir la palabra de Dios en su comunidad.

En estas lecciones también aprenderán acerca de los apóstoles. Estudiarán el trabajo que realizaron para lograr el crecimiento de la iglesia primitiva y esparcir el mensaje de salvación a través de Jesús.

Use esta lección como una oportunidad para involucrarlos en el trabajo misionero, y enseñarles a orar por los que trabajan predicando el evangelio alrededor del mundo.

Lección 23

La gran comisión

Base bíblica: Hechos 1:1-14.

Objetivo de la lección: Que los principiantes aprendan que el Espíritu Santo nos ayuda a hablarles a los demás del amor de Dios.

Texto para memorizar: *Por tanto, id, y haced discípulos a todas las naciones, bautizándolos en el nombre del Padre, y del Hijo, y del Espíritu Santo* (Mateo 28:19).

¡PREPÁRESE PARA ENSEÑAR!

Es probable que sus alumnos tengan amigos o compañeros que profesan otras religiones o creencias. Quizá hayan notado que ellos van a otras iglesias o que sus días festivos son diferentes a los que celebramos los cristianos.

Mediante esta lección comprenderán que es necesario que les hablen a los demás sobre el amor de Cristo. Ayúdelos a desarrollar ideas para invitar a sus amigos a la clase de educación cristiana. Es importante que sepan que Dios quiere usarlos para guiar a otros hacia él.

COMENTARIO BÍBLICO

Hechos 1:1-11. Pasaron 43 días entre la crucifixión de Cristo y su ascensión. Durante ese tiempo los discípulos estaban expectantes y tenían muchas dudas en su corazón. Los Evangelios relatan que, los días siguientes a la resurrección, Jesús se apareció a sus discípulos por lo menos 11 veces.

En el libro de los Hechos leemos sobre los planes de Dios para los apóstoles: que llevaran el evangelio a Jerusalén, Judea, Samaria y "hasta lo último de la tierra" (1:8). De seguro, les parecía una tarea imposible de realizar. Y, aunque lo era, podrían realizarla por medio de la promesa del Espíritu Santo. Jesús prometió que el Espíritu Santo les daría poder a todos los creyentes para hablar del evangelio a todas las personas del mundo, sin importar su raza.

Es evidente que el plan de Dios es alcanzar a todas las naciones con el mensaje de su amor. El apóstol Pedro nos dice, en su segunda carta: "El Señor no retarda su promesa, según algunos la tienen por tardanza, sino que es paciente para con nosotros, no queriendo que ninguno perezca, sino que todos procedan al arrepentimiento" (3:9).

Así como los discípulos recibieron poder para testificar, también nosotros podemos pedir al Espíritu Santo que nos llene de su presencia para hablarles a los demás del gran amor de Cristo.

DESARROLLO DE LA LECCIÓN

Elija algunas de las siguientes actividades para hacer su clase más amena.

Introducción

Las cuatro lecciones de esta unidad están orientadas a enseñar a los principiantes acerca de las misiones y su importancia. Por lo tanto, prepare con anticipación algunos recursos que permitan que el aprendizaje sea más significativo. Por ejemplo, contacte a algún misionero que visite su clase y les hable acerca de su trabajo, o prepare un proyecto de ayuda para un misionero.

Alrededor del mundo

Para esta actividad necesitará un mapa mundial grande en blanco y negro y lápices de colores.

Pegue el mapa en la pared y pida a sus alumnos que identifiquen algunos países. Cada uno elegirá un país para colorearlo. Luego, hable con ellos sobre la necesidad de llevar el evangelio a otras regiones del mundo.

Pregúnteles: *¿Qué podemos hacer para que la gente de estos países conozca a Cristo?* Escuche sus respuestas y úselas como introducción para la siguiente actividad.

Los misioneros

Pregunte a los principiantes si saben lo que significa ser misionero. Dígales que el misionero es una persona que dedica su vida a predicar la palabra de Dios en lugares lejanos. Hable de los misioneros que trabajan lejos de su familia y, en muchos casos, en países donde hablan un idioma diferente. A veces les resulta difícil comprar alimentos y conseguir otras cosas que tenían en su país.

Si le resulta posible, muestre la fotografía de una familia de misioneros y señale en el mapa el país donde viven y trabajan.

HISTORIA BÍBLICA

La gran comisión

"¡Él vive, Él vive!", repetían los discípulos dando las buenas noticias. Era increíble. Algunos todavía dudaban que fuera cierto, pero Jesús fue paciente. Les mostró las marcas en sus manos, por donde los clavos habían atravesado, y también la herida en su costado. Después habló, comió y caminó con ellos. Y les dijo: "No se vayan de Jerusalén; esperen la promesa del Padre".

"¿Una promesa? ¿Qué promesa?", se preguntaban los discípulos. No comprendían lo que Jesús estaba diciendo.

Ellos pensaban que él iba a tener un reino aquí en la tierra, como los demás reyes. Además, querían ser parte importante de ese reino.

Jesús trató de explicarles una vez más: "Ustedes no saben el día ni la hora en que sucederá, pero recibirán poder cuando venga el Espíritu Santo sobre ustedes y serán mis testigos en Jerusalén, en Judea, en Samaria y hasta lo último de la tierra".

Después, Jesús fue llevado al cielo, y los asombrados discípulos observaron cómo ascendía, hasta que una nube lo ocultó.

Ellos se quedaron allí, mirando hacia el cielo. ¡No podían creer lo que sus ojos habían visto! "¿Qué significa esto? ¿A dónde se fue? ¿Cómo podemos ser sus testigos?", se preguntaban unos a otros.

Mientras estaban aún mirando hacia el cielo, se aparecieron dos varones con vestiduras blancas quienes, parándose junto a ellos, les preguntaron: "Galileos, ¿por qué están mirando al cielo? Este mismo Jesús, a quien han visto subir al cielo, de la misma forma vendrá otra vez".

Entonces los discípulos volvieron a Jerusalén. Después de un largo día de camino, al llegar se dirigieron a un cuarto en el segundo piso de una casa y permanecieron allí.

Luego, oraron, pidiendo a Dios que los ayudara a entender el significado de lo que Jesús les había dicho antes de irse.

ACTIVIDADES

¡Adoptemos a un misionero!

Póngase en contacto con algún misionero que trabaje en su área para invitarlo a su clase. Si no puede ir, pídale que le proporcione información sobre su trabajo y familia, incluyendo fotografías, las fechas de cumpleaños y su dirección postal o de correo electrónico.

Haga la presentación del misionero a sus alumnos, y explíqueles en qué consiste su trabajo y cuáles son sus necesidades principales. Durante esta unidad junten una ofrenda especial, y realicen dibujos o escriban cartas para enviárselas al misionero.

Hechos 1:8

Distribuya los libros del alumno. Pida a los niños que recorten la figura que corresponde a la Sección Recortable, lección 23. Luego, dígales que vayan a la Lección 23. Hagan un corte en la línea negra del centro para formar una abertura, e inserten la figura de Jesús. Muéstreles cómo doblar la hoja por la línea punteada, y repasen la historia bíblica.

Den vuelta la hoja, y pregúnteles: *¿Conocen a alguna persona que necesite escuchar el mensaje de Jesús?*

Use las ilustraciones de la hoja de trabajo para ayudarlos a pensar en personas a las que podrían hablarles de Cristo. Dé tiempo para que los niños escriban esos nombres sobre las líneas.

Texto para memorizar

Le sugerimos que escriba el texto en tarjetas de colores, poniendo algunas palabras en cada tarjeta. Explique que el pasaje que aprenderán se conoce como la "gran comisión", y que fue el trabajo especial que Jesús les dio a sus discípulos antes de irse al cielo. Permita que sus alumnos repitan el texto varias veces. Luego, entregue una tarjeta a cada niño, y pídales que se pongan en fila de modo que se pueda leer el versículo.

PARA TERMINAR

Agradézcales por haber asistido, y recuérdeles que en la próxima clase seguirán hablando de la "gran comisión".

Ayúdelos a recoger los materiales que utilizaron, y terminen entonando una canción.

notas

Pedro le habla de Jesús a Cornelio

Base bíblica: Hechos 10.

Objetivo de la lección: Que los principiantes comprendan que el amor de Dios por medio de Jesucristo es para todas las personas.

Texto para memorizar: *Por tanto, id, y haced discípulos a todas las naciones, bautizándolos en el nombre del Padre, y del Hijo, y del Espíritu Santo* (Mateo 28:19).

¡PREPÁRESE PARA ENSEÑAR!

Los principiantes están comenzando a descubrir que el mundo es más grande que sus hogares y su comunidad. Aún tienen dificultades para comprender los conceptos de tiempo y espacio. Están aprendiendo que algunos lugares del mundo están muy lejos, y que no toda la gente habla, actúa o se ve de la misma forma.

Sus alumnos deben entender que Jesús murió por todas las personas del mundo, y que la misión de la iglesia es hablarles del amor de Jesús.

Enfatice la enseñanza de Hechos 10:34: "Dios no hace acepción de personas". Cuando sus alumnos comprendan que Dios ama a todas las personas dondequiera que estén, será más fácil para ellos alcanzar a los demás para Cristo, y hablarles de su amor.

COMENTARIO BÍBLICO

Hechos 10. Al extenderse con tanta rapidez el cristianismo, había llegado el momento en que el evangelio de Cristo atravesaría la barrera que separaba a los judíos de los gentiles.

En esta historia existen cuatro aspectos importantes que debemos resaltar:
1) Los primeros judíos cristianos se resistían a llevar el evangelio a los gentiles.
2) Dios mismo incorporó a los gentiles a la iglesia de Cristo, y al hacerlo mostró su aprobación.
3) Dios no usó a Pablo, sino a Pedro, para abrirles la puerta del reino de Dios a los gentiles.
4) La aceptación de los gentiles en la iglesia de Jerusalén, aun sin tener relación alguna con el judaísmo, era señal de que Dios mismo los había adoptado como parte de su familia.

En este pasaje encontramos dos visiones distintas: la de Cornelio en Cesarea y la de Pedro en Jope. En ambos casos, Dios trabajó por separado con cada uno de ellos para el encuentro que tuvieron.

Cornelio vivía en Cesarea, principal puerto de Palestina. Siendo centurión del ejército romano, tenía bajo su mando a 100 soldados. Era gentil; no pertenecía a la iglesia cristiana ni a la sinagoga de los judíos. Sin embargo, era fiel en su adoración a Dios.

Cornelio recibió su visión como a las 3:00 de la tarde, cuando un ángel del Señor se le acercó mientras oraba. Al día siguiente, Pedro tuvo una visión que cuestionó su creencia en las estrictas leyes judías respecto a los alimentos puros e impuros. Mientras meditaba en el significado de la visión, el mensajero de Cornelio llegó, procedente de Cesarea. Nadie podría haber imaginado que Pedro recibiría a gentiles como huéspedes. El hecho de que los recibió indica que la visión produjo un cambio significativo en su vida. Otra evidencia del cambio fue que entró en la casa de Cornelio cuando llegó a Cesarea. Y su reacción cuando Cornelio se postró ante él mostró que no se consideraba superior a ellos por ser judío y ellos gentiles.

Cornelio invitó a sus familiares y amigos para que escucharan ese mensaje tan importante de Pedro, y lo recibieron con gozo en su corazón. El derramamiento del Espíritu Santo sobre los gentiles dejó atónitos a los judíos que estaban presentes. Pedro entendió que Dios aceptaba a los gentiles, al igual que a los judíos en su reino, y los bautizó en el nombre del Señor Jesús.

DESARROLLO DE LA LECCIÓN

Use algunas de las siguientes actividades para centrar la atención de los principiantes en el tema de estudio.

Nuestros amigos

Diga a sus alumnos: *Todos aquí somos amigos. Me gustaría que alguno de ustedes me contara cómo conoció a su mejor amigo.*

Dé oportunidad para que los niños participen. Luego, pregúnteles cómo escogen a sus amigos de la escuela, y ayúdelos a comprender que los amigos a menudo tienen intereses similares (deportes, juegos, etc.).

Haga énfasis en que, aunque por lo general a los amigos les gusta hacer las mismas actividades juntos, también podemos ser amigos de personas que son diferentes o no tienen nuestros mismos intereses.

Pregúnteles: *¿Qué creen que los amigos pueden tener en común, aunque les gusten cosas diferentes?* (Algo que tenemos en común es que Dios nos ama a todos por igual, y envió a su Hijo Jesús a morir en la cruz por todas las personas del mundo).

Confeccione un cartel con el texto para memorizar, y pida a sus alumnos que lo decoren. Luego, péguenlo en la pared y repitan juntos el texto un par de veces. Pida que algunos niños lo lean solos y después lo digan de memoria.

Personajes misteriosos

Escriba en una cartulina los nombres PEDRO y CORNELIO, y recorte cada letra. Guárdelas en una bolsa, y pida a sus alumnos que traten de armar los nombres de los dos personajes. Si desea, haga dos juegos de letras; divida su clase en dos grupos y dígales que el grupo que forme los nombres en el menor tiempo será el ganador.

HISTORIA BÍBLICA

Pedro le habla de Jesús a Cornelio

Un día Cornelio estaba en su casa. De pronto, vio que un ángel de Dios entraba donde él estaba y le decía: "¡Cornelio!"

Cornelio se quedó asombrado y, mirando al ángel, le peguntó: "¿Qué deseas, Señor?"

El ángel respondió: "Dios ha escuchado tus oraciones y sabe todo lo que has hecho para ayudar a los necesitados. Envía a unos hombres a Jope para que traigan a Pedro. Lo encontrarán en una casa cerca del mar".

Cornelio era centurión, es decir, un soldado romano que tenía a su cargo muchos hombres. Así que llamó a dos de sus siervos y a un soldado para comunicarles el mensaje del ángel. Ellos sabían que Cornelio era un hombre bueno, así que de inmediato obedecieron y partieron hacia Jope para buscar a Pedro.

Al día siguiente, en Jope, Pedro fue a la azotea de la casa para orar. Mientras estaba allí tuvo una visión. Vio como un manto grande que descendía del cielo, colgado de las cuatro puntas. En él había toda clase de animales, incluyendo reptiles y aves.

Entonces, una voz le dijo: "Levántate, Pedro, mata y come".

Cuando Pedro miró lo que había en el manto, vio que todos eran animales que los judíos no comían.

"¡No, señor, de ninguna manera! Nunca he comido nada común ni impuro", contestó Pedro con firmeza.

"No llames impuro lo que Dios limpió", contestó la voz.

Esto sucedió tres veces. Luego, el manto volvió a subir al cielo.

Pedro aún estaba en la azotea cuando los hombres enviados por Cornelio llegaron a su casa.

"¿Vive aquí un hombre llamado Pedro?", le preguntaron.

Mientras Pedro continuaba pensando en la visión, el Espíritu le dijo: "Pedro, tres hombres te buscan. Levántate y no temas ir con ellos porque yo los he enviado".

Pedro obedeció y bajó de la azotea. Los hombres que lo esperaban eran gentiles. Los judíos pensaban que los gentiles eran gente impura y no querían estar con ellos. Nunca los invitaban a sus casas, pero Pedro recordó las palabras de la visión: "No llames impuro lo que Dios limpió".

Entonces Pedro los invitó a descansar en su casa esa noche. Al día siguiente eligió a algunos amigos para que lo acompañaran, y partieron hacia la casa de Cornelio, que estaba en la ciudad de Cesarea.

Cuando llegaron al día siguiente, Cornelio los esperaba con un grupo de parientes y amigos que había invitado.

Pedro les dijo: "Ustedes saben que, según nuestra ley, los judíos no debemos visitar a los gentiles, pero Dios me ha mostrado que a nadie debo llamar impuro. Por eso vine cuando me llamaron. ¿Podrían decirme para qué me han hecho venir?"

Cornelio respondió: "Hace cuatro días estaba orando en mi casa, como a las 3:00 de la tarde. De pronto, vi delante de mí a un hombre con vestiduras resplandecientes, que me dijo: 'Cornelio, Dios ha oído tus oraciones y ha visto tus limosnas para los pobres. Envía hombres a Jope para que traigan a Pedro. Él está en una casa cerca del mar'. Así que envié por ti, y has hecho bien en venir. Ahora estamos aquí, en la presencia de Dios, para oír todo lo que Dios te ha mandado".

Entonces Pedro comenzó a decirles: "Ahora comprendo que en verdad Dios no hace acepción de personas, sino que acepta a la gente de todas las naciones que le temen y hacen lo bueno". Luego, les habló acerca de Jesús y de su amor por todas las personas.

Cornelio y sus amigos comenzaron a alabar a Dios. Mientras lo hacían, el Espíritu Santo descendió sobre todos los que habían oído el mensaje. Los judíos que habían ido con Pedro se sorprendieron al ver que los gentiles también estaban recibiendo el don del Espíritu Santo.

Entonces, Pedro les dijo: "Ellos han recibido el Espíritu Santo así como lo recibimos nosotros".

Después ordenó que fueran bautizados en el nombre de Jesucristo.

Cornelio estaba feliz de saber acerca de Jesús, así que invitó a Pedro a que se quedara unos días más en su casa.

ACTIVIDADES

Dios ama a Pedro y a Cornelio

Abran los libros del alumno en la Lección 24. Conversen sobre las diferencias y similitudes que había entre Pedro y Cornelio. Pida a los niños que tracen una línea uniendo el punto de cada frase con el personaje al que describe. Algunas frases se refieren a Cornelio, otras a Pedro, y otras a ambos.

Dios ama a todas las personas

Den vuelta la página del libro del alumno, y explique a sus alumnos que en el primer marco cada uno debe dibujarse a sí mismo; en el segundo, a alguien a quien aman; y en el último, a una persona a la que no conozcan muy bien.

Una segunda opción es que en el primer marco peguen un trozo de papel aluminio, para simular un espejo; en el segundo pueden dibujar a su familia; y en el tercero pueden pegar recortes de revistas que muestren a otras personas. Mientras trabajan, conversen sobre el gran amor de Dios hacia la humanidad y la responsabilidad que tenemos de transmitirles a los demás el mensaje de salvación, así como lo hizo Pedro en la casa de Cornelio.

Todos somos iguales

Prepare un cartel con fotografías o dibujos de personas de distintas razas, y permita que sus alumnos las miren.

Dígales: *En la historia de hoy aprendimos que Dios no tiene favoritos. Él nos ama a todos por igual y desea que todos conozcan y confíen en Jesús.*

Anímelos a hablar de Cristo a todas las personas, sin importar su apariencia o condición.

MEMORIZACIÓN

Coloque sobre la mesa las tarjetas que hizo para la clase anterior. Luego de repetir el texto un par de veces, pida que un voluntario pase a ordenar el texto en 10 segundos. Luego llame a otro, y así sucesivamente hasta que todos participen.

PARA TERMINAR

Alaben a Dios y denle gracias por amarnos a todos por igual. Exhórtelos a ser testigos de Cristo dondequiera que estén, y a invitar a sus amigos y familiares a la escuela dominical.

notas

_____

_____

_____

_____

_____

_____

_____

_____

_____

_____

_____

_____

_____

_____

_____

_____

La iglesia envía a Pablo y a Bernabé

Base bíblica: Hechos 13:1-12.

Objetivo de la lección: Que los principiantes sepan que Dios llama a algunas personas a ser misioneros.

Texto para memorizar: *Por tanto, id, y haced discípulos a todas las naciones, bautizándolos en el nombre del Padre, y del Hijo, y del Espíritu Santo* (Mateo 28:19).

¡PREPÁRESE PARA ENSEÑAR!

El mundo de los principiantes se está ampliando más allá de su hogar, a través de la escuela, sus amigos, los deportes, etc. Mientras descubren las necesidades de los demás, aprenderán a responder a esas necesidades de acuerdo a la voluntad de Dios.

Esta lección los ayudará a que entiendan que todos los cristianos tenemos la misión de transmitir el amor de Cristo a nuestro prójimo, pero también que Dios llama a algunas personas para una tarea específica. A estos cristianos los conocemos como misioneros. Él los llama por medio del Espíritu Santo para que lleven el evangelio a otros países y culturas. Aunque todos debemos transmitir el amor de Dios, el llamado de los misioneros implica dejar a la familia y el país para llevar las buenas noticias de salvación a todos los rincones del mundo.

COMENTARIO BÍBLICO

Hechos 13:1-12. El Espíritu Santo llamó a Pablo y a Bernabé para una misión especial, una nueva etapa en el evangelismo. Y la iglesia confirmó el llamado por medio del ayuno, la oración y la imposición de manos. El Espíritu Santo y la iglesia trabajaron en conjunto para apartarlos como líderes de la iglesia.

Dios hizo el llamado, pero deseaba que la iglesia los apoyara y respaldara. Por lo tanto, la iglesia envió a Pablo y Bernabé a cumplir la misión encomendada por el Espíritu Santo.

Cuando Pablo y Bernabé atravesaron la isla hasta Pafos enfrentaron la primera oposición al evangelio de Cristo. Los versículos 6-12 nos narran que el procónsul invitó a Pablo y a Bernabé para escuchar de primera mano el mensaje de Jesús. Pero Barjesús, que era mago y un falso profeta, quería apartar de la fe al procónsul. Pablo, entonces, lleno del Espíritu Santo, fijó sus ojos en él y le dijo: *"¡Oh, lleno de todo engaño y de toda maldad, hijo del diablo, enemigo de toda justicia! ¿No cesarás de trastornar los caminos rectos del Señor? Ahora, pues, he aquí la mano del Señor está contra ti, y serás ciego, y no verás el sol por algún tiempo".* Al instante quedó ciego y buscaba a alguien que lo guiara.

La Biblia nos dice que cuando el procónsul vio lo que había sucedido creyó, maravillándose del evangelio de Jesús. El poder del Espíritu Santo se manifestó para dar testimonio de Jesucristo y de su amor.

Este fue el primero de muchos viajes misioneros de Pablo. La clave de su ministerio con Bernabé fue la guía del Espíritu Santo. Además, fueron fieles y obedientes al santo llamado de Dios.

DESARROLLO DE LA LECCIÓN

Escoja algunas de las siguientes actividades para complementar el desarrollo de la clase de hoy.

¡Adoptemos a un misionero!

Recolecte la ofrenda o los víveres que enviarán al misionero, y pida a uno de los niños que ore dando gracias a Dios por la oportunidad de participar así del trabajo misionero.

Prepare algunas tarjetas (siga la receta sugerida al principio del libro), o bien, entregue hojas blancas para que sus alumnos confeccionen tarjetas y escriban un mensaje para enviarlas junto con lo que se ha recogido.

Viajes misioneros

Busque en revistas algunas ilustraciones sobre viajes (por ejemplo: maletas, barcos, aviones, autos, etc.).

Coloque los recortes sobre una mesa, junto con una cartulina y pegamento. Dé tiempo para que sus alumnos realicen un cartel relacionado con los viajes. Converse con ellos mientras trabajan, y pregúnteles cómo se prepara la gente para un viaje. Explíqueles que en la historia de hoy hablarán sobre un viaje misionero.

HISTORIA BÍBLICA

La iglesia envía a Pablo y Bernabé

Los líderes de la iglesia de Antioquía habían decidido orar y ayunar. De pronto, escucharon que el Espíritu Santo les decía: "Separen a Pablo y a Bernabé para que hagan la obra a la que los he llamado".

Por muchos años Pablo y Bernabé habían sido testigos de Jesús, hablándole de él a mucha gente. Pero ahora serían misioneros. Los misioneros son testigos de Cristo que van a otros países a predicar las buenas noticias del amor de Dios.

Los líderes de la iglesia de Antioquía oraron y los enviaron a cumplir la misión que Dios les había asignado.

El Espíritu Santo guió a Pablo y a Bernabé a Seleucia, y desde allí se fueron en barco a Chipre.

Al llegar a Salamina, los nuevos misioneros predicaron en las sinagogas judías.

Luego atravesaron toda la isla, predicando en cada ciudad. Después de un tiempo llegaron a Pafos, al otro lado de la isla, donde vivía el gobernador de Chipre.

"Traigan a Pablo y a Bernabé ante mí", ordenó el gobernador. "Quiero escuchar la palabra de Dios".

Cuando los misioneros llegaron para encontrarse con el gobernador, allí estaba Elimas, un mago perverso que no quería que el gobernador creyera en las enseñanzas de Dios.

Cuando Pablo vio lo que ese hombre malo estaba haciendo, le dijo: "¡Tú eres hijo del diablo y enemigo de todo lo que es bueno! Ahora la mano del Señor está contra ti y por un tiempo quedarás ciego, sin poder ver la luz del sol".

En ese momento Elimas gritó: "¡No puedo ver!", y se fue tambaleando, buscando a alguien que lo guiara.

El gobernador quedó asombrado por lo que Dios había hecho y por las enseñanzas de Pablo. Así que creyó en Jesús y se hizo cristiano.

ACTIVIDADES

El llamado de Dios

Entregue los libros del alumno, y pida a los niños que recorten la tira con ilustraciones que se encuentra del lado derecho de la hoja. Déles tiempo para que recorten las figuras y las peguen en las escenas, según el orden de la historia bíblica.

Luego, indíqueles que den vuelta la hoja y que completen el crucigrama usando las palabras de la parte inferior. Ayúdelos si tienen dificultad para llenar los espacios en blanco.

REPASO BÍBLICO

Organice una competencia para hacer un repaso con las siguientes preguntas:

1) ¿Qué estaban haciendo los líderes de la iglesia de Antioquía cuando el Espíritu Santo les habló? (Ayunaban y oraban).

2) ¿Qué les dijo el Espíritu Santo? (Dios quería que Pablo y Bernabé hicieran un trabajo especial).

3) ¿Cómo denominamos a las personas que Dios llama a predicar y enseñar a la gente de otros países? (Misioneros).

4) Nombren a algunos misioneros que conozcan.

5) ¿A qué isla fueron a predicar Pablo y Bernabé? (A Chipre).

6) ¿A quiénes conocieron los misioneros en Pafos? (Al gobernador y al mago Elimas).

7) ¿Qué hizo Elimas cuando Pablo y Bernabé llegaron para encontrarse con el gobernador? (Trató de impedirlo).

8) ¿Quién le dio poder a Pablo para anunciarle al mago malo que se quedaría ciego? (El Espíritu Santo).

9) ¿Qué hizo el gobernador al ver lo que Dios había hecho y al escuchar la enseñanza de Pablo? (Creyó en Jesús).

10) ¿Cómo llamamos a las personas que transmiten el amor de Dios en su propia tierra? (Testigos)

MEMORIZACIÓN

Entregue las tarjetas con el texto para memorizar. Después de repetir las palabras varias veces, diga la primera frase y pida que pasen al frente los que tengan esas palabras. Continúe hasta terminar, y repitan juntos el texto bíblico.

PARA TERMINAR

Que sus alumnos se sienten formando un círculo, y dígales: *Hoy aprendimos que Dios llama a algunas personas para que sean misioneros. Aunque no todos seremos misioneros, podemos ayudar al crecimiento del reino de Dios. Cumplimos la gran comisión cuando obedecemos a Dios y hablamos a otros acerca del amor de Jesús.*

Despídanse con una oración e intercedan por los misioneros alrededor del mundo.

Ofrendas para la misión

Base bíblica: Filipenses 2:25-30; 4:14-20.

Objetivo de la lección: Fomentar en los principiantes el deseo de ayudar a los misioneros a realizar el trabajo que Dios les encomendó.

Texto para memorizar: *Por tanto, id, y haced discípulos a todas las naciones, bautizándolos en el nombre del Padre, y del Hijo, y del Espíritu Santo* (Mateo 28:19).

¡PREPÁRESE PARA ENSEÑAR!

Es probable que sus alumnos no estén familiarizados con el trabajo misionero. Tal vez algunos piensen que la "gran comisión" es algo que los apóstoles hicieron en el pasado y que los misioneros hacen hoy. Otros quizá nunca hayan escuchado ese término. Con certeza, sus alumnos no prepararán sus mochilas para irse a hablar de Cristo a los lugares más apartados del mundo. Sin embargo, esta lección les enseñará que la tarea de la gran comisión es para todo cristiano, no solo para los misioneros o evangelistas. Sus alumnos pueden aprender a participar de la misión de la iglesia "ahora". ¡No tienen que esperar a ser adultos! Dios puede utilizarlos aun en su temprana edad.

COMENTARIO BÍBLICO

Filipenses 2:25-30; 4:14-20. Pablo escribió esta carta a los filipenses, mientras se encontraba en la prisión. La iglesia de Filipos era la que había respondido al mensaje de Dios enviando ayuda al apóstol Pablo.

Los filipenses escogieron a Epafrodito para que llevara regalos a Pablo y lo acompañara por un tiempo. Epafrodito sabía que, al realizar ese viaje, su vida podría estar en peligro, y así fue. Cuando estaba con el apóstol, se enfermó de gravedad y estuvo a punto de morir. Cuando la iglesia de Filipos lo supo, la congregación se preocupó mucho. Por esa razón, Pablo decidió que Epafrodito regresara a Filipos. Con él envió una carta, pidiendo a los hermanos que lo recibieran con gozo porque había cumplido su tarea con excelencia y merecía un gran recibimiento.

En su carta, Pablo agradeció a los hermanos de Filipos por la ofrenda que le habían enviado, explicándoles con claridad que no expresaba gratitud para que siguieran enviando ofrendas, sino para enseñarles que más bienaventurado es dar que recibir.

Lo más importante para Pablo fue que los hermanos de Filipos, al saber de su necesidad, la hicieron suya y respondieron de inmediato y con amor. Su disposición fue tal que aceptaron la aflicción de Pablo como propia y decidieron actuar. El crecimiento espiritual de ellos era el fruto que Pablo deseaba ver; para ello realizó un arduo trabajo. Las ofrendas de los filipenses agradaban a Dios porque nacían de corazones obedientes y atentos a la necesidad.

Dios sigue obrando de la misma manera hoy. Las ofrendas y oraciones que los cristianos envían son de bendición y ayuda para los misioneros de todo el mundo.

DESARROLLO DE LA LECCIÓN

Escoja algunas de las siguientes actividades para enriquecer el trabajo grupal durante esta lección.

Ofrendas

Prepare un cartel que ilustre diversas formas en que los misioneros invierten las ofrendas que reciben: alimentos, vivienda, ropa, materiales para evangelizar, medicamentos, etc.

Muéstrelo a sus alumnos, y conversen sobre la importancia de apoyar el trabajo misionero mediante ofrendas y regalos.

Una ofrenda especial

Para esta actividad necesitará cajas pequeñas, papeles de colores y pegamento.

Entregue una cajita a cada alumno, y pida que la decoren pegándole papeles de colores. Cuando estén terminadas, déjelas secar. Dígales que lleven a casa sus cajitas y que pongan allí las ofrendas que enviarán a los misioneros. Esa cajita será un recordatorio de que deben ofrendar para la obra misionera.

HISTORIA BÍBLICA

Para narrar esta historia le sugerimos que usted la escriba en una hoja y la guarde en un sobre, como si fuera una carta. Abra la carta frente a los niños y dígales que va a leerles el mensaje que Pablo envió a la iglesia de un lugar llamado Filipos.

Los cristianos de esa iglesia estaban muy preocupados. Tiempo atrás, al saber que Pablo estaba en prisión, habían enviado a Epafrodito con algunos regalos.

"Epafrodito, por favor, lleva estos regalos a Pablo y quédate con él para ayudarlo en lo que necesite", le dijeron los hermanos de la iglesia.

Él con mucho gusto llevó a cabo lo que le pidieron. Pero, después de un tiempo, recibieron malas noticias: "¡Epafrodito está muy enfermo, a punto de morir!"

Pablo sabía que los hermanos de Filipos estaban preocupados por su amigo. Así que, cuando Epafrodito ya tenía fuerzas para viajar, Pablo le dijo: "Creo que debes regresar a Filipos. Nuestros amigos quieren verte y saber que estás mejor".

Epafrodito estuvo de acuerdo, pero antes de viajar, Pablo escribió una carta para que su amigo la llevara a los creyentes de la iglesia de Filipos.

Queridos hermanos de Filipos:

Creo que es tiempo de que mi amigo Epafrodito vuelva para estar con ustedes. Él es como un hermano para mí.

Ustedes lo enviaron para que estuviera conmigo cuando más lo necesitaba. Lo enviaron como mensajero para que me cuidara; ahora está deseoso de volver. No quiere que se preocupen por su salud.

Estuvo muy enfermo, pero Dios tuvo misericordia de él y de mí. Quiero que lo vean para que sepan que está bien. Recíbanlo en el Señor con mucho gozo. Él casi muere por la obra de Cristo, arriesgando su vida para hacer lo que ustedes no podían hacer por mí.

Gracias por participar de mis sufrimientos. Ustedes fueron los únicos que me enviaron ayuda. Gracias por todo lo que hicieron por mí. Ya no espero recibir más regalos. Estoy feliz porque ustedes aprendieron a dar y ayudar a los demás con gozo. Recibí todo lo que me enviaron y tengo en abundancia. Sus ofrendas agradan al Señor.

Mi Dios, pues, suplirá todo lo que os falta conforme a sus riquezas en gloria en Cristo Jesús. Al Dios y Padre nuestro sea gloria por los siglos de los siglos. Amén.

De un siervo de Cristo,
Pablo

ACTIVIDADES

Epafrodito y Pablo

Reparta los libros del alumno. Dé tiempo para que los niños numeren los dibujos de acuerdo con la historia bíblica. Mientras trabajan, converse con ellos sobre la importancia de ayudar en la obra misionera dando nuestras ofrendas.

Corazones obedientes

Pida a sus alumnos que recorten los 5 corazones de la Sección Recortable y los peguen en los espacios que correspondan. Después, pida que varios voluntarios lean la frase completa. Dígales que lleven la hoja de trabajo a su casa para contar a sus familiares lo que aprendieron en la lección.

¡Adoptemos a un misionero!

Junto con sus alumnos, elabore un plan de ayuda para algún misionero de su área o de otro lugar del mundo. Establezcan la cantidad mensual o anual que enviarán como ofrenda. Escriban en un calendario la fecha de su cumpleaños o aniversario de bodas, para enviarle una tarjeta de felicitación. Explique a los principiantes que al adoptar a un misionero están comprometiéndose a orar y apoyar su ministerio constantemente.

MEMORIZACIÓN

Cierre la unidad haciendo un repaso colectivo del texto bíblico. Dé oportunidad para que los que lo aprendieron de memoria pasen al frente y lo digan en voz alta. Si es posible, prémielos con una golosina, un lápiz o un separador para su Biblia.

PARA TERMINAR

Haga un breve repaso de las cuatro lecciones de esta unidad, y recalque la importancia de cumplir la gran comisión que Jesús nos dejó. Formen un círculo y oren por los misioneros de todo el mundo.

Entregue los trabajos que realizaron durante la unidad, y anímelos a asistir a la próxima clase para empezar una nueva unidad, que se titulará: "Grandes historias sobre el poder de Dios".

notas

GRANDES HISTORIAS SOBRE EL PODER DE DIOS

Base bíblica: Génesis 11:1-9; Éxodo 13:17—15:2; 2 Reyes 5:1-15; 6:8-23; Jonás; Daniel 3:1-30.

Texto de la unidad: *Grande es el Señor nuestro, y de mucho poder; y su entendimiento es infinito* (Salmos 147:5).

PROPÓSITOS DE LA UNIDAD

Esta unidad ayudará a que los principiantes:

- ❖ Sepan que Dios tiene el control del mundo aunque las situaciones sean difíciles.
- ❖ Sientan gratitud por la sabiduría, el amor, la paciencia y el perdón de Dios.
- ❖ Confíen en Dios en cualquier situación en que se encuentren.
- ❖ Sepan que Dios los guía y sostiene.

LECCIONES DE LA UNIDAD

Lección 27: Dios tiene el control

Lección 28: Dios rescata a su pueblo

Lección 29: Dios honra la obediencia de Naamán

Lección 30: El ejército invisible de Dios

Lección 31: Dios es paciente y perdonador

Lección 32: Dios es más poderoso que el horno de fuego

POR QUÉ LOS PRINCIPIANTES NECESITAN LA ENSEÑANZA DE ESTA UNIDAD

Los principiantes aprenden acerca de Dios a través de las historias bíblicas y el testimonio de los creyentes que los rodean. Los niños han aprendido a considerar a Dios como Padre, amigo o pastor, tomando en cuenta sus cualidades amorosas. Sin embargo, es importante balancear esa percepción recalcando su gran poder y majestad. Esta unidad tratará acerca del poder de Dios.

Los principiantes necesitan sentirse seguros, así que buscan refugio en sus padres, amigos y maestros.

Con estas lecciones podrá enseñarles que Dios es soberano y controla todas las situaciones del mundo. Aun cuando las situaciones parecen complicadas, Dios muestra su fidelidad para con los que lo aman.

Dios tiene el control

Base bíblica: Génesis 11:1-9.

Objetivo de la lección: Que los principiantes aprendan que Dios tiene el control de todas las situaciones.

Texto para memorizar: *Grande es el Señor nuestro, y de mucho poder; y su entendimiento es infinito* (Salmos 147:5).

¡PREPÁRESE PARA ENSEÑAR!

Los principiantes son conscientes de la maldad que existe en el mundo. En muchas ocasiones la maldad domina; además, parecería que la gente que rechaza a Dios prospera, mientras que los que creen en él sufren.

Es importante que sus alumnos sepan que no importa lo grande que parezca el mal, Dios es soberano. Él nos dio la libertad de elegir entre el bien y el mal, pero a veces Dios interviene y dice: "¡Basta!" Saber que Dios tiene el control de todo cuanto existe ayudará a los principiantes a confiar en él. Dios ha estado trabajando con la humanidad desde su creación; lo podemos ver a través de toda la historia. Ayúdelos a entender que Dios es más grande que el mal, y que tiene absoluto control de todo.

COMENTARIO BÍBLICO

Génesis 11:1-9. Después del diluvio, Dios bendijo a Noé y a sus hijos, encargándoles que se multiplicaran y llenaran la tierra. Resulta increíble que, habiendo visto el poder y la soberanía de Dios en el diluvio, los descendientes de Noé pensaran que podían vivir sin él y decidieran desobedecerlo.

Sin embargo, después de establecerse en una planicie, decidieron construir una ciudad y una torre para que todos los conocieran. Así, si eran esparcidos por la tierra, la gente sabría de dónde provenían.

Esta historia refleja una clara imagen de la humanidad en rebeldía contra Dios. Buscaban exaltarse a través de su ingenio, sus habilidades y su astucia. No les interesaba el mandato de Dios de multiplicarse y llenar la tierra. Deseaban crear una nación poderosa que reinara en la tierra.

El temor de los hombres de ser esparcidos por la tierra iba en contra del plan divino. Dios le había ordenado a Noé que llenara la tierra, no que se establecieran en una sola ciudad.

Dios no se opone a la unidad cuando está basada en la fidelidad a él. En este caso, los descendientes de Noé sufrieron las consecuencias por desobedecer el mandato divino. Debido a su orgullo y la falsa seguridad basada en su autosuficiencia, recibieron el juicio de Dios.

Al ver lo que la gente quería hacer, Dios confundió sus lenguas, de tal manera que no pudieron comunicarse para continuar sus planes.

Podemos decir que la torre quedó como monumento a la impotencia de la criatura ante su Creador. Los diferentes idiomas nos recuerdan la retribución al orgullo humano. Ayude a sus alumnos a entender que, aunque toda la humanidad se uniera contra Dios, él siempre tendría absoluto control de todo.

DESARROLLO DE LA LECCIÓN

Elija algunas de las siguientes actividades para centrar la atención de sus alumnos en el tema de estudio de hoy.

¿Me entiendes?

A medida que sus alumnos entran al salón, déles la bienvenida diciendo "buenos días" en diferentes idiomas. Use estos ejemplos: *bonjour* (francés), *good morning* (inglés), *buona mattina* (italiano), *bom dia* (portugués), *goede ochtend* (alemán).

Dígales: *Es difícil comunicarnos cuando las otras personas hablan un idioma que no entendemos. ¿Alguno de ustedes entendió lo que dije?* Escuche sus respuestas y explíqueles que en la historia bíblica estudiarán sobre algunas personas que no podían entenderse unas a otras.

Trabajemos juntos

Pida a sus alumnos que trabajen juntos sin comunicarse mediante el habla. Divida la clase en grupos de dos o tres. Susúrrele a uno de los miembros una tarea sencilla que debe hacer con todos los de su grupo (por ejemplo: mover una mesa, acomodar las sillas, hacer una torre determinada, etc.).

Déles tiempo para que traten de realizar la tarea. Después de algunos minutos, pida que se detengan y pregúnteles por qué no concluyeron la actividad. Basándose en las respuestas, dígales que lo mismo le sucedió a un grupo de personas del Antiguo Testamento cuando trataban de realizar un proyecto.

HISTORIA BÍBLICA

La torre de Babel

Cuando Noé y sus tres hijos salieron del arca, el mundo estaba limpio. Era todo un mundo nuevo, listo para ser habitado.

Noé y sus hijos se construyeron casas nuevas. Luego, los hijos de Noé y sus esposas tuvieron hijos. Y estos a su vez tuvieron hijos.

Después algunas familias se fueron a vivir a otra región, donde encontraron un lugar grande y hermoso para vivir.

Allí esas personas decidieron que querían estar siempre juntas. No les gustaba la idea de ir a diferentes lugares. Dios les había ordenado que poblaran la tierra, pero ellos no querían obedecer.

Algunos dijeron: "Construyamos nuestra propia ciudad, con una gran torre que llegue hasta el cielo. Así seremos famosos y todos estaremos juntos, y no dispersos por todo el mundo".

Algunos comenzaron a hacer ladrillos; otros prepararon la mezcla para unirlos; otros llevaban los ladrillos y la mezcla a los constructores.

Al ver lo que la gente estaba haciendo, Dios se entristeció. No estaban obedeciendo lo que él les había ordenado. En vez de llenar la tierra, estaban construyendo una gran ciudad y una torre para estar todos juntos.

Dios les había prometido que no volvería a destruir la tierra con un diluvio. El arco iris era un recordatorio de esa promesa que le había hecho a Noé. Pero, a pesar de eso, Dios tenía el control de la situación.

En ese tiempo todos hablaban un solo idioma y usaban las mismas palabras. Pero, como las personas decidieron desobedecer a Dios, él hizo que hablaran diferentes idiomas. Los que estaban haciendo ladrillos, de pronto, ya no se entendían. Tampoco comprendían a los que cargaban el asfalto. Y los que cargaban el asfalto no entendían a los que cargaban los ladrillos. También los que estaban construyendo hablaban diferentes idiomas.

Pronto la gente tuvo que abandonar sus planes. Dejaron de construir la ciudad con la gran torre, y se mudaron a otros lugares y llenaron la tierra, tal como Dios le había dicho a Noé.

ACTIVIDADES

¡Confusión!

Distribuya los libros del alumno. Dé tiempo para que los principiantes recorten la figura siguiendo el contorno. Después, pídales que la doblen por las líneas punteadas y peguen las pestañas pequeñas en las pestañas grandes.

Anímelos a usar sus trabajos terminados para contar a sus familiares la historia de la torre de Babel.

MEMORIZACIÓN

En una cartulina dibuje la figura de una torre y escriba dentro el texto para memorizar. Dé tiempo para que sus alumnos coloreen la figura y decoren los bordes de la cartulina. Peguen el cartel terminado en el salón de clase, y repitan un par de veces el texto. Recorten las tarjetas del Club del versículo del mes correspondientes a esta unidad, y pida que se las lleven a su casa para repasar el texto de esta unidad.

PARA TERMINAR

Diga a sus alumnos que esta lección nos enseñó que Dios controla todas las situaciones, aun cuando la gente es desobediente. Anime a los niños a observar señales de que Dios controla el mundo que los rodea.

Después, oren dando gracias a Dios porque él tiene el control de todo. Invítelos a la próxima clase, y anímelos a que inviten a un amiguito o amiguita.

notas

Dios rescata a su pueblo

Base bíblica: Éxodo 13:17—15:2.

Objetivo de la lección: Que los principiantes sepan que Dios usa su poder para cuidar a sus hijos.

Texto para memorizar: *Grande es el Señor nuestro, y de mucho poder; y su entendimiento es infinito* (Salmos 147:5).

¡PREPÁRESE PARA ENSEÑAR!

No es inusual que los niños de nuestra iglesia pasen horas frente a la televisión, viendo dibujos animados de superhéroes con poderes fantásticos. A veces les resulta difícil distinguir dónde termina la fantasía y dónde comienza la realidad. Por ello, deben comprender que Dios es el único que tiene poder para realizar hechos sobrenaturales, porque es el Creador y sustentador de todo cuanto existe.

Deben estar seguros de que el poder de Dios es real y que él está dispuesto a ayudar a sus hijos, aun en las pruebas más difíciles. La historia de la liberación del pueblo escogido de Dios incrementará su confianza en el cuidado y la protección de Dios.

COMENTARIO BÍBLICO

Éxodo 13:17—15:2. La historia del Éxodo nos permite ver el gran poder de Dios. Primero, salvó al pequeño Moisés de morir en el río Nilo; años después lo llamó de forma sobrenatural, hablándole desde una zarza ardiente, a fin de darle instrucciones específicas para salir de Egipto. Dios tenía un plan para liberar a su pueblo y para que todos supieran que él era el único Dios todopoderoso.

Los hebreos también necesitaban convencerse de que podían ser libres. No querían dejar los beneficios que gozaban en Egipto, ya que no conocían otra forma de vida. Por lo tanto, Moisés tuvo que ganarse su confianza como líder.

Dios se manifestó a Moisés en el desierto al convertir su vara en serpiente; y, cuando los hechiceros de Egipto intentaron copiar ese milagro, el Señor envió plagas que atacaron el poder de los dioses egipcios.

La plaga del agua convertida en sangre fue un ataque directo al dios Hapi, dios del Nilo. La plaga de las ranas era una burla contra el dios Hept, dios egipcio con forma de rana, que simbolizaba la fertilidad y el alumbramiento. La plaga de la oscuridad mostró la falsedad de Ra, dios del sol. Para mostrar que Hat-Hot (dios con forma de vaca) y Apis (con forma de toro) eran ídolos falsos, Dios envió la plaga de la muerte del ganado.

El símbolo militar del pueblo egipcio era un avispón, y Dios demostró su poder sobre estos dioses al enviarles las plagas de los piojos y las moscas. Con cada plaga el Dios verdadero demostró su gran poder sobre los falsos ídolos egipcios.

Dios mostró su poder al liberar a su pueblo del imperio más poderoso de ese tiempo. Cuando los egipcios cambiaron de parecer y persiguieron al pueblo de Israel, Dios mismo se manifestó durante la noche como columna de fuego, y durante el día, como una nube, recordándoles su presencia cada día.

Lo que Dios hizo al abrir el mar Rojo fue uno de los acontecimientos más impresionantes en la historia de los judíos. Con frecuencia, los profetas y apóstoles le recordaban al pueblo este hecho como muestra de la fidelidad de Dios.

Ayude a los niños a entender que Dios es más grande que cualquier problema o dificultad que podamos enfrentar en nuestro camino.

DESARROLLO DE LA LECCIÓN

Use algunas de las siguientes actividades para enriquecer el desarrollo de la lección y facilitar el aprendizaje de sus alumnos.

¿Cómo es el mar?

Muestre a los principiantes fotografías o ilustraciones del mar, y pregúnteles si alguno lo visitó. Permita que algunos niños relaten sus experiencias. Complemente la información hablando de plantas y animales marinos. Enfatice que solo Dios tiene el poder para controlar el mar, como lo aprenderán en la historia de hoy.

Superpoderes

Converse con los niños sobre personajes de la televisión que demuestran superpoderes o realizan hechos extraordinarios. Permita que todos participen y, si es posible, dé tiempo para que hagan una breve descripción del personaje que más admiran.

Le sugerimos que lleve a la clase recortes de revistas o dibujos de personajes que los niños consideren "fantásticos". Muéstreselos, y pídales que digan cuál es real y cuál de ficción.

Si nota que algunos están confundidos, explíqueles que la mayoría de esos personajes son producto de la imaginación de alguien y que no existen en la realidad. El único que puede hacer cosas sobrenaturales es Dios.

Trate este tema con mucho tacto, ayudándolos a comprender que es importante confiar solo en los milagros que Dios puede efectuar.

Luego, dígales: *Hoy hablaremos de un tema muy especial. Estudiaremos uno de los milagros que Dios hizo para liberar a su pueblo de la esclavitud.*

Sigue el camino

Usando cartulina o cartoncillo, confeccione 16 figuras en forma de huellas de pies. En cada una escriba una de las palabras de Éxodo 15:2. Luego, péguelas en el piso para formar un camino alrededor del salón. Diga a sus alumnos que ese versículo es parte de la historia de hoy y anímelos a repetirlo, mientras siguen el camino, tratando de no pisar las huellas.

HISTORIA BÍBLICA

Dios rescata a su pueblo

"¡No, ustedes no se irán de aquí! ¡No dejaré que mis esclavos se vayan de Egipto!", gritó el Faraón.

Luego, ordenó a sus oficiales: "Auméntenles la carga de trabajo".

Moisés y su hermano Aarón fueron ante el Faraón muchas veces para pedir la libertad del pueblo de Dios, pero él se negaba a dejarlos ir. Vez tras vez Dios le mostró su poder. Hizo que las aguas del río Nilo se convirtieran en sangre y cubrió la tierra con ranas. Pero los hechiceros del Faraón copiaron esos milagros con sus trucos de magia.

Más adelante, Dios envió una terrible plaga de piojos. Esta vez los magos egipcios no pudieron imitar lo que Dios había hecho. Sin embargo, el corazón del monarca seguía endurecido.

Entonces Dios mandó una plaga de moscas.

Luego, los egipcios y su ganado se llenaron de llagas que les producían intenso dolor.

Dios envió, además, otras plagas para castigar a los egipcios por su obstinación: granizo, langostas y tinieblas sobre la tierra.

Por último, Dios envió al ángel de la muerte para herir al primogénito de todas las familias y del ganado de los egipcios.

Entonces el Faraón llamó a Moisés y le dijo: "Di a los hebreos que los dejaré libres. ¡Váyanse de mi país!"

El pueblo estaba feliz con la noticia. Todos siguieron rápido a Moisés, porque Dios había prometido que los llevaría a una hermosa tierra. El pueblo alababa a Dios porque al fin estaría libre de la esclavitud egipcia.

Dios hizo un plan especial para guiar a los hebreos hasta la tierra de Canaán. Para que supieran que él estaba con ellos, una columna de nube los guiaba durante el día, y por la noche una columna de fuego los alumbraba mientras caminaban.

Cuando llegaron a orillas del mar Rojo, el pueblo decidió acampar, y fue allí donde empezaron los problemas.

—¡Por allí vienen los egipcios! —gritó alguien—. ¡Miren el polvo que levantan sus carruajes! ¡Están cada vez más cerca!

—¡Debimos quedarnos en Egipto! —gritaban otros. ——¿Por qué nos trajiste a morir en el desierto? —le preguntaban a Moisés.

Dios le había dicho a Moisés que los egipcios irían tras ellos, pero Moisés sabía que el poder de Dios era mayor.

—¡No tengan miedo! ¡Ya verán que el poder de Dios nos librará del peligro! —proclamó Moisés al pueblo.

El ruido de los caballos y los carros de guerra se escuchaba cada vez más cerca.

Cuando comenzó a oscurecer, Dios movió la columna de nube, y la colocó entre los hebreos y los egipcios. El pueblo de Dios tendría claridad para seguir viajando, mientras que los egipcios permanecerían en tinieblas.

"Levanta la vara sobre el mar", le ordenó Dios a Moisés.

Moisés obedeció a Dios, y el viento sopló tan fuerte que abrió el mar en dos, formando un camino seco para que los israelitas pudieran cruzar.

Muy temprano a la mañana todo el pueblo comenzó a cruzar por en medio del mar. Cuando miraron atrás, vieron que los egipcios estaban siguiéndolos por el mismo camino.

Sin embargo, Dios hizo que las ruedas de los carros egipcios se rompieran, y todos gritaban: "¡Debemos alejarnos de los hebreos! ¡Su Dios está peleando contra nosotros!"

Cuando todo el pueblo hebreo había cruzado al otro lado, Dios le dijo a Moisés que levantara otra vez su vara. Entonces, las aguas del mar volvieron a su lugar, cubriendo a los soldados egipcios, sus caballos y sus carros. Dios salvó a su pueblo con su gran poder.

Moisés y todo el pueblo alabaron a Dios, cantando las palabras que encontramos en Éxodo 15:2: "Jehová es mi fortaleza y mi cántico, y ha sido mi salvación. Este es mi Dios, y lo alabaré. Dios es mi padre, y lo enalteceré".

ACTIVIDADES

El cruce del mar Rojo

Pida a sus alumnos que abran sus libros en la Lección 28, y recorten las figuras de acción que se encuentran en los extremos de la página. Luego, desprendan la hoja del libro y dóblenla por las líneas punteadas. Así crearán un escenario para la historia bíblica.

Dígales que lo lleven a su casa, y anímelos a contarles a sus familiares lo que aprendieron en la clase.

Verdadero o falso

Pegue una tira de cinta adhesiva en el piso, o use una cuerda para dividir el salón en dos secciones. Indíqueles qué lado representará la palabra "verdadero" y cuál la palabra "falso". Luego pida a sus alumnos que formen una fila al lado de la cuerda o cinta.

Cuando usted lea una de las siguientes frases, ellos deberán colocarse en el costado del salón que represente la respuesta correcta. Los que se equivoquen dos veces quedarán eliminados y deberán sentarse.

1) El Faraón estaba feliz porque el pueblo de Dios se fue de Egipto.
2) Dios envió una plaga para castigar a los egipcios.
3) Moisés era un hombre desobediente.
4) Dios escogió a Moisés para liberar a su pueblo de la esclavitud.
5) Dios envió una plaga de piojos a Egipto.
6) Al pueblo hebreo le agradaba mucho estar como esclavos.
7) Moisés y el pueblo acamparon a orillas del mar Rojo.
8) Los egipcios decidieron quedarse tranquilos cuando los israelitas se fueron.
9) Dios protegía a su pueblo con una columna de fuego durante la noche, y con una nube durante el día.
10) Los hebreos cruzaron el mar Rojo nadando.

MEMORIZACIÓN

Formen un círculo, y colóquese usted en el centro con una pelota de esponja para lanzarla a sus alumnos. El niño que la reciba deberá decir: "Puedo confiar en que Dios me ayudará porque 'Grande es el Señor nuestro, y de mucho poder; y su entendimiento es infinito' (Salmos 147:5)".

PARA TERMINAR

Pregunte a sus alumnos qué fue lo que más les gustó de la historia. Recuérdeles que nosotros también pertenecemos al pueblo de Dios y que, de la misma forma en que lo hizo con los hebreos, él cuida de nosotros y nos guarda de los peligros. Explíqueles que nuestro Dios puede realizar hechos sobrenaturales porque su poder es inmenso.

Oren dando gracias a Dios por lo que aprendieron hoy, y anímelos a asistir la próxima semana. Concluyan entonando alabanzas que hablen sobre el gran poder de Dios.

notas

Dios honra la obediencia de Naamán

Base bíblica: 2 Reyes 5:1-15.

Objetivo de la lección: Que los principiantes aprendan a confiar en el gran poder de Dios.

Texto para memorizar: *Grande es el Señor nuestro, y de mucho poder; y su entendimiento es infinito* (Salmos 147:5).

¡PREPÁRESE PARA ENSEÑAR!

Por medio de esta lección sus alumnos aprenderán que pueden confiar en nuestro Dios grande y poderoso.

En esta etapa de cambios físicos y emocionales, les brindará estabilidad saber que son hijos de un Dios que no cambia y que está dispuesto a ayudarlos.

Haga énfasis en que Naamán fue un personaje real, no producto de la imaginación como los personajes que ven en la televisión. Naamán aprendió a confiar en Dios cuando enfrentó una difícil enfermedad y, como premio a su obediencia, Dios restauró su salud.

Ayúdelos a comprender que, aunque Naamán era un funcionario muy importante del ejército sirio, se sometió al poder del único Dios verdadero.

COMENTARIO BÍBLICO

2 Reyes 5:1-15. Naamán era un hombre importante del ejército sirio, a quien todos honraban y respetaban. Sin embargo, padecía de lepra, una enfermedad que amenazaba su vida.

Los estudiosos de la Biblia creen que el tipo de lepra de Naamán no era el que conocemos hoy, sino uno más agresivo que desfiguraba por completo a la persona.

En esta historia Dios muestra su gran poder a través de perssonas y objetos comunes. Primero, la joven hebrea que servía a la esposa de Naamán. A pesar de ser esclava, tuvo el valor de hablar acerca de su fe en Dios porque sabía que él estaba con su pueblo Israel y que Eliseo era profeta.

Segundo, el mensajero. Este le llevó a Naamán instrucciones específicas de parte de Eliseo, quien no habló directamente con el general sirio.

Tercero, el río Jordán. Este río tenía un significado importante para el pueblo hebreo, pero para Naamán era tan solo un río lodoso y ordinario.

Cuarto, el profeta Eliseo. Habiendo sido discípulo del profeta Elías, ahora Dios lo estaba utilizando para guiar a su pueblo.

La historia nos dice que, después de que Naamán se presentó ante el rey de Israel, se dirigió a casa del profeta. A Eliseo no le impresionó la elegante caravana del capitán sirio, ni todos sus títulos o recomendaciones. Simplemente envió a su siervo con instrucciones sencillas para que Naamán las obedeciera y recibiera sanidad. Tal vez este tenía su propia idea acerca de la forma en que se produciría el milagro (v. 11), pero Dios le mostró que él controlaba la situación y que tenía poder para sanarlo, siempre y cuando él obedeciera.

Naamán se fue enfurecido de la casa de Eliseo, renegando por las instrucciones del profeta. Por último, cuando sus siervos lo convencieron, obedeció y se sanó.

Algo que debemos resaltar es que la ausencia del profeta en este milagro le da todo el crédito a Dios. Naamán reconoció a Jehová como el único Dios vivo.

Dios honró su obediencia, y no solo restauró su piel sino también su corazón.

Es importante que sus alumnos sepan que Dios tiene control sobre todo cuanto existe y que honra a sus hijos cuando lo obedecen.

DESARROLLO DE LA LECCIÓN

Elija algunas de las siguientes actividades para hacer más ágil y divertido el desarrollo de la lección.

¡Enfermos!

Busque en revistas o periódicos algunas ilustraciones de medicamentos, hospitales, doctores, personas enfermas, etc.

Muéstrelas a sus alumnos, y conversen sobre las diversas enfermedades que afectan a los niños. Dé oportunidad para que dos voluntarios cuenten una breve experiencia. Dígales que la lección de hoy tratara sobre una persona que sufría una grave enfermedad.

Caminata de confianza

Para esta actividad necesitará trozos de tela para vendar los ojos de sus alumnos.

Pida a los niños que formen una fila y véndeles los ojos. Dígales que deberán pasear por el salón, confiando en que usted los guiará para que no se lastimen. Quite los objetos que puedan causar accidentes. Si el clima se lo permite, realice esta actividad en un lugar con césped.

Guíelos en una caminata por el salón.

Luego, júntense para conversar sobre la experiencia. Pregúnteles:

- *¿Cómo se sintieron al tener que depender de alguien que los guiara?*
- *¿Cómo se sintieron al confiar en el líder, aun sin saber a dónde los estaba conduciendo?*

Explíqueles que Dios quiere que confiemos en él, aunque muchas veces no entendamos lo que sucede a nuestro alrededor. Él desea que confiemos en que cuidará de nosotros y nos guiará por el camino correcto.

La historia bíblica de hoy cuenta sobre una persona que confió en Dios.

HISTORIA BÍBLICA

La confianza de Naamán

Naamán era general del ejército del rey de Siria. El rey lo estimaba mucho porque era un hombre bueno y un soldado valiente. Pero, lamentablemente, Naamán tenía lepra y nadie sabía cómo curar esa enfermedad.

En la casa de Naamán trabajaba una muchacha, a la que habían llevado cautiva de la tierra de Israel. Un día, ella le dijo a la esposa de Naamán: "Si mi señor Naamán pidiera ayuda al profeta que vive en Samaria, él lo sanaría de su lepra".

La esposa de Naamán le contó lo que le había dicho la muchacha: "Mi sierva dice que hay un profeta en Israel que puede curarte".

Naamán fue de inmediato a ver al rey de Siria, y le dijo: "Su majestad, la sierva de mi esposa dice que en Israel hay un profeta que puede curarme de la lepra".

"Entonces, ve", dijo el rey, "enviaré una carta para recomendarte al rey de Israel".

De esta forma, Naamán estaba listo para emprender el camino, llevando mucho oro, plata y ropa como regalos. La carta que le llevó al rey de Israel decía: "Te envío esta carta a través de mi siervo Naamán para que lo cures de su lepra".

Cuando el rey de Israel leyó la carta, se preocupó mucho y dijo: "Yo no puedo curar la lepra. ¿Qué es lo que quiere el rey de Siria, pelear con nosotros?"

Cuando el profeta Eliseo escuchó lo que había sucedido en el palacio, envió un mensajero al rey de Israel: "Dile a Naamán que venga a mi casa y sabrá que hay profeta en Israel".

Naamán se subió a su carruaje y fue a la casa de Eliseo, pero allí se llevó una gran sorpresa. Aunque Naamán era un hombre muy importante en su país, Eliseo no salió a recibirlo. Más bien, envió a un mensajero para que le diera instrucciones.

"Ve y lávate siete veces en el río Jordán. Así tu carne se restaurará y quedarás limpio, y completamente sano de esa enfermedad".

Cuando Naamán escuchó el mensaje, se fue enojado y les dijo a sus criados: "Pensé que el profeta saldría a hablar conmigo. Creí que iba a orar a Dios y tocar mis heridas, y que así me curaría de la lepra. Además, quiere que me lave en el río Jordán cuando en mi país existen muchos ríos mejores. ¿Acaso no puedo lavarme en ellos para ser sano?"

Cuando se preparaba para volver a Siria, uno de sus criados le dijo: "Señor, si el profeta te mandara hacer algo difícil, ¿no lo harías? Sin embargo, te ha pedido que hagas algo muy simple. ¿Por qué no lo intentas?"

Así que Naamán bajó al río Jordán y se sumergió siete veces, tal como el profeta había ordenado. Después de la séptima vez, Naamán vio que su cuerpo estaba totalmente sano.

"¡Estoy curado!", gritaba Naamán con alegría.

Así que, volvió con sus criados a la casa de Eliseo y le dijo: "Ahora sé que en todo el mundo no hay Dios, sino en Israel. Desde ahora no voy a adorar a otro Dios, sino al Dios de Israel que me ha sanado".

ACTIVIDADES

La historia de Naamán

Distribuya los libros del alumno y tijeras. Pida a los niños que recorten las piezas del rompecabezas y las acomoden según el orden de la historia bíblica. Dígales que después las peguen con cinta adhesiva transparente. Cuando el rompecabezas esté terminado, quedará formada una "T".

Den vuelta el rompecabezas y encontrarán un mensaje especial.

Otra opción es repartir una bolsa o sobre a cada alumno para que lleven las piezas del rompecabezas a su casa, y lo armen con sus amigos y familiares.

El rey dice...

Reúna a sus alumnos frente a usted y dígales: *Vamos a jugar a "El rey dice". Si yo digo: "El rey dice: tóquense la nariz", deben tocársela. Pero, si solo digo: "Tóquense la nariz", sin decir "El rey dice", y ustedes lo hacen, deben sentarse.*

Repita el juego varias veces (salten, corran, canten, etc.) hasta que la mayoría de los niños pierda y se siente.

Explíqueles que cuando cumplen las reglas del juego están siendo obedientes. De la misma forma, Dios quiere que siempre obedezcamos su Palabra y sus mandatos, tal como lo hizo Naamán.

MEMORIZACIÓN

Escriba las palabras del texto bíblico en diferentes tarjetas y escóndalas en el salón. Indique a los niños que deben buscarlas. A medida que las encuentren, armen el texto y repítanlo juntos en voz alta. Prémielos, dándoles tiempo para jugar a su juego favorito.

PARA TERMINAR

Reúna a sus alumnos y dígales: *Este mes hemos escuchado historias bíblicas sobre el poder y la majestad de Dios. Él es tan poderoso que puede hacer cualquier cosa. Creó el mundo, confundió los idiomas de las personas que vivían en la torre de Babel, y sanó a Naamán de la lepra.*

Dios también desea mostrar su poder en tu vida y quiere que confíes en él de todo corazón.

Guíelos en una oración, e interceda por los que tengan necesidades especiales. Anímelos a asistir a la próxima clase, en la que estudiarán acerca de un ejército invisible.

notas

El ejército invisible de Dios

Base bíblica: 2 Reyes 6:8-23.

Objetivo de la lección: Que los principiantes sepan que Dios siempre está con ellos.

Texto para memorizar: *Grande es el Señor nuestro, y de mucho poder; y su entendimiento es infinito* (Salmos 147:5).

¡PREPÁRESE PARA ENSEÑAR!

Los principiantes son conscientes de que en el mundo existen personas que no tratan bien a los demás. Saben que se cometen injusticias, y los perturban las situaciones que están fuera de su control. A través de esta lección tendrán la seguridad de que Dios controla sobre todo cuanto existe, aunque a veces haya dolor e injusticia. Ayúdelos a comprender que Dios cuida a los que confían en él. Cuando el cristiano confía en Dios puede sentir su cuidado y protección, aun cuando los demás no se interesen en él. Esto no quiere decir que el creyente nunca experimente desánimo, pero la fe lo ayudará en esos tiempos difíciles. Aunque en ocasiones sea difícil percibir la presencia de Dios, nos consuela saber que él siempre está con nosotros.

COMENTARIO BÍBLICO

Los israelitas y los sirios con frecuencia libraban batallas en sus fronteras. Los sirios atacaban a los israelitas con ofensivas relámpago y huían. Sin embargo, los israelitas no se quedaron pasivos. Por medio del profeta Eliseo, Dios ayudó a su pueblo informándole lo que el ejército enemigo planeaba hacer. El rey de Siria llegó a sospechar que en su ejército había un espía que llevaba datos al rey de Israel, pero uno de sus siervos le dijo: *"El profeta Eliseo está en Israel, el cual declara al rey de Israel las palabras que tú hablas en tu cámara más secreta"* (v. 12).

El rey de Siria, lleno de ira, envió tropas para capturar al profeta que se encontraba en Dotán. Al ver que el ejército sirio los tenía rodeados, Eliseo no se turbó, demostrando su confianza en el poder de Dios. Su siervo, en cambio, estaba preocupado y temeroso, como sucede cuando confiamos en el hombre y no en Dios.

En el pasaje bíblico vemos que Eliseo no oró para que Dios los rescatara. Sabía que no necesitaba pedirlo, porque Dios tenía el control de la situación. Más bien, oró para que él abriera los ojos de su siervo y este pudiera ver que eran más los que estaban de su lado que los que estaban contra ellos. El milagro ocurrió enseguida y, cuando sus ojos espirituales se abrieron, observó que el monte estaba lleno de gente a caballo y de carros de fuego alrededor de ellos.

Mientras miraba con temor y desconfianza, parecía no ver esperanza alguna. Pero cuando vio todo con los ojos de la fe, la victoria estaba asegurada. Hoy en día el mundo afirma que hay que "ver para creer", pero en todo lo referente a Dios primero tenemos que "creer para ver".

DESARROLLO DE LA LECCIÓN

Use algunas de las siguientes actividades para incentivar la participación de sus alumnos y enfocar su atención en el aprendizaje bíblico.

Mensaje invisible

Antes de la clase prepare el siguiente mensaje para cada uno de sus alumnos. En hojas blancas escriba con crayón blanco (lápiz de cera): "¡Yo te amo y estoy siempre contigo! —Dios".

Entregue a sus alumnos las hojas con el mensaje invisible y un plumón o marcador.

Dígales: *Algunas veces nos sentimos solos y pensamos que nuestros enemigos son más fuertes que nosotros. Pero no todo siempre es como parece. Usen los marcadores para colorear la hoja y encontrarán un mensaje secreto.*

Permita que sus alumnos realicen la actividad y lean el mensaje que descubrieron.

Explíqueles que podemos confiar en Dios aun cuando las situaciones sean muy difíciles. En la historia bíblica de hoy aprenderán acerca de alguien que confió en Dios en medio de un terrible peligro.

HISTORIA BÍBLICA

El ejército invisible de Dios

El rey de Siria estaba en guerra contra el rey de Israel. Junto con sus oficiales organizaron planes secretos para la batalla. "Nos esconderemos en este lugar y, cuando vengan los israelitas, los atacaremos", dijo el rey.

Aunque los planes eran secretos, Dios los conocía y puso en aviso al profeta Eliseo. Entonces Eliseo le avisó al rey de Israel: "¡Tengan cuidado porque los sirios han planeado una trampa contra ustedes!"

El profeta le dijo al rey el lugar exacto donde los sirios planeaban atacar. ¡Y estaba en lo cierto!

Vez tras vez, Eliseo le avisaba al rey, y así el ejército hebreo se preparaba. Un día el rey de Siria gritó enojado: "¿Por qué el rey de Israel siempre sabe dónde vamos a atacar? ¡Seguro que hay un espía entre nosotros!"

Entonces reunió a todos sus oficiales y les preguntó:

—¿Quién de ustedes está del lado del rey de Israel? ¿Quién es el espía?

—Ninguno de nosotros es espía —dijo uno de sus oficiales—. El profeta Eliseo es quien le dice al rey de Israel todo lo que tú dices en secreto.

—¡Vayan y averigüen dónde está ese hombre! —ordenó el rey—. Enviaré hombres para capturarlo.

Luego de un tiempo le dijeron al rey que Eliseo vivía en Dotán, así que envió carros, caballos y un gran ejército. Aún era de noche cuando llegaron a ese lugar.

A la siguiente mañana, el siervo de Eliseo se levantó temprano y vio que el ejército enemigo estaba rodeando la ciudad.

—¿Qué haremos ahora? —le preguntó a Eliseo.

—No tengas miedo —contestó el profeta—. Son más los que están con nosotros que los que están con ellos.

El siervo de Eliseo no entendía lo que su amo le estaba diciendo. Lo único que veía era al ejército sirio rodeando la ciudad y dispuesto a atacarlos.

Eliseo oró, diciendo: "Dios, te ruego que abras sus ojos para que vea". Entonces Dios abrió los ojos del siervo, el cual vio que en las colinas, entre los sirios y Dotán, había una multitud de soldados montados a caballos y con carros de fuego.

Cuando los enemigos avanzaron hacia Eliseo, él oró al Señor diciendo: "Te ruego que los hieras con ceguera".

Al instante Dios hizo que todos los soldados sirios quedaran ciegos, como Eliseo había pedido. Luego, el profeta se acercó a ellos y les dijo: "Este no es el camino ni la ciudad que ustedes buscan. Síganme y los llevaré hasta el hombre que buscan".

Los soldados estaban ciegos y confundidos, así que siguieron a Eliseo hasta Samaria, la capital del reino de Israel. Después de que entraron a la ciudad, Eliseo volvió a orar y dijo: "Señor, abre sus ojos para que vean".

Cuando Dios abrió sus ojos, se dieron cuenta de que estaban en la ciudad de Samaria. ¡Eran prisioneros de los israelitas porque Eliseo los había capturado!

—Eliseo, ¿debo matarlos? —preguntó el rey de Israel.

—¡No, no los mates! —contestó el profeta—. ¿Matarías a un prisionero de guerra? Dales alimento y agua. Así recuperarán las fuerzas y podrán volver a donde está su rey.

El rey de Israel preparó un gran banquete para los sirios y, cuando terminaron de comer y beber, los envió de regreso a su país. Luego de ese día los ejércitos de Siria no volvieron a atacar el territorio de Israel.

ACTIVIDADES

Un ejército invisible

Reparta los libros del alumno. Pida a los niños que corten la figura, siguiendo la línea continua, para desprender la figura de Eliseo y su siervo. Después, doblen esta figura por la línea punteada y peguen la base para que permanezca de pie.

Dé tiempo para que sus alumnos corten el escenario siguiendo la línea continua perpendicular. Luego, doblen uno de los triángulos hacia atrás y otro hacia delante, para que la parte del ejército quede de pie.

Anímelos a usar su trabajo terminado para relatar la historia bíblica que aprendieron hoy.

Dios nos cuida a través de...

Haga con sus alumnos una lista de maneras en que Dios nos cuida. Escríbalas en la pizarra o en una cartulina (por ejemplo: Dios nos cuida por medio de nuestros padres, maestros, médicos y hospitales, los hermanos de la iglesia, las leyes del país, las leyes de tránsito, proveyéndonos alimentos y ropa, por medio de las oraciones de otros cristianos, etc.).

MEMORIZACIÓN

Pida a los principiantes que abran su Biblia en Salmos 147:5. Dé la oportunidad para que las mujeres lo lean primero, después los varones, luego los que tengan zapatos negros, y así, vaya nombrando diferentes grupos. Busque otras formas divertidas de hacer la lectura que los ayudará a repasar el texto para memorizar.

PARA TERMINAR

Entonen alabanzas a Dios en gratitud por su amor y protección constantes.

Permita que los principiantes expresen sus pedidos de oración, e intercedan unos por los otros.

Luego, reparta los trabajos manuales que hayan realizado.

No olvide visitar o llamar a los que no asistieron a la clase o están enfermos.

Dios es paciente y perdonador

Base bíblica: El libro de Jonás.

Objetivo de la lección: Que los principiantes sepan que Dios es paciente y nos perdona.

Texto para memorizar: *Grande es el Señor nuestro, y de mucho poder; y su entendimiento es infinito* (Salmos 147:5).

¡PREPÁRESE PARA ENSEÑAR!

Mucha gente tiene una idea equivocada acerca de Dios. Cree que es un ser rígido y severo que está presto para castigar a los desobedientes. Sin embargo, al ver la historia de Jonás aprendemos que es todo lo contrario. La naturaleza y el amor de Dios son únicos. Él es paciente, comprensivo y perdonador, y está dispuesto a levantar y restaurar a los que han caído.

Los principiantes están aprendiendo a reconocer sus errores y a arrepentirse por sus malas acciones. Haga hincapié en la desobediencia de Jonás, sus consecuencias y la reacción de Dios al respecto. Por medio de esta historia ayúdelos a comprender que, si se equivocan, Dios está dispuesto a perdonarlos y a darles una nueva oportunidad.

COMENTARIO BÍBLICO

Jonás. Para describir el libro de Jonás podríamos utilizar Salmos 103:8, que dice: "Misericordioso y clemente es Jehová; lento para la ira, y grande en misericordia".

Para entender esta historia necesitamos verla desde la perspectiva de Dios. Este relato hace énfasis en el carácter de Dios, y su deseo de que todos se arrepientan y cambien su manera de vivir. También muestra que los siervos de Dios no pueden simplemente desobedecer una orden del Señor, sin recibir un llamado de atención. Por otro lado, nos recuerda que Dios es fiel, paciente, misericordioso y perdonador. A pesar de la rebeldía y desobediencia de Jonás, Dios insistió hasta que se arrepintió y llevó el mensaje del Señor a Nínive.

Vemos también que Jonás recibió con agrado y alivio el perdón de Dios, pero no deseaba que el pueblo de Nínive lo recibiera. Esto nos muestra el carácter del ser humano. Muchas veces hacemos acepción de personas, pero Dios no lo hace. Él desea que el mensaje llegue a toda su creación, y está dispuesto a perdonar y a restaurar la vida de cada ser humano.

La gente de Nínive y el rey creyeron en Dios, y proclamaron ayuno general. Desde los seres humanos hasta los animales, todos debían clamar al Dios justo y perdonador. Dios escuchó su súplica y los perdonó.

Dios es fiel y misericordioso, y no desprecia el corazón contrito y humillado.

DESARROLLO DE LA LECCIÓN

Use algunas de las siguientes actividades para enriquecer el estudio de la lección de hoy.

Introducción

Es probable que la mayoría de sus alumnos ya conozca la historia de Jonás. Por lo tanto, en esta lección enfoque su atención en el perdón y la paciencia de Dios, en lugar de centrarla en el gran pez.

Recalque, en especial, que el gran pez fue un recurso que Dios usó para evitar que Jonás muriera ahogado, pero lo que en verdad importa es que Dios fue paciente y perdonó a Jonás por su desobediencia, dándole una segunda oportunidad.

Paciencia

Esta actividad lo ayudará a probar la paciencia de sus alumnos al tratar de escribir una oración sin cometer ni un solo error.

Reparta lápices y hojas. Pídales que escriban una oración completa sin utilizar la goma de borrar. Si cometen un error, deben volver a comenzar la oración desde el principio. Anímelos a trabajar con paciencia y cuidado para poder escribir la oración sin equivocarse.

Los principiantes, con frecuencia, utilizan el borrador (o goma de borrar) en sus tareas escolares. En esta etapa están desarrollando y perfeccionando su habilidad para la escritura, por lo que la mayoría desea hacerlo sin errores. Este ejercicio los ayudará a probar su nivel de paciencia y tolerancia ante la frustración.

La frase que deben escribir es: *Dios es paciente y perdonador.*

Dé cinco minutos para que realicen la actividad. Luego pregúnteles: *¿Qué significa ser paciente?* Escuche sus respuestas y complemente la información. Explíqueles que muchas veces nos resulta difícil ser pacientes, pero Dios es siempre paciente y está dispuesto a perdonarnos cuando nos equivocamos.

Jonás en el mar

Para esta actividad distribuya plastilina o masa para modelar. Pida a sus alumnos que elaboren una figura de Jonás y otra del pez. Mientras las hacen, pídales que le cuenten todo lo que conozcan de la historia bíblica. Partiendo de esa información, narre la historia de hoy haciendo énfasis en el perdón y la paciencia de Dios.

HISTORIA BÍBLICA

Dios perdona

Un día Dios le dijo a Jonás: "Ve a la gran ciudad de Nínive. He visto que la gente allí solo hace lo malo y estoy cansado de su conducta. Debes ir y decirles que se arrepientan de sus pecados".

Pero Jonás no quiso obedecer a Dios. Así que se escapó para esconderse en la ciudad de Tarsis, que se encontraba en el lado opuesto a Nínive. Jonás fue al puerto de Jope, donde encontró un barco que iba rumbo a Tarsis. Después de pagar su pasaje, subió a bordo y estaba preparado para huir lo más lejos posible del Señor.

Mientras Jonás viajaba, Dios mandó un fuerte viento y una terrible tempestad. El viento era tan fuerte que parecía que el barco iba a partirse por la mitad. Todos los marineros y los pasajeros estaban muy preocupados, y cada uno clamaba a sus dioses para que los protegieran.

Para aligerar el peso del barco, arrojaron parte del equipaje al mar.

¿Y dónde estaba Jonás mientras todo esto sucedía? ¡Durmiendo!

Por último, el capitán del barco encontró a Jonás y le preguntó: "¿Cómo puedes dormir tan tranquilo? ¡Levántate y ora a tu Dios! Tal vez él, al ver lo que está sucediendo y nos proteja para que no muramos".

Los marineros dijeron: "Veamos si podemos encontrar al culpable de esta terrible tempestad".

Cuando supieron que Jonás era el culpable, le dijeron:

—Dinos, ¿quién es el responsable de que esto nos haya sucedido? ¿Quién eres? ¿Qué haces? ¿De dónde vienes? ¿De qué país eres?

—Soy hebreo y temo a Jehová, Dios de los cielos, que hizo el mar y la tierra —respondió Jonás.

Cuando escucharon esto, tuvieron temor y le preguntaron:

—¿Qué has hecho para que esta terrible tempestad trate de acabar con nosotros? ¿Qué debemos hacer para que se calme el mar?

—Tómenme y arrójenme al mar —dijo Jonás—. Solo así se calmará. Yo sé que por mi culpa ha venido sobre ustedes este terrible mal.

Los marineros no querían arrojar a Jonás al mar, pero la situación era cada vez peor. Al final, lanzaron a Jonás por la borda y el mar se calmó. Cuando los marineros y los pasajeros vieron que la tempestad había cesado, se dieron cuenta del gran poder de Dios y lo alabaron.

Mientras tanto, Dios había preparado un gran pez para que se tragara a Jonás.

Jonás estuvo tres días y tres noches dentro del animal. Allí oró a Dios, y le prometió que no volvería a desobedecerlo. Además, le pidió perdón por haber huido y le prometió que haría su voluntad, yendo a Nínive como él le había ordenado.

Dios escuchó la oración de Jonás y lo perdonó por su desobediencia. Después, le ordenó al pez que arrojara a Jonás a tierra firme. Jonás se alegró mucho al tener otra oportunidad para obedecer a Dios.

Entonces Dios le habló a Jonás por segunda vez y le dijo: "Ve a la gran ciudad de Nínive y proclama el mensaje que te he dado".

¡Esta vez Jonás obedeció! Fue a Nínive y le dijo a la gente que Dios iba a destruir la ciudad en 40 días. Al escuchar ese mensaje, los habitantes de Nínive creyeron en Dios, y el rey envió este mensaje a todos sus súbditos: "Clamen todos a Dios. Dejen de hacer cosas malas y violentas. Quizá así Dios decida no destruirnos. Tal vez se compadezca de nosotros y no muramos".

Cuando Dios vio que los habitantes de Nínive estaban arrepentidos, tuvo compasión de ellos y no los destruyó.

Cuando Jonás se dio cuenta de que Dios había perdonado a las personas en vez de destruirlas, se enojó mucho: "¡Dios, ya sabía que esto sucedería! Fue por eso que huí. Sabía que eras compasivo, paciente y perdonador, y que no destruirías ni a nuestros peores enemigos. ¡Ahora sería mejor que me mataras!"

Entonces Dios le respondió: "¿Acaso tienes derecho a enojarte tanto? Solo estás pensando en ti, pero en Nínive hay más de 120 mil personas. ¿No crees que debo preocuparme por una ciudad tan grande?"

Dios quería que Jonás aprendiera una importante lección. Dios es paciente, perdonador y misericordioso. Él ama a todas las personas, no importa quiénes sean o lo que hayan hecho. Cuando alguien se arrepiente y deja el pecado, Dios con gusto lo perdona. ¡Qué maravilloso es nuestro Dios!

ACTIVIDADES

Jonás aprende una lección

Distribuya los libros para que sus alumnos confeccionen el librito que se sugiere en esta actividad. Ayúdelos a seguir las instrucciones de la Lección 31 para completar el proyecto.

Cuando hayan terminado, elija a varios niños

para que pasen al frente y, usando sus libritos, relaten lo que aprendieron en la historia bíblica.

MEMORIZACIÓN

Prepare con anticipación la figura de un gran pez y allí escriba con letras grandes el texto para memorizar. Pida a los niños que se sienten formando un círculo y lean el versículo varias veces. Luego, entregue el pez a uno de ellos y dígales que deben pasarlo al compañero que esté a su derecha. Cuando usted diga "ALTO", el que tenga el pez debe decir el texto. Continúen el juego hasta que todos hayan participado.

PARA TERMINAR

Si el Espíritu Santo lo guía a hacerlo, dé a sus alumnos la oportunidad de confesar sus pecados y pedir perdón a Dios. Si es posible, pregúntele a cada uno si Dios ya lo perdonó por las acciones malas que hizo. Explíqueles que esta es una decisión personal, y preséntenles el mensaje del perdón de Dios.

Ore con los que decidan pedir perdón, e interceda también por los demás.

Recuerde que es importante hacer un seguimiento de los nuevos alumnos, así que procure mantenerse en contacto con ellos durante la semana.

notas

Dios es más poderoso que el horno de fuego

Base bíblica: Daniel 3:1-30.

Objetivo de la lección: Que los principiantes aprendan a hacer lo correcto y a confiar en Dios.

Texto para memorizar: *Grande es el Señor nuestro, y de mucho poder; y su entendimiento es infinito* (Salmos 147:5).

¡PREPÁRESE PARA ENSEÑAR!

Según Sinclair Ferguson, "tener fe significa confiar en Dios y en su Palabra. La fe no significa que conozcamos o comprendamos cuál es su propósito específico para nuestra vida. Significa que estamos dispuestos a seguirlo cualquiera que este sea".

La confianza es un principio cristiano esencial. Debemos confiar en Dios cuando decidimos seguirlo y servirlo. Con frecuencia, hablamos con los principiantes sobre la confianza. Sin embargo, las lecciones de esta unidad se enfocan en ejercitar su confianza en Dios. Reconocer el poder de Dios inspirará confianza en sus alumnos, y los ayudará a comprender que no están solos en los momentos difíciles.

Sin embargo, es importante que los principiantes aprendan a confiar en Dios siempre, y no solo cuando él use su poder para protegerlos. La confianza genuina continúa aun "dentro del horno de fuego".

COMENTARIO BÍBLICO

Daniel 3:1-30. El tema principal del libro de Daniel es la autoridad de Dios sobre los reinos terrenales. Los jóvenes hebreos sabían que Dios estaba al control y que solo él podía salvarlos.

En el desenlace de esta historia, el rey confesó su fe en el único Dios vivo, el cual fue poderoso para salvar a sus siervos del terrible horno de fuego.

Esta historia revela el conflicto en la corte real entre el rey y los tres jóvenes judíos. Como bien sabemos, Nabucodonosor había construido una estatua de oro para que todos los pueblos la adorasen. Él creía ser el rey más poderoso y majestuoso del mundo, y el que no rindiera adoración a la estatua al sonar la música sería ejecutado en un horno de fuego.

Algunos caldeos, aprovecharon la oportunidad para acusar con malas intenciones a los judíos, y presentaron una queja ante el rey. Al escucharla, el rey se sintió ofendido, y de inmediato mandó llamar a Ananías, Misael y Azarías. Ellos se presentaron ante el rey, dando testimonio de su confianza en el único Dios verdadero. Nabuco-donosor quiso darles la oportunidad de que recapacitaran, pero ellos le dijeron que no era necesario. Su decisión estaba tomada y, aunque Dios no los librara de la muerte, nada los haría cambiar de parecer. El rey Nabucodonosor se enojó tanto que mandó a calentar el horno siete veces más de lo normal. El calor era tal que, al arrojar a los jóvenes hebreos al horno, el fuego mató a los hombres que los lanzaron.

El rey se espantó cuando vio a los jóvenes hebreos caminando dentro del horno, y mayor fue su asombro al notar que no eran tres sino cuatro los que estaban adentro. Dios honró la fidelidad de sus siervos y los libró con mano poderosa. El pasaje menciona que "ni aun el cabello de sus cabezas se había quemado; sus ropas estaban intactas, y ni siquiera olor de fuego tenían" (v. 27).

Nabucodonosor bendijo entonces al Dios de los jóvenes hebreos, y promulgó un decreto: que todo pueblo, nación o lengua que blasfemara contra el Dios de los hebreos fuera descuartizado.

Así como Dios salvó a sus siervos que confiaron en él, también puede librarnos de las adversidades y peligros si somos fieles y obedientes.

DESARROLLO DE LA LECCIÓN

Elija algunas de las siguientes actividades para motivar a sus alumnos a aprender la verdad bíblica de hoy.

Mapas babilónicos

Para esta actividad necesitará: un recipiente para mezclar los ingredientes, una cuchara, un gotero, 2 cucharadas de sal, una cucharada de harina, ¾ de taza de agua, 3 gotas de aceite, un molde pequeño de poca profundidad y un lápiz.

Diga a sus alumnos: *La historia que contaremos hoy ocurrió hace muchos años en Babilonia. Hoy aprenderemos a hacer mapas como los que se usaban en esa ciudad en los tiempos antiguos.*

Lea las instrucciones en voz alta para que sus alumnos las sigan. Si su clase es muy numerosa, divídala en grupos de tres o cuatro niños para facilitar el trabajo cooperativo.

Instrucciones: Primero, unan la sal con la harina. Después, agreguen el agua poco a poco, mientras mezclan con la cuchara. Agreguen el aceite con el gotero, mézclenlo y viertan la masa en el molde. Presionen la mezcla hasta que quede bien aplanada. Ahora, usando el lápiz, dibujen montañas, ríos, la ciudad de Babilonia, el palacio del rey, etc.

¡Fuego, fuego!

Realice esta actividad con mucha precaución para evitar accidentes. Encienda una vela y ponga el borde de una hoja sobre la llama para que comience a quemarse.

Cuando el papel se esté consumiendo, apáguelo junto con la vela. Converse con sus alumnos acerca de las características del fuego y lo que les puede hacer a los elementos.

Dígales: *El fuego es muy peligroso. Así como quemó el papel, puede quemar todo lo que encuentra a su paso: árboles, edificios, personas, etc. Sin embargo, existe alguien más poderoso que el fuego. ¿Saben quién es? ¡Claro! ¡Dios! Y en la historia de hoy aprenderemos cómo cuidó a sus siervos en un horno de fuego ardiente.*

HISTORIA BÍBLICA

Librados del horno de fuego

El rey de Babilonia era un hombre arrogante. Su nombre era Nabucodonosor. Él estaba muy orgulloso por todos los grandes emprendimientos que había realizado, y le gustaba que otras personas pensaran que era grandioso.

Un día el rey Nabucodonosor tuvo una nueva idea. Ordenó a sus siervos que hicieran una estatua gigante, toda cubierta de oro.

Después la puso en un lugar donde todos pudieran verla, y envió a un mensajero por todo el reino para que anunciara: "Vengan a la dedicación de la bella estatua de oro".

Durante la dedicación, el mensajero del rey manifestó en voz alta: "Cuando escuchen la música, todos deberán postrarse y adorar la imagen de oro que el rey Nabucodonosor ha hecho. El que no se postre y la adore será echado de inmediato en un horno de fuego ardiente".

En esos tiempos era muy peligroso desobedecer una orden del rey, así que cuando la música comenzó a sonar todos se postraron y adoraron la estatua de oro.

Todos lo hicieron, excepto tres hombres judíos llamados Ananías, Misael y Azarías, que adoraban al único Dios verdadero.

Entonces, unos servidores del rey, al ver que los tres judíos habían permanecido de pie, mientras todos los demás se arrodillaban, fueron a comentárselo al rey.

"Rey, vive para siempre", dijeron los siervos. "Sabemos que has promulgado una ley para que,

al escuchar el sonido de los instrumentos musicales, todos se postren y adoren tu estatua de oro. Y advertiste que los que desobedecieran serían arrojados al horno de fuego. Sin embargo, algunos judíos no prestaron atención a tus órdenes. Ellos tienen cargos importantes en tu reino, pero no adoran a tus dioses y no se postran ante tu estatua de oro".

El rey Nabucodonosor estaba furioso, y ordenó que trajeran a Ananías, Misael y Azarías frente a él.

—Jóvenes hebreos, ¿es cierto que ustedes no sirven a mis dioses ni adoran la estatua de oro que mandé construir?" —preguntó el enfurecido rey—. Ahora cuando escuchen el sonido de los instrumentos musicales deben postrarse y adorar mi estatua. Si se niegan, serán arrojados a un horno de fuego ardiente.

—Rey Nabucodonosor, si nos arrojan al horno de fuego, el Dios al que servimos tiene poder para salvarnos, y él nos rescatará de tus manos. Y, aunque no lo haga, queremos que sepas, oh rey, que no serviremos a tus dioses ni adoraremos la imagen de oro que has hecho —respondieron los tres jóvenes.

El rey Nabucodonosor se enojó aún más y gritó furioso a sus siervos:

—¡Calienten el horno siete veces más de lo acostumbrado! Luego amarren a Ananías, Misael y Azarías y arrójenlos allí.

El horno estaba tan caliente que las llamas mataron a los soldados que lanzaron al horno a los tres amigos.

El rey Nabucodonosor y sus siervos observaban con atención lo que sucedía. De pronto, el rey se levantó sorprendido y preguntó:

—¿No fueron tres los hombres que atamos y echamos al fuego?

—Sí, así fue —contestaron los siervos.

—¡Miren! —dijo el rey, asombrado—. Veo a cuatro hombres que caminan en medio del fuego. Además, no están amarrados y parece que se encuentran bien, y el cuarto hombre parece un hijo de los dioses.

Nabucodonosor se acercó al horno y gritó: "¡Sadrac, Mesac, Abed-nego (los nombres babilonios de los jóvenes hebreos), siervos del Dios altísimo, salgan de allí!"

Los tres jóvenes salieron ilesos del horno, mientras todos los miraban asombrados. El fuego no les había quemado ni un solo cabello. ¡Ni siquiera olían a humo!

Nabucodonosor reconoció que el Dios de Sadrac, Mesac y Abed-nego era más poderoso que los dioses que él adoraba e hizo una nueva proclamación.

"¡Alabado sea el Dios de Sadrac, Mesac y

Abed-nego, quien envió a su ángel y rescató a sus siervos! Ellos confiaron en él y desobedecieron la orden del rey, estando dispuestos a morir antes que adorar a otro dios. Por lo tanto, ordeno que si una persona de cualquier nación habla contra el Dios de estos hombres sea cortada, y que su casa sea destruida, porque ningún Dios puede salvar de esta manera".

Nabucodonosor hizo algo más. Dio a los jóvenes hebreos nuevos trabajos, más importantes aún que los anteriores. Él sabía que podía confiar en estos hombres valientes porque servían a un Dios todopoderoso.

ACTIVIDADES

Confía y obedece

Distribuya los libros del alumno. Pida a los principiantes que recorten por la línea continua para desprender la tira con las instrucciones. Luego, doblen la hoja por la línea punteada para cubrir la figura. Pida que algunos voluntarios lean en voz alta las palabras de los triángulos. Ábranlos y repasen la historia bíblica usando las ilustraciones.

Luego, dé tiempo para que recorten la figura del ángel que se encuentra en la parte posterior de la tira de instrucciones y la peguen dentro del horno de fuego, junto a los jóvenes hebreos.

Anímelos a usar su trabajo terminado para contarles a sus familiares lo que aprendieron en la clase.

MEMORIZACIÓN

Usen la hoja del libro del alumno para repasar el texto bíblico de esta unidad. Si el tiempo lo permite, invite a los padres para que escuchen a sus hijos decir el texto de memoria. Esto anima a los principiantes a seguir participando y aprendiendo en la clase.

PARA TERMINAR

Por ser la última clase de la unidad, haga un breve repaso de las lecciones anteriores. Recalque la importancia de saber que nuestro Dios es todopoderoso y está dispuesto a ayudar a sus hijos.

Anime a los principiantes a que les cuenten esta gran verdad a sus amigos y a que los inviten a participar de las clases de educación cristiana.

Concluyan orando unos por otros.

Dígales que la próxima unidad se titula "Jesús nos enseña a orar".

notas

JESÚS NOS ENSEÑA A ORAR

Base bíblica: Lucas 6:12-16; 11:1-4; Juan 17:6-26; Mateo 26:36-46.

Texto de la unidad: *Yo te he invocado, por cuanto tú me oirás, oh Dios; inclina a mí tu oído, escucha mi palabra* (Salmos 17:6).

PROPÓSITOS DE LA UNIDAD

Esta unidad ayudará a los principiantes a:

- ❖ Reconocer que Jesús nos enseña a orar, dándonos el ejemplo e instrucciones específicas.
- ❖ Orar por ellos mismos y por otras personas.
- ❖ Desarrollar el hábito de la oración.
- ❖ Creer que la oración es el medio que Dios proveyó para que nos comuniquemos con él.
- ❖ Saber que Dios responde las oraciones de sus hijos.

LECCIONES DE LA UNIDAD

Lección 33: Jesús ora antes de decidir

Lección 34: Jesús enseña a sus discípulos a orar

Lección 35: Jesús ora por los demás

Lección 36: Jesús ora cuando está triste

POR QUÉ LOS PRINCIPIANTES NECESITAN LA ENSEÑANZA DE ESTA UNIDAD

Es necesario que los principiantes aprendan a orar. Deben saber que pueden pedir la ayuda de Dios cuando toman decisiones o cuando tienen que elegir entre lo bueno y lo malo.

Sus alumnos necesitan ser escuchados, ya sea por sus amigos, sus padres u otros familiares. Para ellos es importante saber que Dios está dispuesto a escucharlos cuando oran. No importa el lugar o las circunstancias, Dios nunca está ocupado para atenderlos.

Durante esta unidad aprenderán algunos aspectos importantes sobre la oración y las enseñanzas básicas que vemos en el Padrenuestro.

A esta edad preocuparse por los demás es importante. Así que a los principiantes les servirá saber que pueden expresar su amor y preocupación intercediendo por otras personas.

Estas lecciones les enseñarán a enfrentar sus temores y preocupaciones con ayuda de la oración, y a expresar gratitud y amor al Señor cuando hablan con él.

Jesús ora antes de decidir

Base bíblica: Lucas 6:12-16.

Objetivo de la lección: Que los principiantes aprendan a orar antes de tomar decisiones.

Texto para memorizar: *Yo te he invocado, por cuanto tú me oirás, oh Dios; inclina a mí tu oído, escucha mi palabra* (Salmos 17:6).

¡PREPÁRESE PARA ENSEÑAR!

La oración es la piedra angular en la vida de los cristianos. Por medio de ella, nuestra comunicación y relación con Dios se nutre y se fortalece. Los niños deben ejercitar el hábito de la oración desde temprana edad. Es triste ver que muchas personas consideran que orar es sinónimo de aburrimiento, o que simplemente no saben qué decirle a Dios.

Use estas lecciones para enseñar a los principiantes lo importante que es hablar con el Señor, siguiendo el ejemplo de Jesús, acercándonos al Padre con reverencia, y encontrar en él la respuesta para todas nuestras necesidades.

Para algunos principiantes es difícil pensar en las necesidades de las demás personas. Sugiérales que oren pidiendo a Dios que los ayude a recordar que deben compartir, en lugar de ser egoístas; que es importante ser amables en vez de descorteses; y que ser bondadosos los ayudará a tener más amigos.

Los principiantes tendrán que tomar cada vez más decisiones. Por eso, anímelos a orar y a pedir la dirección de Dios para saber cómo actuar.

COMENTARIO BÍBLICO

Lucas 6:12-16. Este pasaje nos recuerda que el ministerio de Jesús giraba en torno a la oración. El evangelista Lucas fue cuidadoso al incluir este aspecto tan importante en la vida del Maestro. Jesús se bautizó después de un tiempo de oración (3:21); cuando estaba rodeado de multitudes, después de ministrarlas se retiraba a orar (5:16); antes de elegir a sus doce discípulos pasó tiempo en oración (6:12); cuando subió al monte de la transfiguración fue a orar (9:28).

Jesús pasó tiempo en comunión con Dios antes de escoger a sus discípulos. Sabía que la decisión era de suma importancia, porque luego serían la base de la iglesia. Ellos se encargarían de llevar el mensaje de salvación al mundo entero. Jesús sabía que pasar un tiempo a solas con su Padre, lejos de las distracciones del mundo, era lo mejor antes de tomar tal decisión.

El pasaje no dice que Jesús fue ante el Padre y oró apresuradamente para pedir su dirección.

Tampoco dice que Jesús intentó orar toda la noche y no pudo hacerlo. Más bien se nos dice que Jesús se alejó a esa colina a pasar la noche entera para hablar con su Padre. Fue un tiempo de comunión con Dios, cuando sus pensamientos llegaron a ser como los del Padre, y recibió la ayuda que necesitaba para tomar la decisión correcta.

Jesús nos enseñó a no tomar decisiones antes de consultar con nuestro Padre celestial. Por pequeña que sea la decisión que tenemos por delante, siempre es mejor pedir la guía de Dios y su sabiduría para tomar la decisión correcta.

DESARROLLO DE LA LECCIÓN

Elija algunas de las siguientes actividades para guiar a sus alumnos en el tema de estudio.

Mi libro de oración

Entregue a cada niño cartulina o cartoncillo y cuatro hojas blancas. Pídales que doblen la cartulina por la mitad y escriban en la parte del frente: "Mi libro de oración". Doblen las hojas por la mitad, y pónganlas dentro de la cartulina. Abroche o pegue las hojas a lo largo del doblez para hacer un cuaderno. Dé tiempo para que sus alumnos escriban allí su nombre y decoren la parte externa de sus libros de oración. Guárdelos en el salón para usarlos durante esta unidad.

Cuándo podemos orar

Pregunte a los niños en qué ocasiones ellos o sus padres oran. Tal vez digan que oran cuando están en la iglesia, antes de comer o antes de dormir. Dígales que es importante orar en esas ocasiones, pero haga énfasis en que Dios siempre nos escucha, y podemos orar en todo momento y lugar.

Decisiones

Para esta actividad necesitará una bolsa de dulces o caramelos de dos colores diferentes.

Muestre los caramelos a sus alumnos y pídales que elijan uno del color que prefieran para llevárselo a su casa al finalizar la clase. Permita que cada uno pase al frente y tome el caramelo de su elección.

Pídales que lo guarden, y pregúnteles si fue

difícil escoger el color correcto. Dígales que muchas veces las decisiones que tomamos son sencillas y no necesitamos pensar demasiado. Sin embargo, hay otras decisiones que son mucho más importantes. Mediante esta historia bíblica Dios quiere enseñarnos a que pidamos su consejo antes de decidir.

HISTORIA BÍBLICA

Jesús ora antes de tomar una gran decisión

"Necesito ayuda", pensó Jesús. "Muchas personas desean conocer a Dios, y debo entrenar a algunos hombres para que me ayuden a hacer ese trabajo. ¿A quiénes elijo?"

Multitudes de personas seguían a Jesús por todas partes. Querían escuchar sus enseñanzas y saber cómo vivir para agradar a Dios. Más adelante, algunas de esas personas podrían ser líderes que enseñarían a otros.

"Esta decisión es importante y solo hay una forma en que podré tomarla", pensó Jesús. "Le pediré a mi Padre que me ayude a decidir".

La decisión era tan importante que Jesús se fue solo a una montaña a orar.

¿Saben cuánto tiempo pasó orando?

¡Toda la noche! Mientras la gente dormía, él oraba. Quizá comenzó a orar como a las nueve de la noche y, cuando llegó la medianoche, continuó orando. A las dos de la madrugada Jesús seguía orando, y así continuó hasta las cuatro de la mañana. "¿Padre, a quiénes debo escoger?", le preguntaba en oración.

Luego, Jesús supo a quiénes debía escoger y oró por cada uno.

Oró por Simón Pedro. Pedro sería fuerte como una roca y predicaría a muchas personas sobre el reino de Dios.

Después oró por Andrés, el hermano de Pedro. Andrés fue el que llevó a Pedro para que conociera a Jesús. Seguramente él iba a guiar a muchas otras personas a conocer a Jesús.

Cuando oró por Jacobo y Juan, volvió a orar por Pedro. Pedro, Jacobo y Juan iban a ser los mejores amigos de Jesús. Después oró por Felipe, Bartolomé, Mateo y Tomás.

Entre los doce apóstoles había otro Jacobo y otro Simón, así que Jesús oró también por ellos.

También, oró por dos hombres llamados Judas. Uno sería un fiel seguidor, pero el otro algún día iba a traicionar a Jesús y lo entregaría a sus enemigos.

Cuando ya era de mañana, tal vez como las siete u ocho, Jesús bajó de la montaña para buscar a los hombres que Dios había escogido para ese trabajo tan especial.

ACTIVIDADES

Ora antes de decidir

Para esta actividad necesitará sujetadores de papel de dos patitas y tijeras.

Pida a los niños que abran sus libros en la Lección 33 y que recorten los tres círculos siguiendo los contornos.

Lean juntos las instrucciones, y explíqueles con detalle cada uno de los pasos para hacer la actividad manual. Después de recortar los círculos, deben colocar el círculo del título en la parte de arriba, el círculo de palabras en el medio y el círculo de figuras abajo, y unirlos por el centro con el sujetador de papel. Asegúrese de que todos sigan las instrucciones para que los círculos giren con facilidad.

Mientras trabajan, dígales: *Jesús oró antes de tomar una decisión importante. Dios quiere que nosotros oremos y le pidamos sabiduría antes de decidir.*

Es importante orar

Entregue los libros de oración que sus alumnos elaboraron al comienzo de la clase. Pídales que anoten el título de la lección y después dibujen o escriban alguna decisión importante por la que tienen que orar. Luego, converse con ellos sobre la importancia de tomar decisiones sabias a la luz de la palabra de Dios.

Dígales que usarán los libros de oración durante las clases y podrán llevárselos a su casa cuando terminen la unidad.

Anímelos a orar durante la semana cuando tengan que tomar decisiones.

MEMORIZACIÓN

En una cartulina escriba el texto para memorizar, y muéstrelo a sus alumnos. Enséñeles los siguientes gestos para acompañar cada frase del versículo, mientras lo repasan: *Yo te he invocado* (coloque las manos alrededor de la boca como si llamara a alguien), *por cuanto tú me oirás* (señálese usted mismo), *oh Dios* (señale hacia arriba); *inclina a mí tu oído* (coloque una mano tras la oreja), *escucha mi palabra* (señale su boca) (Salmos 17:6).

Guíe a sus alumnos a hacer estos ademanes cada vez que repitan el texto de la unidad.

PARA TERMINAR

Dirija a los principiantes a entonar una canción sobre la oración. Luego, permita que algunos voluntarios hagan oraciones cortas para concluir. Despídalos con cariño, e invítelos a la próxima clase.

Jesús enseña a sus discípulos a orar

Base bíblica: Lucas 11:1-4.

Objetivo de la lección: Que los principiantes sepan que Jesús fue ejemplo para sus seguidores acerca de cómo orar.

Texto para memorizar: *Yo te he invocado, por cuanto tú me oirás, oh Dios; inclina a mí tu oído, escucha mi palabra* (Salmos 17:6).

¡PREPÁRESE PARA ENSEÑAR!

Muchos principiantes están experimentando un crecimiento en su relación con Dios. A través de esta lección aprenderán cómo hablar con Dios en oración.

Los niños aprecian a las personas que los escuchan. Así que comprender y experimentar la oración en su vida diaria fortalecerá su relación con el Señor. Sobre todo, los animará saber que él siempre está dispuesto a escucharlos cuando le hablan.

Para los niños de esta edad es fácil memorizar, y quizá algunos ya sepan el Padrenuestro. Aunque la memorización del Padrenuestro no es uno de los objetivos de esta unidad, los que estén interesados pueden hacerlo. El énfasis de esta lección es ayudar a los niños a seguir el modelo del Padrenuestro.

COMENTARIO BÍBLICO

Lucas 11:1-4. Los discípulos tuvieron la oportunidad de observar muchas veces a Jesús mientras oraba, así que se acercaron a él para pedirle que les enseñara a orar. Para responder a este pedido, Jesús les enseñó una oración modelo, conocida como el Padrenuestro.

No era inusual que los rabinos enseñaran a sus discípulos a orar. De hecho, Juan el Bautista enseñó a sus seguidores a orar.

Este pasaje considera la oración como algo que se puede aprender. Jesús les enseñó a sus discípulos que al hablar con Dios debían dirigirse a él como su Padre, utilizando palabras sencillas y sinceras. Si pudiéramos dividir la oración del Padrenuestro en secciones, podríamos decir que en la primera el objetivo de la oración es dar honra y gloria a Dios. Enseguida viene la petición por las necesidades cotidianas, dejando cada día en las manos de Dios.

El perdón es parte fundamental de la oración. Debemos buscar el perdón de Dios y también nosotros perdonar a los que nos han ofendido. El perdón se basa en la gracia de Dios y, como fuimos perdonados, nosotros también podemos perdonar.

En la última parte de la oración modelo pedimos a Dios que nos libre de las tentaciones y pruebas que vengan a nuestra vida. El Señor ha prometido que no nos dejará ser tentados más de lo que podamos resistir. El apóstol Pablo nos recuerda esto en su carta a los Corintios, cuando les dice a los cristianos de esa región que no hay tentación que haya sobrevenido al hombre que no sea humana, pero que Dios es fiel, porque ante la tentación nos proveerá la salida.

DESARROLLO DE LA LECCIÓN

Haga uso de algunas de las siguientes actividades para facilitar a sus alumnos el aprendizaje de la verdad bíblica.

Mi libro de oración

Pida que un voluntario distribuya los libros de oración. Ayúdelos a escribir, en la segunda página, algunos modelos de oración para dar gracias por los alimentos. Permita que incluyan algunos dibujos.

Dígales que a fin de mes tendrán una colección de modelos de oración. Este libro les servirá como guía para cuando necesiten hablar con Dios.

Decisiones que Jesús tomó

Este juego los ayudará a repasar los nombres de los discípulos que Jesús escogió después de orar toda la noche. En la lección pasada se mencionaron los nombres de los discípulos, pero ese no fue el enfoque de la lección. A los niños les gusta este tipo de información, y seguramente disfrutarán de esta actividad.

Escriba los nombres de los 12 apóstoles en la pizarra. Luego, escriba cada nombre en un papelito y colóquelos en una bolsa. Explíqueles que cada niño deberá sacar un nombre, pero que no debe mostrárselo a nadie (si tiene más de 12 alumnos, pida voluntarios para que tomen un nombre; si tiene menos de 12 alumnos, algunos deberán sacar dos papelitos).

Pida que un niño pase al frente y haga de cuenta que es el discípulo mencionado en su papel. Los demás deberán adivinar su nombre haciéndole preguntas, como por ejemplo: ¿Cuántas letras tiene tu nombre? ¿Con qué letra empieza tu nombre?, etc.

El teléfono de Dios

Para esta actividad necesitará un teléfono inoperable o de juguete. Si su grupo es grande, necesitará dos o tres aparatos telefónicos.

Pregunte a sus alumnos: *¿Alguna vez hablaron por teléfono con un amigo?* Permita que respondan, y luego dígales: *Cuando hablan con un amigo no necesitan usar palabras especiales o difíciles, sino que hablan con naturalidad y pueden decir lo que quieran. Dios quiere ser su mejor amigo. Ustedes pueden hablar con él confiadamente, usando palabras sencillas. Dios conoce todo sobre ustedes y desea que hablen con él, tal como lo hacen con sus amigos.*

Permita que se turnen para hacer una pequeña oración en el teléfono. Recuérdeles que Dios escucha sus oraciones y que nunca está ocupado. Él siempre tiene tiempo para escuchar a sus hijos.

HISTORIA BÍBLICA

Escriba el Padrenuestro en la pizarra o en una cartulina para usarlo mientras narra la historia bíblica.

La oración de Jesús

Cuando Jesús oraba, sus discípulos lo escuchaban y lo observaban con mucha atención. Un día, cuando había terminado de orar, uno de sus discípulos le dijo: "Señor, enséñanos a orar. Juan el Bautista les enseñó a sus discípulos a orar. Por favor, enséñanos a orar como tú lo haces".

Jesús les dijo:

Cuando oren, digan así: *Padre nuestro que estás en los cielos, santificado sea tu nombre. Venga tu reino.*

Hágase tu voluntad, como en el cielo, así también en la tierra. El pan nuestro de cada día, dánoslo hoy. Y perdónanos nuestras deudas, como también nosotros perdonamos a nuestros deudores. Y no nos metas en tentación, mas líbranos del mal; porque tuyo es el reino, y el poder, y la gloria, por todos los siglos. Amén (Mateo 6:9-13).

Cuando Jesús enseñó esta oración a sus discípulos no quiso decir que debíamos usar las mismas palabras al orar. Fue un ejemplo para que supiéramos cómo hablar con Dios. En muchos lugares esta oración se conoce como el "Padrenuestro".

Podemos decir el Padrenuestro como parte de nuestras oraciones, pero también es necesario que usemos nuestras propias palabras para hablar con Dios.

ACTIVIDADES

Mi cajita de oración

Distribuya los libros del alumno. Pida a los niños que recorten las manos de oración que están en la Sección Recortable y que escriban su nombre sobre la línea.

Luego, déles tiempo para que hagan los cortes siguiendo las líneas continuas de la Lección 34. Muéstreles cómo doblar la hoja por las líneas punteadas para armar la caja de oración. Ayúdelos a pegar las manos de oración en los espacios marcados. Que luego peguen las secciones que forman la caja.

Explíqueles que esa caja les servirá para guardar sus pedidos de oración. Además, pueden invitar a sus familiares y amigos a que añadan otras peticiones para interceder por ellas.

El Padrenuestro

Los principiantes se están familiarizando con esta oración, y es importante que comiencen a aprenderla de memoria. Por ello, dedique un tiempo especial para explicarles su significado y asegúrese de que lo entiendan bien.

Hable con ellos acerca del significado de cada frase. Permita que expresen sus ideas y complemente la información cuando sea necesario.

Padre nuestro: Cuando nos dirigimos a Dios de esta forma, expresamos que representa a un padre amoroso y sabio. Nos muestra que formamos parte de la familia de Dios.

Santificado sea tu nombre: Muestra respeto y honra a Dios. Significa que el nombre de Dios es santo.

Venga tu reino: Reconoce que los caminos de Dios son la mejor opción.

Estas primeras frases expresan honra y adoración a Dios. También hay otras maneras de referirnos a Dios y de adorarlo, como por ejemplo: Dios es maravilloso, poderoso, amoroso, sublime, etc.

El pan nuestro de cada día, dánoslo hoy: Al poner estas palabras como ejemplo, Jesús quiso que supiéramos que Dios es el que provee todo lo que necesitamos para vivir cada día. Si pasamos por tiempos de necesidad, podemos pedir la ayuda de Dios. Él prometió que proveería para nuestras necesidades.

La siguiente parte de la oración es muy importante:

Perdónanos nuestras deudas, como también nosotros perdonamos a nuestros deudores: Cuando hacemos algo que no agrada a Dios debemos pedirle perdón. Es la única forma en que podemos volver a acercarnos a él. Dios siempre nos perdona cuando se lo pedimos con sinceridad. De la misma forma, nosotros debemos perdonar a los que nos hacen algún mal.

MEMORIZACIÓN

Repasen el texto para memorizar usando los

ademanes que aprendieron en la lección anterior. Pida que algunos voluntarios pasen al frente y guíen al grupo mientras repiten el texto un par de veces.

Reparta las tarjetas del Club del versículo del mes para que los principiantes las lleven a su casa y repasen el texto durante la semana.

PARA TERMINAR

Entregue todos los trabajos que sus alumnos hicieron, y formen un círculo para orar.

Escriba las peticiones en una cartulina, e intercedan por ellas.

Despídanse entonando un canto que hable sobre la oración, y anímelos a asistir a la próxima clase.

notas

_____

_____

_____

_____

_____

_____

_____

_____

_____

_____

_____

_____

_____

_____

_____

_____

_____

_____

_____

_____

_____

_____

_____

_____

_____

Jesús ora por los demás

Base bíblica: Juan 17:6-26.

Objetivo de la lección: Que los principiantes sigan el ejemplo de Jesús y oren por los demás.

Texto para memorizar: *Yo te he invocado, por cuanto tú me oirás, oh Dios; inclina a mí tu oído, escucha mi palabra* (Salmos 17:6).

¡PREPÁRESE PARA ENSEÑAR!

Los principiantes cada vez se interesan más en las personas que los rodean. Es el tiempo ideal para que aprendan a pensar en las necesidades de los demás y a orar por ellos.

Los niños poseen mucha memoria, como lo demostraron en el aprendizaje del texto bíblico. Esto los ayudará a recordar que deben orar por sus semejantes. Enséñeles a usar su memoria para que desarrollen un ministerio de oración eficaz.

Su ejemplo en cuanto a la oración es importante para los niños. Incluya la oración por otros como parte de su clase. Además, hágales saber a sus alumnos que ora por ellos durante la semana, y anímelos a que oren unos por los otros.

COMENTARIO BÍBLICO

Juan 17:6-26. Este pasaje se conoce como "la oración de Jesús por su iglesia". Es la oración más extensa de Jesús que aparece en la Biblia. Comienza orando por sí mismo, luego ora por sus discípulos y, al final, por los que creerían en él por el mensaje de sus discípulos. Esto nos incluye, por lo que podemos decir que Jesús oró por nosotros.

Esta oración muestra la estrecha relación que existía entre Jesús y su Padre, y es un preámbulo a la etapa final del ministerio terrenal de Jesús. Aunque él era consciente de que lo esperaba la cruz, en su oración expresa esperanza y gozo, en lugar de desesperación. Jesús tenía los ojos puestos en el futuro, y sabía que sus discípulos llevarían el mensaje de salvación con denuedo, entregando sus propias vidas por amor a él. También sabía que muchos creerían por el testimonio de los apóstoles; por eso oró para que fueran guardados de este mundo.

En esa oración incluyó tres peticiones específicas: protección para los creyentes, unidad entre ellos y su santificación.

Jesús oró también por sus doce discípulos, los que había elegido para que lo representaran en la tierra. Estos hombres, después de haberlo dejado todo para seguir a Jesús, estaban dispuestos a dar su vida por él. Y, sabiendo que enfrentarían oposición y peligros al llevar el mensaje de salvación, Jesús le pidió al Padre que los cuidara de todo mal.

También oró por la unidad de sus seguidores. Sabía que enfrentarían divisiones y que el enemigo intentaría destruirlos, pero confiaba en que Dios podría librarlos de todo mal.

DESARROLLO DE LA LECCIÓN

Escoja algunas de las siguientes actividades para enseñar a sus alumnos la historia bíblica.

Manos de oración

Entregue a cada niño una hoja, y muéstreles cómo doblarla por el centro para darle la forma de una tarjeta. Indíqueles que en el frente dibujen el contorno de una de sus manos con los dedos juntos, como si estuvieran en actitud de oración. Luego, pueden pintarlo y decorarlo.

Dígales que usen esa hoja para escribir una carta a una persona que conocen y que necesita oración.

Déjelos escribir sus propias notas o dícteles una frase pequeña. Dígales que lleven su tarjeta, y que no olviden entregársela a la persona que eligieron.

Parejas de oración

Con anticipación, realice en una cartulina figuras de distintas formas. Necesitará un par de cada forma, y suficientes figuras para todos sus alumnos. Recorte las figuras, y colóquelas en una canasta. Pida que cada niño tome una. Luego dígales que deben buscar a la persona que tiene una figura igual a la que ellos sacaron.

Cuando todos hayan encontrado a su pareja, pídales que permanezcan juntos, porque serán compañeros de oración en la siguiente actividad. Cada niño deberá escribir su pedido de oración en la figura, y luego dársela a su compañero, para que la lleve a su casa y se acuerde de orar por esa petición durante la semana.

Mi libro de oración

Reparta los libros de oración, y dé tiempo para

que sus alumnos confeccionen una lista de las personas por las que deben orar. No se olviden incluir al pastor de la iglesia y a los misioneros.

Pídales que escriban como título: "Debo orar por...", y que decoren la hoja a su gusto.

HISTORIA BÍBLICA

Lea los siguientes pasajes de Juan 17, y explique a los principiantes que forman parte de la oración que Jesús elevó a Dios poco antes de morir. Si desea, pídales que abran su Biblia y sigan la lectura con la vista, o si tiene buenos lectores en su clase asígneles una parte para que la lean en voz alta.

Jesús ora por los demás

He manifestado tu nombre a los hombres que del mundo me diste; tuyos eran, y me los diste, y han guardado tu palabra... han creído que tú me enviaste.

Yo ruego por ellos... Padre santo, a los que me has dado, guárdalos en tu nombre, para que sean uno, así como nosotros. Cuando estaba con ellos en el mundo, yo los guardaba en tu nombre.

No ruego que los quites del mundo, sino que los guardes del mal. No son del mundo, como tampoco yo soy del mundo. Santifícalos en tu verdad; tu palabra es verdad. Como tú me enviaste al mundo, así yo los he enviado al mundo...

Mas no ruego solamente por estos, sino también por los que han de creer en mí por la palabra de ellos, para que todos sean uno; como tú, oh Padre, en mí, y yo en ti...

Padre justo, el mundo no te ha conocido, pero yo te he conocido, y estos han conocido que tú me enviaste. Y les he dado a conocer tu nombre, y lo daré a conocer aún, para que el amor con que me has amado, esté en ellos, y yo en ellos (Juan 17:6-26).

ACTIVIDADES

Recordemos la oración de Jesús

Pida a dos niños que representen a Tomás y a Mateo. Deberán leer el siguiente diálogo que ilustra el contenido de la lección de hoy. O si desea puede usar títeres para esta actividad.

Tomás: Jesús nos dijo muchas cosas en las que debemos pensar ahora.

Mateo: Aprendí mucho de Jesús. En verdad quiero contarles a los demás todo lo que él me enseñó.

Tomás: Yo también. Pero siento temor porque no sé cómo hacerlo o qué decir.

Mateo: ¿No recuerdas la oración que hizo por nosotros después de la cena de la pascua? ¡Él oró por nosotros! Le pidió a Dios por cada uno de sus seguidores. ¡Él estaba contento porque

nosotros creímos que era el Hijo de Dios! ¿No es increíble?

Tomás: Así es, pero cuando terminó de orar nos dijo que tendría que irse, aunque nosotros no sabíamos a dónde se iría. Yo siempre me sentía seguro cuando él estaba cerca. Siempre nos cuidaba y nos protegía.

Mateo: Ninguno de nosotros sabía lo que sucedería después, y tal vez fue mejor así. Nunca hubiéramos creído que lo iban a crucificar. Pero, ¡qué bueno que le pidió al Padre que nos protegiera! Cuando viajamos, enseñamos o predicamos sabemos que no estamos solos porque Dios está con nosotros.

Tomás: Sí, a menudo pienso en esa oración. Me alegra tanto que Jesús haya orado por nosotros antes de irse.

Mateo: Aunque todos vayamos a diferentes lugares, el Maestro oró para que estuviéramos unidos en nuestra fe en él.

Tomás: Tenemos un gran trabajo que realizar.

Mateo: Así es.

Tomás: Me alegra que Jesús haya orado por nosotros y por todos los que creerían en él cuando les predicáramos.

Mateo: Lo sé. Jesús oró por todos los creyentes, aun por los que nunca lo vieron en persona.

Tomás: Jesús nos amaba mucho y oró para que el Padre nos cuidara. Por eso quiero contarles a todos acerca de ese amor que él nos dio.

Mateo: Tomás, ya lo estás haciendo, porque vives como Jesús nos enseñó y quieres enseñar a los demás sobre el reino de Dios.

Tomás: Gracias, Mateo.

¿Por quiénes oró Jesús?

Pida a los niños que recorten la tira con las manos de oración de la Sección Recortable y luego busquen en el mismo libro la Lección 35.

Déles tiempo para que escriban su nombre en el círculo en blanco, y dígales: *Hace un momento leímos en Juan 17 la oración que Jesús hizo por los demás. De acuerdo a lo que aprendieron, peguen una mano de oración en el círculo que representa a las personas por las que Jesús oró.*

Indíqueles que completen la frase que falta. Luego, explíqueles que Jesús oró primero por sí mismo; después, por sus discípulos; y concluyó orando por las personas de todo el mundo que se convertirían en cristianos.

Después dígales: *Juan 17:20 dice: "Pero no ruego solamente por estos, sino también por los que han de creer en mí por la palabra de ellos".*

¿A quiénes creen que incluyó en esta oración? Permita que respondan, y hágales saber que Jesús oró por todos los que creyeron en él como su Salvador y Señor.

Oraré por mi prójimo

Mantengan el libro abierto en la Hoja de actividad para la unidad que figura en la Lección 35. Anímelos a que usen esta hoja para orar por el prójimo durante la semana. Recuérdeles que Jesús oró por sus discípulos y por todos los creyentes. Muéstreles cómo usar este cuadro de oración. Permita que escriban los nombres de las personas por las que orarán. Si tienen dificultades para elegir a esas personas, sugiérales que pueden ser familiares, amigos, la familia pastoral, gobernantes, misioneros, etc.

Exhórtelos a orar cada día por las personas de su lista, y pídales que dibujen una estrella en el cuadro que corresponda a la fecha en que oren.

MEMORIZACIÓN

Use un títere para repasar el texto bíblico. Haga que el títere dialogue con los niños, de tal forma que tengan que decir el versículo para corregir los errores del títere. Por ejemplo, el títere podría decir: "No recuerdo el versículo, ¿me pueden ayudar?"

Otra opción es que usted diga el texto de forma incorrecta para que los principiantes lo corrijan. Cuando por fin el títere diga el texto sin errores, invite a sus alumnos a repetirlo junto con él.

PARA TERMINAR

Conversen acerca de si es mejor hacer oraciones largas o breves. Dígales: *En nuestra lección de hoy aprendimos que Jesús hizo una oración larga, pero a veces hacía oraciones breves. ¿Creen que Jesús nos escucha mejor cuando hacemos oraciones largas?*

Explíqueles que no importa la extensión de nuestra oración. Dios siempre nos escucha y entiende nuestras necesidades.

Pida que dos voluntarios los guíen en oración antes de despedirse.

Jesús ora cuando está triste

Base bíblica: Mateo 26:36-46.

Objetivo de la lección: Que los principiantes aprendan a orar cuando están tristes o preocupados.

Texto para memorizar: *Yo te he invocado, por cuanto tú me oirás, oh Dios; inclina a mí tu oído, escucha mi palabra* (Salmos 17:6).

¡PREPÁRESE PARA ENSEÑAR!

Como los niños a menudo piensan que Jesús nunca tuvo problemas, quizá esta lección los sorprenda. Al saber que Jesús a veces también se sentía angustiado por las circunstancias, los consolará saber que él comprende cómo nos sentimos cuando lo que nos pasa no marcha bien. Después de todo, él experimentó los mismos sentimientos que nosotros: tristeza, ansiedad y angustia.

Los principiantes enfrentan cada vez más temores. Han pasado la etapa en que el hogar era su pequeño mundo y sus padres eran las personas principales. Aun los niños más pequeños atraviesan situaciones que están fuera de su control y los atemorizan.

El principiante teme enfrentar nuevas situaciones, que lo rechacen, perderse, estar solo, cambiar de rutina o fallar. Por tanto, como maestro tiene muchas oportunidades para mostrarle que debe entregar sus temores a Dios, tal como lo hizo Jesús.

Al enseñarles sobre el amor y el cuidado de Dios, les dará la seguridad que necesitan para enfrentarse a situaciones complejas.

Con esta lección sus alumnos también comprenderán que a veces Dios no nos libra de las dificultades, sino que nos da la fortaleza para enfrentarlas. Al aprender a someterse a la voluntad de Dios, los principiantes entenderán que Dios desea lo mejor para ellos.

COMENTARIO BÍBLICO

Esta lección sobre la oración de Jesús en el huerto de Getsemaní nos muestra tanto su humanidad como su divinidad. El camino que lleva hacia la muerte es uno que todos vamos a transitar. Jesús se encontraba en ese camino y, en Getsemaní, se dio cuenta de lo cerca que estaba del fin de su vida terrenal. El Hijo de Dios no era un fantasma misterioso a quien no le afectaban las circunstancias. Al contrario, era Dios encarnado, aquel que experimentó el máximo sufrimiento y dolor humanos.

Sabiendo lo que le esperaba esa noche, Jesús sintió la necesidad de fortalecerse por medio de la oración. Por lo tanto, dejando a ocho de sus discípulos fuera del jardín, entró con Pedro, Jacobo y Juan.

El impacto de la cruz comenzó a angustiar a Jesús. Marcos lo describe con mucha claridad: "Y les dijo: Mi alma está muy triste, hasta la muerte; quedaos aquí y velad" (Marcos 14:34). La oración de Jesús muestra su temor como ser humano, así como también su amor a Dios y la sujeción a la voluntad divina. Como hombre, quería escapar de la cruz y de la separación del Padre que esto causaría; pero, como Hijo de Dios, sabía que debía cumplir el plan de salvación para la humanidad.

¡Cuán a menudo buscamos la forma de evadir la voluntad de Dios para seguir nuestros propios deseos! Esta lección nos recuerda que Dios nos llama a fortalecernos en oración y a cumplir su voluntad, que es santa y perfecta.

DESARROLLO DE LA LECCIÓN

Utilice algunas de las siguientes actividades para enriquecer el desarrollo de la lección.

Introducción

Sea creativo al relatar esta historia, haciendo énfasis en el dolor y la difícil situación que Jesús enfrentaba. Pregúnteles qué hacen cuando están tristes. Luego explíqueles que pueden acudir a Dios en oración, así como lo hizo Jesús.

Recalque que Jesús fue honesto con Dios y no le ocultó lo que sentía, así que cuando oramos debemos confiar en que Dios no solo nos oye sino que también nos comprende.

Mi libro de oración

Reparta los libros a sus alumnos. Pídales que escriban la cita de Salmos 120:1 y hagan un dibujo para ilustrarla.

Dígales que la oración es el medio para hablar con Dios sobre nuestras tristezas y aflicciones. Repasen las oraciones que escribieron durante la unidad, y déles tiempo para que terminen los dibujos o completen la información que les falte. Recuerde que hoy deben llevar los libros a su casa.

¿Tristes o preocupados?

Pida a los niños que cuenten alguna breve experiencia en la que se hayan sentido tristes o preocupados. Escúchelos con atención, y pregúnteles: *¿Creen que alguna vez Jesús estuvo triste o preocupado?*

Basándose en sus respuestas, dígales que, aunque Jesús era el Hijo de Dios, sentía lo mismo que nosotros: miedo, dolor, preocupación, etc.

En la historia de hoy escucharemos qué hizo él un día en que estaba muy triste.

HISTORIA BÍBLICA

Jesús llevó a sus discípulos a un lugar muy especial y tranquilo, llamado el huerto de Getsemaní. Cuando llegaron, les dijo: "Siéntense aquí. Yo iré a orar. Pedro, Jacobo y Juan, por favor vengan conmigo".

Mientras caminaban, Jesús comenzó a entristecerse y preocuparse. Entonces les dijo a sus mejores amigos: "Mi corazón está tan triste que siento que voy a morir. Quédense aquí y oren conmigo".

Luego, se alejó un poco más para orar. Ciertas personas fruncen el ceño cuando están tristes, otras lloran, y algunas no quieren hablar con nadie. Cuando Jesús estaba triste, ¿saben qué hizo? Se postró en el suelo y oró: "Padre mío, si es posible, haz que yo no sufra. Pero, si no es posible, que se haga tu voluntad".

Jesús sabía que pronto sufriría mucho. Él no lo deseaba, pero sabía que era la única manera de salvar a la gente de sus pecados. Así que oró: "Padre, hágase tu voluntad. Haz lo que sea mejor para todos".

Cuando terminó de orar, regresó a donde estaban sus tres amigos. ¿Y qué les parece? ¿Estaban esperando y velando como Jesús les había dicho? No, estaban dormidos.

"¿No pudieron mantenerse despiertos por una hora?", preguntó Jesús. "Oren para que puedan resistir la tentación".

Jesús dejó a sus discípulos, y otra vez se alejó para orar. Después de arrodillarse, dijo: "Padre mío, si no es posible alejar de mí este sufrimiento, que se haga tu voluntad".

Cuando Jesús regresó hasta donde estaban sus discípulos, los volvió a encontrar durmiendo. Aunque trataron de mantenerse despiertos, el sueño los había vencido. Jesús los dejó dormir y se fue a orar al Padre, tal como lo había hecho antes.

Cuando volvió y encontró a sus discípulos aún dormidos, les dijo: "Duerman ya y descansen. Pronto empezará el sufrimiento".

Por último manifestó: "Levántense, vamos. Ya viene el hombre que me entregará a mis enemigos".

ACTIVIDADES

¡Hágase tu voluntad!

Después de distribuirles sus libros, pida a los niños que desprendan la hoja. Luego, que la doblen hacia arriba por la línea punteada para recordar lo que hizo Jesús cuando estaba triste.

Luego, que den vuelta la página y completen los espacios en blanco para repasar el texto bíblico.

Enseñemos a los niños a orar
¿Qué es la oración?

- La oración es la forma que Dios escogió para comunicarse con nosotros.
- Orar significa hablar a Dios con libertad, desde lo profundo de nuestro corazón.
- Orar es expresarle a Dios nuestros temores y preocupaciones.
- Orar es hablar con él de nuestros problemas, necesidades y preguntas, y también de nuestros sueños y alegrías.

Conceptos esenciales sobre la oración que los niños deben aprender:

- Puedo orar en cualquier momento, de día o de noche.
- Puedo orar en cualquier lugar.
- Dios siempre escucha nuestras oraciones.
- Dios conoce nuestras debilidades y fortalezas. Él sabe lo que nos hace felices y lo que nos entristece.
- Dios conoce nuestra vida y la de todas las personas alrededor del mundo.
- Dios tiene un propósito y una razón para responder a nuestras oraciones conforme a su voluntad.

MEMORIZACIÓN

Prepare un concurso en el que sus alumnos muestren su capacidad de memorizar y digan el texto completo. Tenga a mano premios sencillos para estimularlos a continuar aprendiendo la palabra de Dios.

Opción: Pida al director de educación cristiana o al pastor que permita a su clase participar en el culto para recitar el texto bíblico que aprendieron.

PARA TERMINAR

Ore por cada uno, intercediendo por su familia, sus estudios, su salud y, sobre todo, por su crecimiento espiritual.

Ore también por los enfermos o los que no asistieron a la clase.

Reparta todos los trabajos que hicieron durante la unidad, y recuérdeles que en la próxima clase comenzarán el estudio de la unidad sobre la Biblia.

LA BIBLIA

Base bíblica: Jeremías 36; Lucas 4:16-44; 2 Crónicas 34; Hechos 16:1-5; 2 Timoteo 1:1-7; 2:1-6, 16-18; 3:10-17; 4:13-22.

Texto de la unidad: *Lámpara es a mis pies tu palabra, y lumbrera a mi camino* (Salmos 119:105).

PROPÓSITOS DE LA UNIDAD

Esta unidad ayudará a los principiantes a:

❖ Amar y respetar la Biblia por ser la palabra de Dios.

❖ Descubrir el origen de la Biblia y su paso a través del tiempo.

❖ Desarrollar la destreza para localizar el Antiguo y el Nuevo Testamentos, los Evangelios, los Salmos, Génesis y Apocalipsis.

❖ Darse cuenta de que Dios cambia nuestra vida cuando estudiamos su Palabra.

LECCIONES DE LA UNIDAD

Lección 37:   La Biblia es el libro especial de Dios

Lección 38:   La Biblia nos habla de Jesús

Lección 39:   La Biblia nos ayuda a hacer lo correcto

Lección 40:   La Biblia nos enseña cada día

POR QUÉ LOS PRINCIPIANTES NECESITAN LA ENSEÑANZA DE ESTA UNIDAD

Es probable que muchos de sus alumnos tengan un conocimiento previo de la Biblia; tal vez hasta conozcan algunos versículos de memoria. Sin embargo, esta lección les da la oportunidad de profundizar más en el estudio de este precioso libro. Aprenderán a localizar el Antiguo y el Nuevo Testamentos, así como algunos otros libros de la Biblia.

Por medio de estas lecciones conocerán el paso de la Biblia a lo largo del tiempo hasta nuestros días. También comprenderán que, mediante su Palabra, Dios nos revela su amor y nos enseña cómo vivir correctamente.

La primera lección, basada en la historia de la manera en que Dios le revela su Palabra a Jeremías, les enseña que la Biblia es "inspirada por Dios".

En la segunda lección aprenderán que la Biblia revela el amor de Dios por las personas; y en las últimas dos estudiarán que Dios quiere cambiar vidas por medio de su Palabra.

Ayude a sus alumnos a descubrir las verdades espirituales que encontramos en la Biblia. Mientras escuchan las historias bíblicas, los principiantes aprenderán más acerca de Dios.

La Biblia es el libro especial de Dios

Base bíblica: Jeremías 36.

Objetivo de la lección: Que los principiantes sepan que la Biblia es especial porque contiene el mensaje de Dios para nosotros.

Texto para memorizar: *Lámpara es a mis pies tu palabra, y lumbrera a mi camino* (Salmos 119:105).

¡PREPÁRESE PARA ENSEÑAR!

Esta etapa del desarrollo de sus alumnos es ideal para que se familiaricen con las historias de la Biblia y el mensaje de Dios que contienen.

La mayoría de los principiantes sabe leer, así que puede animarlos a enriquecer su mente con la palabra de Dios.

A través de la lección de hoy sus alumnos aprenderán que Dios inspiró la Biblia para que podamos conocer su voluntad. Es importante que comprendan que Dios nos habla por medio de las historias bíblicas y nos da pautas para vivir correctamente.

COMENTARIO BÍBLICO

Jeremías 36. Cuando Jeremías era muy joven, Dios lo llamó a ser su profeta. Él amó a Dios, lo escuchó y obedeció con todo su corazón, por más de 40 años. Le decía al pueblo lo que Dios quería que hiciera, y también cuáles serían las consecuencias (buenas y malas) de sus actos, aun a costa de su propia vida.

Un día, el Señor le pidió a Jeremías que escribiera todos los mensajes que él le había dado a su pueblo durante el tiempo de su ministerio. Muy pronto se cumpliría la profecía de Dios para el pueblo de Israel, en la que decía que sería llevado cautivo; y aun en ese momento Dios quería que se arrepintiera. Tenía la esperanza de que la gente, al escuchar su Palabra, se retractara de su mala conducta y le pidiera perdón.

Por dar a conocer el mensaje del Señor, Jeremías sufrió maltratos y persecución. Muchas veces tuvo que esconderse para protegerse de los ataques. El pueblo no quería dejar su pecado, e hizo caso omiso a las llamadas de atención del Señor. Sin embargo, esta lección nos recuerda que la palabra de Dios no puede ser silenciada; siempre será veraz y eficiente. Como maestro usted tiene un ministerio muy importante: transmitirles a sus alumnos el mensaje de amor y esperanza que Dios tiene para la humanidad.

DESARROLLO DE LA LECCIÓN

Elija algunas de las siguientes actividades para lograr que sus alumnos tengan un aprendizaje más significativo.

La Biblia

Ponga su Biblia en un lugar visible, y diga: *La Biblia es la palabra de Dios, pero eso no significa que él la escribió. Lo que hizo fue inspirar a muchas personas de fe para que escribieran lo que él quería que su pueblo supiera. En la Biblia encontramos leyes que guían nuestra vida, historias de milagros y sanidades, personajes valientes y llenos de fe, y el plan de salvación de Dios para nosotros.*

Pregúnteles cuántos de ellos leen su Biblia durante la semana y qué pasajes conocen. Escuche sus respuestas, y explíqueles que en esta unidad aprenderán más sobre la palabra de Dios.

Pergaminos

Explique a sus alumnos que los pergaminos se usaban en la antigüedad para escribir. Muchas veces estaban hechos de piel de animales, y eso hacía que fueran resistentes y duraderos.

Durante la semana prepare algunas hojas en blanco de la siguiente manera: rocíeles un poco de agua con limón, póngalas a secar al sol para que se arruguen y den la apariencia de ser viejas. Luego pase levemente un cerillo (fósforo) encendido por los bordes.

Lleve esas hojas a la clase, y entregue una a cada miembro de su grupo. Pida que escriban en ellas el texto bíblico y que las decoren. Dígales que la historia de hoy nos habla acerca de un profeta que usó pergaminos para escribir mensajes muy especiales.

Hoja de asistencia

Registre la asistencia de sus alumnos durante esta unidad usando la hoja de asistencia de la Lección 36 del libro del alumno. Dígales que la Biblia se divide en Antiguo Testamento y Nuevo Testamento. En esta unidad estudiarán historias de ambas secciones. De la Sección Recortable recorten la figura correspondiente a esta lección (mundo) y péguenla en el lugar marcado en la hoja. Anímelos a asistir con regularidad para completar su proyecto.

HISTORIA BÍBLICA

Dios le da un mensaje a Jeremías

"¡Déjanos tranquilos!", le gritaron los hebreos enfurecidos al profeta Jeremías. "Nosotros haremos lo que nos parezca mejor. No necesitamos tus consejos".

Jeremías era profeta de Dios. Esto significaba que era alguien especial a quien Dios le daba mensajes para que los comunicara a las personas.

El pueblo hebreo no quería escuchar el mensaje que Dios quería darle por medio del profeta. Sin embargo, Jeremías sabía que debía obedecer a Dios y continuar proclamando sus mensajes.

"¿Por qué adoran a esos ídolos?", preguntaba Jeremías. "Si continúan desobedeciendo a Dios, el ejército enemigo vendrá a pelear contra ustedes y los llevará a un lugar lejano donde los convertirán en esclavos. ¡Dejen su mala conducta y pidan perdón a Dios!"

Sin embargo, el pueblo y el rey Joacim se negaron a escuchar las advertencias del profeta, y continuaron desobedeciendo a Dios.

Después del cuarto año de Joacim como rey de Judá, Dios le dijo a Jeremías: "Quiero que escribas todos los mensajes que te he dado. Tal vez cuando escuchen los castigos que pienso enviarles dejen de desobedecerme. Si así lo hacen, yo perdonaré todos sus pecados".

Dios no deseaba castigar a su pueblo. Él los amaba y quería que escucharan sus advertencias y lo obedecieran.

Escribir todos los mensajes iba a ser un trabajo arduo, así que el profeta le pidió a su amigo Baruc que lo ayudara. Baruc consiguió pieles de animales, porque en los tiempos bíblicos se usaban pieles en vez de hojas de papel.

"Baruc, ven", lo llamó Jeremías, "escribe todos los mensajes que voy a dictarte".

Por más de un año Jeremías le dictó los mensajes de Dios a Baruc para que los escribiera en pergaminos. ¿Saben qué es un pergamino? Es un rollo de piel que la gente usaba para escribir, así como nosotros usamos los cuadernos o libretas ahora. En definitiva, Jeremías y Baruc terminaron su trabajo.

"Tú sabes que me prohibieron entrar en el templo", le dijo Jeremías a Baruc, "así que tú tendrás que hacerlo. Ve a la casa de Dios y lee al pueblo todo lo que te he dictado".

Baruc obedeció, y fue al templo para leer el contenido del rollo.

Miqueas, uno de los oficiales del rey, escuchó lo que Baruc estaba leyendo y fue a contárselo a los demás oficiales.

"Acabo de escuchar el mensaje que Dios le dio al profeta Jeremías", dijo Miqueas. "Dios dice que seremos castigados si seguimos desobedeciendo sus mandamientos".

Cuando escucharon eso, mandaron a decirle a Baruc que les llevara el pergamino y lo leyera.

Entonces Baruc se los leyó. Cuando terminó de leer, los oficiales se miraron unos a otros, y con mucho miedo dijeron: "Esto tiene que saberlo el rey. Pero tú y Jeremías deben esconderse o el rey los matará".

Así que los oficiales fueron ante el rey para contarle lo que había sucedido. Uno de los oficiales, llamado Jehudí, le leyó el rollo al rey y a todos los jefes que estaban con él.

Como era invierno y hacía mucho frío, el rey estaba sentado cerca del fuego para calentarse. Cuando Jehudí leía tres o cuatro secciones del pergamino, el rey las cortaba con una navaja y las arrojaba al fuego. Eso hizo hasta quemar todo el rollo. Algunos oficiales le rogaban que no lo quemara, pero el rey no hizo caso.

Luego, ordenó que arrestaran a Baruc y a Jeremías, pero los oficiales que fueron a buscarlos no pudieron encontrarlos porque Dios los escondió y los mantuvo a salvo.

Dios habló de nuevo a Jeremías y le dijo: "Busca otro pergamino y vuelve a escribir todo lo que antes te dicté. Además, añade estos nuevos mensajes para el rey Joacim y para el pueblo. Diles que les quitaré su tierra porque no escucharon mis palabras. Además, ningún miembro de la familia del rey Joacim volverá a reinar en Israel".

Jeremías y Baruc obedecieron a Dios y volvieron a escribir todos los mensajes. Nosotros podemos leerlos en nuestra Biblia. Esos mensajes nos recuerdan que Dios nos ama y desea que seamos obedientes a su Palabra.

ACTIVIDADES

Filacterias

Para esta actividad necesitará tijeras, pegamento, lápices y un trozo de estambre o lana para cada niño.

Distribuya los libros del alumno y guíelos a hacer sus filacterias siguiendo las instrucciones.

Explíqueles el significado de las filacterias diciendo: *La filacteria es una pequeña caja que contiene versículos bíblicos. Los hebreos las usaban en sus frentes o en sus brazos, como un permanente recordatorio de los mandamientos y las promesas de la palabra de Dios.*

Proyecto de la unidad

Uno de los propósitos de esta unidad es que sus alumnos se familiaricen con los libros de la Biblia y conozcan algunas de sus divisiones. Por ello le sugerimos que utilice esta actividad para alcanzar ese objetivo.

Necesitará: diez cajas de cartón del mismo tamaño (por ejemplo, cajas de zapatos), 66 tarjetas (10 x 4 cms.), 99 tenedores de plástico, tierra o arena, papeles de colores y lápices.

Antes de la clase forre cada caja de un color diferente. Escriba en cada una el nombre de una división de la Biblia (Pentateuco, Historia, Poesía, Profetas Mayores, Profetas Menores, Evangelios, Historia, Epístolas de Pablo, Epístolas generales, Profecía). Luego, coloque tierra o arena hasta la mitad de las cajas. En cada tarjeta escriba el nombre de un libro de la Biblia.

Ponga en los tenedores las tarjetas con los nombres de los libros del Antiguo Testamento. Pida a sus alumnos que los acomoden en las cajas correspondientes.

En esta primera clase, guíelos a colocar las tarjetas en la caja correcta. Conforme avancen en el desarrollo de la unidad, deberán hacerlo sin ayuda. La próxima semana añadirán al juego los libros del Nuevo Testamento.

MEMORIZACIÓN

Reparta la tarjeta del Club del versículo del mes correspondiente a esta unidad, y lean juntos el texto bíblico. Luego, dé la oportunidad para que lo lean las mujeres, después los hombres, luego los que tengan 8 años, etc. Recuérdeles que la tarjeta les servirá para repasar durante la semana el versículo de la unidad.

PARA TERMINAR

Den gracias a Dios en oración por habernos dado su Palabra para aprender más de él. Entonen canciones referentes a la Biblia, e invite a los niños a la siguiente clase. No olvide decirles que es muy importante que traigan su Biblia.

notas

La Biblia nos habla de Jesús

Base bíblica: Lucas 4:16-44.

Objetivo de la lección: Que los principiantes sepan que la Biblia les enseña acerca de Jesús, el Hijo de Dios.

Texto para memorizar: *Lámpara es a mis pies tu palabra, y lumbrera a mi camino* (Salmos 119:105).

¡PREPÁRESE PARA ENSEÑAR!

Muchos principiantes piensan que la Biblia es una colección de historias; otros saben que la palabra de Dios contiene reglas y mandamientos; y algunos han escuchado que la Biblia habla de Dios y de Jesús.

Esta información es valiosa para ellos, pero lo más importante es que comiencen a reconocer que la Biblia es un libro único, diferente a todos los demás libros de historia o manuales con reglas. Este libro habla del amor de Dios y da las respuestas correctas a muchas de sus preguntas. El mensaje de la Biblia es único y está disponible para todas las personas.

Esta lección los ayudará a entender que Jesús es más que un gran maestro que vivió mucho tiempo atrás. Él es el Hijo de Dios y, a través de muchas historias bíblicas, pueden aprender acerca de los grandes milagros que realizó.

Guíe a sus alumnos mientras aprenden no solo a leer y memorizar pasajes de la Biblia, sino a amarla, respetarla y, sobre todo, a obedecerla.

COMENTARIO BÍBLICO

Lucas 4:16-44. Un año después de su bautismo, Jesús regresó a Nazaret, el pueblo donde había crecido, y fue a la sinagoga, como se acostumbraba hacer en el día de reposo. En los tiempos bíblicos, ir a la sinagoga era muy importante para las familias judías. Los servicios en la sinagoga se dividían en tres partes: oración, lectura de la Ley y los Profetas, y la explicación de la Escritura.

Este sería un servicio especial. Era el tiempo y el lugar ideal para que Jesús iniciara su ministerio. En las sinagogas siempre había predicadores, y se acostumbraba pedir a algún maestro visitante que leyera la Escritura y la explicara. Después de la explicación de la Escritura, venía un tiempo de preguntas y debate.

El sermón de Jesús en la sinagoga de Nazaret fue uno de los muchos episodios en los que Jesús mostró con claridad que él era el cumplimiento de las profecías del Antiguo Testamento. Leyó Isaías 61:1-2 y sorprendió a todos los presentes cuando dijo: "Hoy se ha cumplido esta Escritura delante de vosotros" (Lucas 4:21).

El pasaje de la Escritura fue claro. Jesús era el Mesías que el pueblo hebreo había estado esperando por cientos de años. Sin embargo, las personas rechazaron ese mensaje.

La Biblia nos declara repetidas veces que Jesús es el Hijo de Dios y que tiene un plan de salvación especial para toda la humanidad. Sin embargo, como sucedió en Nazaret, cada persona tiene la opción de rechazarlo o aceptarlo.

DESARROLLO DE LA LECCIÓN

Use algunas de las siguientes actividades para enriquecer el desarrollo de la clase de hoy.

Trae tu Biblia

Agradezca a los alumnos que trajeron su Biblia a la clase esta semana, y pídales que la abran en la primera página. Explíqueles que la Biblia se divide en dos grandes partes: el Antiguo Testamento y el Nuevo Testamento.

Permita que localicen dónde termina un Testamento y dónde comienza el otro. Repitan este ejercicio varias veces, hasta que los niños ubiquen las divisiones con facilidad. Pregúnteles cuál es el primer libro del Antiguo Testamento y cuál es el último. Ayúdelos a familiarizarse con las divisiones y los libros de la Biblia mientras estudian estas lecciones.

Hoja de asistencia

Reparta los libros del alumno y pida a los niños que busquen en la Sección Recortable la figura que corresponde a este día (libros). Después de recortarla, deberán pegarla en el espacio correcto. Anímelos a no perder ninguna clase para poder completar su hoja de asistencia.

Diez aspectos que conozco acerca de Jesús

Para esta actividad necesitará una pelota de plástico.

Pida a los niños que se sienten formando un círculo, y dígales: *La historia bíblica de hoy nos habla de Jesús. Vamos a ver lo rápido que podemos decir diez aspectos importantes que sabemos acerca de Jesús.*

Comience el juego diciendo: *Yo sé que Jesús nos ama a todos.* Luego, entregue la pelota a uno de sus alumnos para que diga algo diferente, y luego pase la pelota a otro compañero. Continúen el juego hasta que 10 niños o más hayan participado.

HISTORIA BÍBLICA

Jesús en la sinagoga

"¡Miren quién volvió a la ciudad!", decía la gente. Jesús había ido a Nazaret, a visitar el lugar donde se había criado.

Jesús fue a la sinagoga y buscó un lugar donde sentarse.

"¿No es ese Jesús el hijo de José, el carpintero?", preguntaban algunos.

"Sí, es él", contestó alguien. "Su madre debe estar feliz de verlo. Me gustaría escucharlo leer las Escrituras. Me dijeron que enseñó en algunas sinagogas de Galilea y que es un gran maestro".

Así que invitaron a Jesús a pasar al frente para leer las Escrituras. La gente que se encontraba allí deseaba escucharlo, y estaban atentos mientras Jesús abría el rollo y comenzaba a leer.

"El Espíritu del Señor está sobre mí, por cuanto me ha ungido para dar buenas nuevas a los pobres; me ha enviado a sanar a los quebrantados de corazón; a pregonar libertad a los cautivos, y vista a los ciegos; a poner en libertad a los oprimidos; a predicar el año agradable del Señor".

La gente reconoció la porción de la Escritura que Jesús estaba leyendo. Muchos años atrás el profeta Isaías había escrito esas palabras, anunciando el cumplimiento de una promesa. Ese pasaje se refería al Salvador del mundo, a quien Dios había prometido enviar.

Jesús cerró el rollo y dijo: "Hoy se ha cumplido la Escritura que acaban de oír".

"¿Qué?", dijo la gente. "¿Será verdad lo que nos está diciendo?"

"¿No es este el hijo de José?", se preguntaban unos a otros.

Jesús trató de explicarles más sobre la palabra de Dios y lo que esta decía acerca del Salvador, pero no quisieron escucharlo.

Más bien, todos los que estaban en la sinagoga se enojaron con Jesús. Así que lo sacaron de allí y lo llevaron a la cumbre de un monte para arrojarlo. Sin embargo, Jesús pasó por en medio de ellos y se fue a Capernaúm. Allí realizó muchos milagros, sanó enfermos y enseñó a muchos sobre el amor de Dios. Jesús le mostró a la gente que en verdad él era el Mesías prometido.

"¡No nos dejes!", le pedían los habitantes de Capernaúm.

Pero Jesús contestó: "Tengo que irme. Es necesario que vaya y les cuente a los demás las buenas noticias del reino de Dios. Para eso he sido enviado".

Así que Jesús fue a muchos otros pueblos, sanó enfermos y enseñó en otras sinagogas el mensaje del amor de Dios.

Aunque fue muy triste para Jesús haber sido rechazado por su propio pueblo, en otros lugares muchos creyeron en su Palabra.

La Biblia nos habla de Jesús

Pida que un voluntario lo ayude a distribuir los libros del alumno. Indique a los principiantes que miren los dibujos y los numeren según el orden de la historia bíblica. Mientras trabajan, dígales que la historia que aprendieron está en el Evangelio de Lucas.

Después, pregúnteles: *¿Lucas está en el Antiguo o en el Nuevo Testamento?* Escuche sus respuestas. Si ve que muchos aún están confundidos, pídales que abran su Biblia y localicen el Evangelio de Lucas.

¡Vamos a jugar!

Den vuelta la hoja y lean juntos las instrucciones para este juego. Explíqueles que deben buscar una pareja y cortar el material de la Sección Recortable para comenzar a jugar. Obsérvelos mientras realizan la actividad, y ayude a los que tengan dificultades para responder a las preguntas bíblicas.

Proyecto de la unidad

Dé tiempo para que sus alumnos acomoden las tarjetas del Antiguo Testamento en las cajas correspondientes. Después, reparta las tarjetas del Nuevo Testamento y guíelos a acomodarlas en el orden correcto. Asegúrese de que todos sus alumnos participen de esta actividad para aprender las divisiones de la Biblia.

Cuando terminen, guarden las tarjetas y las cajas con arena para usarlas en la próxima clase.

MEMORIZACIÓN

Escriba las palabras de Filipenses 4:19 en diferentes tarjetas. Péguelas con cinta adhesiva en una pared o en la pizarra, de tal forma que pueda despegarlas y volverlas a colocar. Lean el texto varias a veces, y pida a sus alumnos que lo repitan. Cambie de lugar las tarjetas para que sus alumnos las vuelvan a ordenen. Repitan esta actividad varias veces y digan el texto cada vez que las tarjetas estén ordenadas.

PARA TERMINAR

Ore por sus alumnos, y dé gracias a Dios por permitirnos conocer más a Jesús a través de su Palabra. Recuérdeles orar durante la semana y traer su Biblia a la próxima clase.

La Biblia nos ayuda a hacer lo correcto

Base bíblica: 2 Crónicas 34.

Objetivo de la lección: Que los principiantes sepan que Dios usa su Palabra para enseñar a sus hijos a hacer lo correcto.

Texto para memorizar: *Lámpara es a mis pies tu palabra, y lumbrera a mi camino* (Salmos 119:105).

¡PREPÁRESE PARA ENSEÑAR!

Sus alumnos están comenzando a entender que la Biblia es un libro especial porque es la palabra de Dios. Los principiantes comprenden más de la Biblia de lo que suponemos. Ellos no cuestionan sus enseñanzas, ni las comparan con ideologías o filosofías como hacen muchos adultos. El tiempo que invierta ministrándolos y contándoles historias bíblicas será de gran valor para su formación espiritual. Recuerde que no solo les impartirá conocimiento, sino que desarrollará en ellos la sensibilidad espiritual y el deseo de aprender más acerca del reino de Dios.

Esta unidad se enfoca en la respuesta del ser humano cuando escucha el mensaje de la palabra de Dios. Aproveche esta lección para enseñar a sus niños que la Biblia no es solo un libro para leer; debemos creerlo y ponerlo en práctica.

COMENTARIO BÍBLICO

El rey Josías estaba limpiando la nación, quitando todos los altares paganos idolátricos; además, inició los preparativos para restaurar el templo de Dios. Durante los trabajos de reconstrucción, el sacerdote Hilcías encontró el libro de la ley, donde podían leer acerca del pacto que Dios había hecho con su pueblo. Este libro tal vez contenía el Pentateuco o tan solo el libro de Deuteronomio.

Cuando Safán, el escriba, leyó el libro delante del rey, este se turbó al escuchar la ley de Dios. Al darse cuenta del juicio y de la cautividad que vendría sobre ellos, Josías pidió a los líderes espirituales del pueblo que consultaran a Dios acerca del mensaje del libro. Dios, complacido al ver la preocupación del rey por el pecado de su pueblo, prometió no castigar al pueblo mientras reinara Josías.

En vez de volver a esconder el libro del pacto, Josías convocó a todo el pueblo a una reunión en el templo de Jerusalén para leer públicamente la palabra de Dios. El rey quería que su pueblo viviera conforme a los mandamientos divinos. Al escuchar las palabras del libro, los israelitas renovaron su compromiso de fidelidad a Dios.

En gratitud a Dios, el rey Josías aumentó sus esfuerzos por limpiar el país de todo ídolo. Además, consagró al pueblo, a los líderes y su gobierno delante de Dios. Mientras vivió, este rey guió a toda la gente a la obediencia al Señor.

DESARROLLO DE LA LECCIÓN

Escoja algunas de las actividades sugeridas para facilitar el proceso de aprendizaje de sus alumnos.

¿Dónde está la Biblia?

Antes de que sus alumnos lleguen al salón, esconda su Biblia en un lugar donde no sea fácil encontrarla. Después de dar la bienvenida a los niños, dígales que necesita encontrar su Biblia, y pídales que lo ayuden a buscarla. Cuando la localicen, pregúnteles cómo se sentían mientras la buscaban. Dígales que la historia de hoy trata acerca de un rey que encontró la palabra de Dios y la manera en que eso cambió el rumbo de su vida y del país que gobernaba.

Hoja de asistencia

Provea los libros del alumno y tijeras. Pida a los principiantes que recorten la figura que corresponde a ese día y la peguen en el espacio correcto. Use la hoja de asistencia para repasar lo que aprendieron en las lecciones anteriores.

Mi Biblia

Repase con los niños la división de la Biblia. Pida que en sus Biblias localicen el Antiguo y el Nuevo Testamentos. Luego, pídales que ubiquen algunos libros (por ejemplo: Génesis, Mateo, Apocalipsis y Salmos). Después, dígales que busquen 2 Crónicas, porque allí se encuentra la historia de hoy.

HISTORIA BÍBLICA

Josías encuentra la palabra de Dios

Josías comenzó a reinar en Israel cuando tenía 8 años de edad. Su padre y su abuelo habían sido reyes perversos que construyeron ídolos de madera y de otros materiales, y los pusieron en el templo de Dios.

El abuelo de Josías mató a algunos de sus hijos, ofreciéndolos como sacrificio a los ídolos que adoraba.

Cuando Josías cumplió 16 años decidió seguir y obedecer a Dios. Él no quería hacer lo malo como sus antepasados, sino seguir al único Dios verdadero.

Cuatro años después, quitó los altares donde se adoraba a los ídolos falsos y destruyó todas las imágenes hasta convertirlas en polvo.

Además, pidió a sus mensajeros que en todo el reino dieran el siguiente anuncio: "De ahora en adelante, nadie en este reino adorará a los ídolos. Solo obedeceremos al Dios vivo, al único Dios de Israel".

Pero el trabajo de Josías no había terminado. Él sabía que el templo de Dios estaba en ruinas, así que ordenó a un hombre llamado Safán que lo reparara. Le pidió que buscara a los mejores constructores y carpinteros para que restauraran el templo, y así pudiera lucir hermoso como antes.

Un gran número de personas trabajaron mucho, en la reparación y el arreglo de la casa de Dios.

De pronto, el sacerdote Hilcías vio algo entre los escombros.

"¿Qué es esto?", se preguntó, mientras levantaba un gran rollo y sacudía el polvo.

Hilcías no podía creer lo que tenía en sus manos. ¡Era el libro de la Ley de Dios! En ese pergamino estaban escritas las leyes que Dios le había dado a Moisés mucho tiempo atrás. Esas leyes le enseñaban al pueblo cómo quería Dios que viviera delante de él.

"Mira lo que encontré", le dijo Hilcías a Safán, mostrándole el pergamino. Cuando reconoció el libro de la Ley de Dios, Safán dijo: "¡Debemos mostrárselo al rey Josías de inmediato!"

Al recibir la noticia, el rey se emocionó mucho y le pidió a Safán que se lo leyera. Ese pergamino decía que Dios quería que su pueblo lo amara, lo obedeciera y sirviera con fidelidad.

Al escuchar estas palabras, Josías se puso muy triste, pues sabía que todos en Israel habían desobedecido a Dios.

El rey rasgó su ropa en señal de tristeza y le dijo a Safán: "Dios está enojado con nosotros porque no hemos escuchado su Palabra ni obedecido sus mandamientos".

Entonces les dijo a Hilcías y a otros que oraran y consultaran qué iba a suceder con el reino.

Hilcías y sus compañeros fueron a hablar con la profetisa Hulda, una mujer que amaba y obedecía a Dios. El Señor le mostró a ella lo que debía decir a los mensajeros del rey Josías: "A Dios no le agrada cuando la gente no lo escucha ni obedece sus palabras. Por lo tanto, había decidido enviar un gran castigo al pueblo de Israel. Pero ahora ha visto el corazón de Josías y sabe que este rey desea obedecerlo y amarlo. Dios desea que toda la gente lo escuche, lo obedezca y lo ame".

Entonces el rey Josías mandó reunir a todo el pueblo para leerles la palabra de Dios.

Luego prometió: "Haré todo lo que Dios desea que haga".

Y el pueblo también prometió: "Nosotros lo obedeceremos y amaremos".

El pueblo de Israel siguió a Dios y lo obedeció durante todo el tiempo que reinó Josías.

La Biblia nos ayuda a saber lo correcto

Abran los libros del alumno en la Lección 39. Pida a los niños que recorten la figura siguiendo el contorno, y hagan los dobleces por las líneas punteadas. Después deben recortar las líneas pequeñas de las secciones 1 y 5.

Explíqueles cómo ensamblar la figura introduciendo la sección 1 dentro de la sección 5. Repasen la historia bíblica, dialogando sobre cómo el estudio de la Biblia nos ayuda a ser diferentes.

Proyecto de la unidad

Dé tiempo para que sus alumnos repasen las divisiones de los libros de la Biblia usando las tarjetas y las cajas con arena. Divídalos en grupos de dos o tres para que usen el material, mientras los demás concluyen el trabajo en el libro del alumno o entonan alguna canción.

MEMORIZACIÓN

Pida a los niños que se sienten formando un círculo. Entregue la Biblia a uno de ellos, el cual debe pasarla al siguiente y así sucesivamente. Cuando usted diga ALTO, el que tenga la Biblia debe decir el versículo. Permita que el grupo ayude al niño que tenga dificultades para memorizarlo.

La Biblia nos enseña cada día

Base bíblica: Hechos 16:1-5; 2 Timoteo 1:1-7; 2:1-6; 16-18; 3:10-17; 4:13-22.

Objetivo de la lección: Que los principiantes sepan que la Biblia les enseña a vivir correctamente.

Texto para memorizar: *Lámpara es a mis pies tu palabra, y lumbrera a mi camino* (Salmos 119:105).

¡PREPÁRESE PARA ENSEÑAR!

La Biblia es un libro práctico que nos guía a vivir de acuerdo a la voluntad de Dios. En esta unidad los principiantes aprenderán que el mensaje de la Biblia es para ellos, y eso les ayudará a diferenciar lo bueno de lo malo.

En esta unidad los niños han aprendido conceptos bíblicos básicos, los cuales los ayudarán a comprender que la Biblia es un libro en el que pueden encontrar todas las respuestas que necesiten. También aprendieron a localizar con facilidad los libros que la componen. Aproveche esta última clase para reforzar en los principiantes la importancia de leer, estudiar y amar la palabra de Dios.

COMENTARIO BÍBLICO

Hechos 16:1-5; 2 Timoteo 1:1-7; 2:1-6, 16-18; 3:10-17; 4:13-22. Timoteo era un joven que vivía en Listra, de madre judía y padre griego. Su madre Eunice y su abuela Loida se convirtieron al cristianismo durante el ministerio de Pablo. Timoteo acompañó a Pablo en muchos de sus viajes misioneros; fue con él cuando viajó a Jerusalén y también lo acompañó a Roma.

Las dos cartas a Timoteo se conocen como "epístolas pastorales". Aunque fueron cartas personales escritas por Pablo, demuestran un profundo amor y cuidado pastoral.

Pablo estaba preso en Roma cuando escribió la segunda carta a su amigo y colaborador, que se encontraba en Éfeso. Ellos llegaron a ser muy buenos amigos y, después que Pablo murió, Timoteo quedó a cargo de la iglesia en Éfeso.

En su segunda carta, Pablo le pidió a Timoteo que fuera fiel a su llamado y le agradeció sus oraciones. Le dijo que su fe le aseguraba el camino para llegar a Cristo. Además, lo animó a trabajar en el ministerio, le confirmó que Dios inspiró las Escrituras y que estas lo ayudarían en su vida diaria.

Mediante estas epístolas, Pablo nos recuerda que la fuente de toda sabiduría y entendimiento está en la palabra de Dios.

DESARROLLO DE LA LECCIÓN

Utilice algunas de las siguientes actividades como material de apoyo para enseñar la historia bíblica a sus alumnos.

Registro de asistencia

Dé tiempo para que sus alumnos recorten y peguen la última figura en su hoja de asistencia. Mirando las figuras, repasen lo que aprendieron en la historia bíblica y, si es posible, premie a los que tuvieron una asistencia perfecta durante toda la unidad.

Recordatorio

Durante la semana dibuje en una cartulina figuras de Biblias abiertas. Haga suficientes para todos sus alumnos. Fíjese que el tamaño sea adecuado para que los niños escriban el texto para memorizar dentro de ella. Proveáles lápices o marcadores de colores para que las decoren y lleven a su casa como recordatorio del tema de esta unidad.

HISTORIA BÍBLICA

Fotocopie la historia bíblica y guárdela en un sobre, como si fuera una carta. Ábrala frente a sus alumnos y dígales que van a leer una carta muy importante que el apóstol Pablo le escribió a su amigo Timoteo.

La carta a Timoteo

Pablo estaba en la prisión mientras esperaba su juicio en Roma. Su "crimen" había sido hablar a los demás acerca de Jesús. Para empeorar la situación, muchos de sus amigos lo habían dejado solo y el invierno estaba por llegar. Pero Pablo, sin desanimarse, le escribió una carta a su amigo Timoteo.

Estimado Timoteo:

Me siento muy agradecido por tu amistad y oro por ti todos los días. Tú eres como mi hijo y me alegra saber que eres un buen cristiano, al igual que tu madre y tu abuela.

Sé fuerte siempre y sigue la dirección de Dios. Sé que vendrán tiempos difíciles, pero recuerda que los atletas corren toda la carrera, sin importar las dificultades.

Muchas cosas malas me sucedieron mientras estaba predicando, pero Dios me rescató de todas ellas. Los que sirven a Dios y le obedecen enfrentarán problemas. Es probable que sean perseguidos, ¡así como yo, que estoy en la prisión! Sin embargo, vale la pena servir a Jesús.

Ten cuidado, porque muchas personas predicarán falsas enseñanzas y engañarán a muchos, pero no te dejes confundir. Continúa creyendo en lo que sabes que es correcto. Recuerda que puedes confiar en las Escrituras porque Dios inspiró y guió a las personas que las escribieron.

No olvides que las Escrituras nos enseñan a hacer lo correcto, nos exhortan cuando nos equivocamos y nos muestran cuál es la voluntad de Dios para nosotros. Estudiar las Escrituras te ayudará a prepararte para el trabajo que Dios tiene para ti.

Estoy esperando con mucha emoción tu visita. Cuando vengas, por favor, tráeme el abrigo que dejé en casa de Carpo. También trae mis libros, en especial los pergaminos.

Sigo esperando el día en que seré juzgado. En mi primera defensa ante las autoridades nadie me ayudó. Todos me dejaron solo. Le pido a Dios que no los castigue por eso. Pero el Señor Jesús estuvo a mi lado, dándome fuerzas y tranquilidad. Yo sé que el Señor me librará de todo mal y me protegerá hasta llevarme a su reino celestial.

Saluda de mi parte a todos mis amigos. Haz todo lo posible para venir antes de que comience el invierno. Todos los hermanos de aquí te envían saludos.

¡Dios te bendiga!
Sinceramente,
Pablo

La Biblia nos ayuda a saber lo que debemos hacer

Distribuya los libros del alumno y lea las instrucciones en voz alta para que los principiantes realicen la actividad sugerida. Anímelos a reflexionar y a tomar decisiones sabias a la luz de la palabra de Dios.

Den vuelta la hoja y recorten las figuras de la tira de dibujos; luego llenen los espacios en blanco en el texto bíblico.

Proyecto de la unidad

Haga una pequeña competencia para reforzar el aprendizaje de las divisiones de los libros de la Biblia. Forme equipos y dé a cada uno la oportunidad de usar las tarjetas y las cajas de arena. El equipo ganador será el que ponga en orden en menos tiempo todos los libros, desde Génesis hasta Apocalipsis.

MEMORIZACIÓN

Como esta es la última lección de la unidad, prepare algunos premios para los que hayan aprendido el texto para memorizar. Entregue tarjetas en forma de Biblia o separadores de libros con el versículo escrito. Dé la oportunidad para que digan el texto de memoria todos los que deseen hacerlo.

PARA TERMINAR

Haga un breve repaso con la clase de las lecciones que aprendieron en esta unidad. Pregunte cuál de las historias les gustó más. Haga hincapié en lo importante que es la Biblia para todos los cristianos. Invítelos a leerla y estudiarla, pero, sobre todo, a obedecerla y amarla. Si es posible, invite a los padres de sus alumnos para que vean los trabajos que realizaron sus hijos. Exhórtelos a fomentar en los principiantes el amor y el respeto por la palabra de Dios.

Oren antes de despedirse y den gracias al Señor por la bendición de tener la Biblia como guía en nuestra vida.

notas

EL PODER DE JESÚS

Base bíblica: Mateo 20:29-34; Marcos 10:46-52; Lucas 5:17-26; Mateo 4:1-11; Lucas 19:1-10.

Texto de la unidad: *De modo que si alguno está en Cristo, nueva criatura es; las cosas viejas pasaron; he aquí todas son hechas nuevas* (2 Corintios 5:17).

PROPÓSITOS DE LA UNIDAD

Esta unidad ayudará a los principiantes a:

- ❖ Entender que Jesús, el Hijo de Dios, puede cambiar la vida de los que se acercan a él y lo conocen.
- ❖ Saber que la presencia de Jesús marca una gran diferencia en las personas.
- ❖ Aprender a resistir la tentación.
- ❖ Confiar en el poder y la ayuda de Jesús.

LECCIONES DE LA UNIDAD

Lección 41:   Jesús sana a dos ciegos

Lección 42:   Jesús demuestra que es el Hijo de Dios

Lección 43:   Jesús vence la tentación

Lección 44:   Jesús visita a Zaqueo

POR QUÉ LOS PRINCIPIANTES NECESITAN LA ENSEÑANZA DE ESTA UNIDAD

Al estudiar esta serie de lecciones, sus alumnos aprenderán que Jesús transformó la vida de muchas personas durante su ministerio en la tierra. También sabrán que él puede hacer muchas maravillas, porque es el Hijo de Dios, y no existe nadie que iguale su poder.

Jesús tiene potestad para sanar un cuerpo enfermo, perdonar los pecados y transformar un alma triste en una con esperanza y gozo.

Esta etapa del desarrollo de sus alumnos es crucial para su formación espiritual. En esta edad adoptan modelos de conducta y tienden a imitar a las personas que consideran "especiales". Por lo tanto, aproveche toda oportunidad para enseñarles que Jesús es el único modelo que deben seguir. Guíelos a comprender que necesitan tener un encuentro personal con Cristo y caminar siempre tomados de la mano del Señor.

Lección 41

Jesús sana a dos ciegos

Base bíblica: Mateo 20:29-34; Marcos 10:46-52.

Objetivo de la lección: Que los principiantes desarrollen sentimientos de compasión siguiendo el ejemplo de Jesús.

Texto para memorizar: *De modo que si alguno está en Cristo, nueva criatura es; las cosas viejas pasaron; he aquí todas son hechas nuevas* (2 Corintios 5:17).

¡PREPÁRESE PARA ENSEÑAR!

Los principiantes están creciendo en un mundo donde, para muchas personas, la compasión es algo secundario. Su ayuda es condicional: ayudan solo si reciben algo a cambio. Por ello es importante que, con esta historia, aprendan que Jesús fue un hombre compasivo que ayudaba a los demás de manera desinteresada.

Si les enseñamos a responder con compasión a las necesidades de los demás crecerán con una sana perspectiva de la vida cristiana y del amor al prójimo.

COMENTARIO BÍBLICO

Mateo 20:29-34; Marcos 10:46-52. Al salir Jesús de Jericó, se dirigió a Jerusalén para cumplir el propósito por el cual vino a la tierra: dar su vida para salvar a las personas de la condenación eterna.

En el camino iba rodeado por una gran multitud que lo seguía. De pronto, escuchó unos gritos desesperados que clamaban por ayuda.

Dos hombres ciegos trataban de acercarse a la multitud para llegar al Maestro. El libro de Marcos centra su atención en uno de ellos, Bartimeo.

Cuando Bartimeo escuchó que Jesús se aproximaba, comenzó a gritar: "¡Jesús, Hijo de David, ten misericordia de mí!"

Era la primera vez que a Jesús lo llamaban públicamente "Hijo de David". Este humilde hombre enfermo proclamó ante la multitud quién era realmente Jesús: un descendiente de la casa real. Además, dio la clave para la entrada triunfal. Los judíos consideraban a David como un elegido de Dios, y sabían que uno de sus descendientes sería el Mesías.

Entonces Jesús le pidió a la gente que le llevaran a Bartimeo. El Señor le dijo a este hombre que diera un paso de fe y confiara en su poder. Al instante Jesús realizó el milagro, y Bartimeo recobró la vista.

Jesús había caminado mucho y sabía el sufrimiento que le esperaba, pero no dudó en mostrar compasión hacia los necesitados. Por eso, con amor sanó a los dos ciegos. Jesús es el ejemplo más sublime de que la compasión no es una opción, sino un estilo de vida.

DESARROLLO DE LA LECCIÓN

Elija algunas de las siguientes actividades para reforzar en sus alumnos el aprendizaje bíblico.

Un cuarto oscuro

Si en su salón hay ventanas, antes de la clase cúbralas con periódicos o tela para que no entre la luz. Acomode todas las sillas pegadas a la pared, y en cada una coloque una tarjeta con el nombre de cada alumno. Quite todo objeto que pueda lastimar a los niños, y recíbalos en la puerta. Dígales que para la actividad que realizarán es necesario que las luces estén apagadas, por lo que necesitará la cooperación y comprensión de ellos.

Indíqueles que entren al salón y se queden de pie. Luego, guíelos en un tiempo de alabanza. Después pídales que busquen la silla con su nombre y se sienten.

Cuando estén en su lugar, encienda las luces y pregúnteles cómo se sintieron en medio de la oscuridad. Después de escuchar sus respuestas, dígales que en la clase de hoy hablaremos acerca de unos hombres que no podían ver porque eran ciegos.

Identifica los objetos

En una bolsa introduzca varios objetos (pelotas, muñecos, un libro, un cepillo, etc.) para que sus alumnos los identifiquen a través del tacto. Pida que varios voluntarios pasen al frente, metan la mano en la bolsa y traten de decir qué objeto es el que están tocando.

Explíqueles que las personas ciegas dependen del sentido del tacto para identificar muchos de los objetos que los rodean. En la historia de hoy aprenderemos lo que unos hombres hicieron para recobrar la vista.

HISTORIA BÍBLICA

Jesús y sus discípulos viajaban muchos kilómetros para enseñar y sanar a las personas. ¿En qué se imaginan que viajaban de una ciudad a otra? ¿En auto? (No). ¿En autobús? (No). ¿En tren? (No). ¿En avión? (No). En aquel tiempo no existían todos los medios de transporte que ahora conocemos, así que las personas caminaban grandes distancias para ir de un lugar a otro. Solo los que tenían dinero podían viajar en carreta o a caballo. En la historia de hoy aprenderemos lo que hizo Jesús mientras iba caminando rumbo a Jerusalén.

Jesús sana a dos ciegos

Un día Jesús y sus discípulos salieron de Jericó hacia Jerusalén, y una gran multitud los seguía por el camino. Todos querían escuchar las enseñanzas de Jesús.

—Me gusta escuchar lo que dice Jesús —mencionó un hombre.

—Es maravilloso ver la felicidad de las personas cuando Jesús las sana —dijo otro.

—¿Escuchaste eso? —preguntó el ciego Bartimeo a su amigo.

—¿Escuchar qué? —contestó él.

—Lo que dicen las personas. Escuché a alguien decir que Jesús viene por el camino. ¡Escucha...! Ahí viene. ¡Jesús viene hacia acá! —Bartimeo siguió hablando emocionado— Escuché que Jesús hace milagros. ¡Tal vez pueda sanar nuestros ojos para que podamos ver!

Mientras la multitud se acercaba, los dos ciegos se pusieron de pie y comenzaron a gritar lo más fuerte que podían:

—¡Jesús, Hijo de David, ten misericordia de nosotros!

—¡Cállense! —les gritó alguien—. Están haciendo mucho ruido.

—¡Guarden silencio! Muestren un poco de respeto —exigieron otras personas.

Pero los dos hombres ciegos no se callaron. Al contrario, sus voces se oían cada vez más fuerte.
—¡Jesús, Hijo de David, ten misericordia de mí!

Entonces Jesús se detuvo y llamó a los dos ciegos.

—Tengan confianza, Jesús los está llamando —les dijo un hombre.

Los dos hombres dejaron sus capas y caminaron hacia Jesús lo más rápido que sus piernas les permitieron.

—¿Qué quieren que haga por ustedes? —preguntó Jesús.

Los hombres ciegos sentían cómo su corazón latía cada vez más rápido. ¡Estaban tan emocionados! Lo que tanto habían deseado estaba a punto de convertirse en realidad.

—¡Señor, queremos ver! —le suplicaron los ciegos.

Jesús se dio cuenta de que estos dos hombres creían en su poder, y tuvo compasión de ellos. Así que, extendió su mano y tocó sus ojos. En ese

mismo momento los dos hombres pudieron ver a Jesús. ¡Podían verlo todo! Los árboles, el cielo azul. ¡Qué día tan maravilloso!

Los dos hombres, saltaban de alegría, alababan a Jesús y lo siguieron por el camino.

ACTIVIDADES

¿Dónde está Mateo?

Diga a los niños que busquen el libro de Mateo en la Biblia y marquen el lugar con los separadores de libros. Pídales que identifiquen qué libro está antes de Mateo y cuál después. Explíqueles que este Evangelio es el primer libro del Nuevo Testamento y que contiene enseñanzas maravillosas sobre la vida y el ministerio de Jesús. Precisamente, la historia de hoy se encuentra en este libro.

Mural de compasión

Para esta actividad necesitará hojas blancas, lápices de colores, pegamento, y una cartulina o papel grande.

Escriba como título en la cartulina la palabra "COMPASIÓN". Pida a los niños que hagan dibujos sobre cómo pueden mostrar compasión a sus semejantes (visitando a los enfermos, ayudando al necesitado, compartiendo alimentos, etc.). Cuando terminen, indíqueles que peguen sus dibujos sobre la cartulina. Coloque ese cartel en la puerta del salón para que los padres puedan ver el trabajo que realizaron.

Jesús muestra compasión

Reparta los libros del alumno y pida a los niños que remarquen las palabras escritas. Luego, doblen la hoja por la línea punteada para ver lo que sucedió cuando los dos ciegos se acercaron a Jesús.

Den vuelta la hoja y explíqueles que al lado de "Lo que dijo el ciego" deben copiar en orden las letras de los recuadros rojos; y al lado de "Lo que hizo Jesús" deben copiar las letras de los recuadros amarillos.

Cuando terminen la actividad, lean juntos las respuestas, y conversen acerca de cómo Jesús mostró compasión en la historia bíblica de hoy.

MEMORIZACIÓN

Divida a los niños en tres grupos y asígneles una frase del texto para memorizar. Siga el siguiente ejemplo: (Grupo 1) *De modo que si alguno está en Cristo,* (Grupo 2) *nueva criatura es: las cosas viejas pasaron;* (Grupo 3) *todas son hechas nuevas (2 Corintios 5:17).*

Cada grupo debe decir la frase cuando le corresponda para completar el texto. Repitan el ejercicio un par de veces, y después anímelos a que lo digan todos juntos.

PARA TERMINAR

Forme un círculo con sus alumnos, y permita que cada uno haga una breve oración de acción de gracias. Concluya usted, alabando a Dios por los milagros de sanidad que hace en medio de su pueblo y pidiendo que los ayude a ser compasivos y amorosos unos con otros. Entonen una canción antes de despedirse, e invite a los niños a la próxima clase.

notas

Jesús demuestra que es el Hijo de Dios

Base bíblica: Lucas 5:17-26.

Objetivo de la lección: Que los principiantes comprendan que Jesús tiene poder para hacer maravillas porque es el Hijo de Dios.

Texto para memorizar: *De modo que si alguno está en Cristo, nueva criatura es; las cosas viejas pasaron; he aquí todas son hechas nuevas* (2 Corintios 5:17).

¡PREPÁRESE PARA ENSEÑAR!

En la actualidad, como sucedió en los tiempos bíblicos, muchas personas creen que Jesús fue tan solo un maestro y profeta. Sin embargo, él es el Hijo de Dios; su presencia y amor hicieron una gran diferencia en el mundo antiguo y en el actual. Su nacimiento dividió la historia en dos períodos y transformó la vida de innumerables personas. Solo él tiene el poder para perdonar los pecados y restaurar la relación entre los hombres y Dios. Él fue el único que realizó milagros asombrosos, como dar vista a los ciegos y sanar a los paralíticos.

Jesús hizo la diferencia porque su vida representó el comienzo de la redención de los hombres y la destrucción del pecado.

En esta etapa, los principiantes se dejan impresionar con facilidad, y tienden a imitar conductas y modas. Algunas veces los modelos que siguen no son los más adecuados. Sin embargo, usted tiene la oportunidad de enseñarles que Jesús es el modelo perfecto. En estas lecciones, al recalcar las cualidades del carácter de Jesús, anime a los niños a que sean imitadores de Cristo en su vida diaria.

COMENTARIO BÍBLICO

Lucas 5:17-26. Este conocido pasaje nos recuerda el amor de unos hombres que llevaron a su amigo enfermo ante Jesús. Pero, sobre todo, nos habla del poder y la misericordia de Dios por medio de Jesucristo.

Evadiendo todos los obstáculos, estos cuatro osados amigos abrieron un hueco en el techo del lugar donde Jesús estaba enseñando. Así lograron lo que deseaban: un milagro de sanidad. Pero lo más interesante es que Jesús declaró su autoridad, no solo para sanar el cuerpo, sino también para restaurar el alma a través del perdón de los pecados.

Jesús sabía que pronto llegaría el tiempo de su sacrificio y que la obra redentora sería consumada. Por tanto, aprovecha esta oportunidad para dejar en claro que él no era solo un médico, sino que su misión en esta tierra era salvar a la humanidad condenada por el pecado.

Jesús sanó al hombre, y este se levantó, tomó su lecho, y salió de la casa caminando y alabando a Dios. Este milagro no solo nos muestra la compasión de Jesús hacia el paralítico, sino que nos da una prueba fehaciente de que él es el Mesías.

DESARROLLO DE LA LECCIÓN

Use algunas de las siguientes actividades para centrar la atención de sus alumnos en el tema de estudio.

Capacidades especiales

Después de indicar a los niños que se sienten formando un círculo, conversen sobre las personas que tienen alguna necesidad especial. Es probable que en su clase o en la congregación haya alguna persona con cierta discapacidad. Es importante que sus alumnos aprendan a respetar y amar a todas las personas por igual, sin importar su condición.

Hágales saber que esas personas tienen una limitación física debido a diferentes factores: enfermedad, accidentes o problemas de nacimiento.

Dígales que la historia de hoy nos habla acerca de una persona que tenía una discapacidad física. Era paralítico, es decir, no podía caminar. Sin embargo, Dios lo amaba y tenía un plan especial para él.

Figuras con piedras

Para esta actividad necesitará piedras de diferentes tamaños y texturas, cartulina o cartoncillo, tijeras, pegamento, marcadores de colores y lana o estambre.

Coloque todos los materiales sobre la mesa y pida a sus alumnos que se sienten alrededor y no se levanten de sus sillas. Deben observar las formas, texturas y tamaños de las piedras para realizar figuras. Pídales que dibujen una figura humana o un animal en la cartulina. Luego, que usen las piedras para confeccionar los ojos, la nariz, la boca, etc.

Dígales que completen el trabajo con otros materiales, como lana o estambre para ponerle cabello, bigotes, etc. **Lo importante es que realicen toda la actividad sin levantarse de**

la silla ni una sola vez. No importa que se les caiga el material o necesiten algo más; si requieren ayuda, deben levantar la mano y usted los atenderá.

Cuando los trabajos estén terminados, déjenlos secar y pregúnteles: *¿Cómo se sintieron al no poder levantarse de su lugar?* Escuche sus respuestas, y dígales que las personas que no pueden caminar muchas veces se sienten frustradas e impotentes. Sin embargo, Dios cuida de ellos porque los ama. En la historia bíblica aprenderemos más acerca de esto.

Nota: Puede sustituir la actividad de las piedras por otra manualidad que se adapte a las necesidades de su grupo.

HISTORIA BÍBLICA

Invite a un joven de su congregación para que represente a uno de los amigos que llevaron ante Jesús al paralítico. Provéale una túnica, y pídale que narre la historia. Entréguele con anticipación los materiales de estudio y permita que interactúe con los niños.

Jesús sana a un paralítico

La gente de Capernaúm se sentía feliz porque Jesús estaba con ellos. Muchos querían escuchar sus enseñanzas, así que la casa donde él se encontraba se llenó de gente.

Muchos se habían quedado afuera, pero podían mirar por la puerta y las ventanas.

Cuatro hombres pasaron cerca de la casa y vieron la gran multitud.

—¿Qué sucede allí? —preguntó uno de ellos.

—Jesús está en esa casa —contestó alguien.

Entonces, uno de los cuatro hombres dijo:

—Ya sé lo que podemos hacer. Vayamos a traer a nuestro amigo. Estoy seguro de que Jesús puede sanarlo.

—Tienes razón. ¡Vamos a buscarlo! —recalcó otro.

Todos estaban de acuerdo, así que fueron a buscar a su amigo que no podía caminar.

—Debes venir con nosotros a ver a Jesús —le dijeron.

—Pero no puedo ir —dijo el paralítico—. No puedo caminar, ¿cómo voy a llegar hasta allá?

—Nosotros te llevaremos. Debes escuchar las enseñanzas de Jesús y ver los milagros que hace.

—¡Está bien, vamos! —afirmó emocionado.

Cada uno de los amigos sujetó con fuerza una de las esquinas de la manta en la que su amigo estaba acostado y emprendieron el camino. Cuando llegaron cerca de la casa, uno de ellos dijo:

—Hay demasiada gente frente a la puerta y nunca llegaremos al lugar donde está Jesús. ¿Qué podemos hacer?

—¡Miren! Allí hay una escalera que conduce hasta el techo —mencionó otro de los amigos.

Todos sabían lo que debían hacer, así que con mucho cuidado sujetaron a su amigo, y lo subieron por la escalera hasta llegar al techo. Una por una comenzaron a quitar las tejas que cubrían el techo hasta hacer un hoyo grande. Después, ataron la manta con una soga y bajaron al enfermo con mucho cuidado, hasta ponerlo en medio de todos, delante de Jesús.

Algunas personas que estaban en la casa comenzaron a decir cosas sobre el paralítico.

—¡Pobre hombre! Seguramente hizo algo muy malo para merecer un castigo así —pensó alguien.

Entonces Jesús se acercó al paralítico y le dijo: —Amigo, te perdono todos tus pecados.

Al escuchar esas palabras, mucha gente se enojó y comenzó a hablar mal de Jesús.

—¿Quién se cree que es para perdonar pecados? —decían molestos—. Solo Dios puede hacer eso.

Jesús sabía lo que estaban pensando, así que le habló otra vez al hombre, diciendo:

—Levántate, toma tu camilla y vete a tu casa.

Entonces, frente a toda la multitud, el hombre se puso de pie, enrolló su camilla y se dirigió hacia la puerta. Mientras caminaba, gritaba:

—¡Gloria a Dios! Miren lo que Jesús hizo por mí. ¡Él me sanó!

Todos quedaron asombrados al ver al hombre caminar, y comenzaron a alabar a Dios diciendo: "¡Qué maravillas hemos visto hoy!"

ACTIVIDADES

¡Un agujero en el techo!

Pida a los niños que abran su libro en la Lección 42, y entréguele a cada uno un trozo de lana o estambre. Explíqueles que deben recortar la tira de la parte inferior de la hoja, el lecho y la figura del paralítico. Después, dígales que doblen el lecho por la mitad, siguiendo la línea punteada (la parte de color marrón debe quedar hacia afuera), y que coloquen adentro la figura del paralítico.

Ayúdelos a perforar los cuatro orificios marcados en el lecho del paralítico y el que está en el techo de la casa. Pasen el trozo de lana por los orificios del lecho y del techo, para simular que el paralítico está descendiendo.

Den vuelta la hoja. Dígales que hagan una línea que una el círculo, la estrella, el cuadrado y el triángulo con las personas que pueden hacer lo que dicen las frases. Conversen sobre aquello que solo Jesús puede hacer porque es el Hijo de Dios. Luego, descifren el mensaje misterioso.

Verdadero o falso

Use este juego para repasar con sus alumnos lo que aprendieron en la historia. Forme una fila con las sillas, y pídales que se sienten. Luego, lea las siguientes declaraciones. Si la oración es verdadera deben ponerse de pie; si es falsa deben permanecer sentados. Los que pierdan deberán desocupar la silla y abandonar el juego:

- Muy pocas personas fueron a ver a Jesús en Capernaúm.
- La casa estaba llena de gente.
- Tres hombres tenían un amigo que no podía caminar.
- Jesús fue a Capernaúm a visitar a unos parientes.
- Cuando los amigos vieron que no podrían entrar por la puerta, decidieron entrar por una ventana.
- Cuatro hombres hicieron un hoyo en el techo para bajar a su amigo.
- Jesús no puede perdonar los pecados.

- Jesús sanó al paralítico.
- El hombre estaba muy preocupado porque se le había perdonado sus pecados y podía caminar.
- Jesús es el Hijo de Dios.

MEMORIZACIÓN

Pida a sus alumnos que recorten la tarjeta del Club del versículo del mes. Luego, dígales que se dividan en parejas para repasar el texto. Cada uno deberá decir el texto a su compañero usando diferentes tonos de voz. Preste atención y elija a los más creativos para que pasen al frente y les digan a los demás el texto, modulando su voz de distintas formas.

PARA TERMINAR

Dirija a los niños en oración, dando gracias a Dios por haber enviado a su Hijo Jesús para salvarnos de nuestros pecados.

Mientras sus alumnos se preparan para ir a su casa, recuérdeles que usen su hoja de actividad para contarles la historia bíblica a sus familiares. Anímelos a estudiar el texto bíblico durante la semana y a no faltar a la próxima clase.

notas

Jesús vence la tentación

Base bíblica: Mateo 4:1-11.

Objetivo de la lección: Que los principiantes aprendan lo que ellos deben hacer ante la tentación.

Texto para memorizar: *De modo que si alguno está en Cristo, nueva criatura es; las cosas viejas pasaron; he aquí todas son hechas nuevas* (2 Corintios 5:17).

¡PREPÁRESE PARA ENSEÑAR!

A medida que los principiantes aprenden a diferenciar lo bueno de lo malo, necesitan saber la manera de lidiar con las tentaciones que los incitan hacia la maldad. Deben aprender cómo resistir los impulsos que los guían a pecar.

Use esta lección para enseñarles cómo resistir la tentación por medio del ejemplo de Jesús. Ayúdelos a comprender que aunque Jesús era el Hijo de Dios también era humano, y estaba sujeto a los mismos sentimientos y emociones que nosotros tenemos. Explíqueles que, al igual que ellos, Jesús sintió hambre, frío, temor y tenía preocupaciones. Sin embargo, se aferró a las promesas de Dios y pudo resistir la tentación, aun en los momentos más difíciles.

COMENTARIO BÍBLICO

Mateo 4:1-11. Los que presenciaron el bautismo de Jesús no fueron los únicos que escucharon la voz del cielo que dijo: "Este es mi Hijo amado, en quien tengo complacencia" (Mateo 3:17). Al parecer, Satanás también escuchó esa proclama. Por lo tanto, creyó que era el momento de estropear el plan divino de redención para la raza humana. Para ello, intentaría hacer caer a Jesús en tentación.

En las Escrituras vemos a Satanás como un asiduo opositor de Dios y sus propósitos. Es el padre de la mentira (Juan 8:44), y su trabajo es hacer que los que creen en Dios tropiecen.

En este pasaje observamos que Satanás, conociendo muy bien las debilidades humanas, trató de sacar ventaja de ellas. Sin embargo, Jesús mostró que mediante la palabra de Dios tenemos autoridad para resistir al diablo y hacer que huya de nosotros.

El enemigo sabía que Jesús había pasado 40 días en el desierto sin probar alimentos. Por eso no dudó en apelar a sus necesidades humanas, tentándolo para que convirtiera las piedras en pan. Al no obtener la respuesta que esperaba, le pidió a Jesús que probara la autenticidad de las promesas de Dios y se arrojara del pináculo del templo; así los ángeles vendrían en su ayuda. De nuevo, Jesús citó las Escrituras para rechazar los ataques del maligno. Por último, Satanás quiso tentar a Jesús con el poder, ofreciéndole todos los reinos del mundo. Sin embargo, Jesús, consciente de su propósito en la tierra, se aferró a las promesas del Padre para vencer las tentaciones.

En este pasaje Jesús nos enseña que, por medio de la palabra de Dios, podemos vencer los engaños y trucos de Satanás.

DESARROLLO DE LA LECCIÓN

Elija algunas de las actividades sugeridas para reforzar en sus alumnos el aprendizaje bíblico.

¿Qué sucedería si...?

Lea esta historia a sus alumnos:

A Marcos le resultaba difícil estudiar geografía. Aunque trataba de aprender lo que su maestra decía, cuando llegaba el momento del examen, olvidaba todo lo que había aprendido. Una tarde, Marcos y su mamá pasaron horas memorizando los nombres de los países y las capitales.

El día del examen, Marcos no recordaba casi nada de lo que había estudiado. Trataba de acordarse, pero el tiempo se le estaba terminando. De pronto, escuchó una voz dentro de su cabeza que le decía: "¿Por qué no te copias del examen de Fernando? Él tiene todas las respuestas correctas".

Pida a sus alumnos que sugieran el final que les gustaría para la historia. ¿Sería correcto que Marcos copiara las respuestas de Fernando?

Dígales: *Cuando Marcos pensó en copiarse del examen de Fernando estaba siendo tentado. En la historia bíblica de hoy aprenderemos más sobre las tentaciones y cómo vencerlas.*

El engaño

Para esta actividad necesitará un frasco o envase vacío de mermelada, o de cualquier otro dulce, y una víbora de juguete (plástico o dibujada en un cartón), la cual deberá colocar dentro del frasco.

Muestre el frasco a sus alumnos y pregúnteles: *¿Qué piensan que contiene este envase?* Permita que respondan. Luego, pida que un voluntario destape el frasco.

Después dígales: *El envase no contiene un*

140

dulce delicioso, sino una horrible víbora. Esta serpiente representa a Satanás, porque él está escondido detrás de algo que puede parecer bueno. Converse con los niños acerca de los pecados que al principio parecen inocentes, pero nos hacen caer en la trampa de Satanás.

Dígales que en la clase de hoy aprenderán cómo hacer frente a las tentaciones.

HISTORIA BÍBLICA

La tentación de Jesús

Faltaba poco tiempo para que Jesús iniciara su ministerio. Antes de comenzar a predicar y enseñar a las personas, Jesús fue a ver a Juan el Bautista para que lo bautizara en el río Jordán.

Después de su bautismo, Jesús tuvo que enfrentarse a una prueba difícil. El Espíritu Santo lo llevó al desierto, donde estuvo 40 días y 40 noches sin probar alimento.

Por supuesto, Jesús tenía mucha hambre y estaba débil. Entonces Satanás decidió tentarlo. Así que se le acercó y le dijo: "Si eres Hijo de Dios, di que estas piedras se conviertan en pan".

Jesús miró las piedras y es muy posible que haya pensado en el hambre que sentía, pero con valentía respondió: "Escrito está: No sólo de pan vivirá el hombre, sino de toda palabra que sale de la boca de Dios".

Jesús rehusó ceder a la tentación. Sin embargo, Satanás trató de tentarlo de otra forma. Esta vez lo llevó a la parte más alta del templo en Jerusalén. Allí le dijo: "Si eres Hijo de Dios, échate abajo, pues escrito está: A sus ángeles mandará acerca de ti, y en sus manos te sostendrán, para que no tropieces con tu pie en piedra".

¡Sería una forma espectacular para comenzar el ministerio de Jesús! El templo estaba lleno. Seguramente los líderes religiosos lo reconocerían como el Hijo de Dios si los ángeles vinieran a rescatarlo. Pero, sabiendo que ese no era el plan de Dios, "Jesús le dijo: Escrito está también: No tentarás al Señor tu Dios".

Así, Jesús usó otro versículo del Antiguo Testamento para vencer la tentación.

Pero Satanás no se dio por vencido, y una vez más tentó a Jesús. Lo llevó a un monte alto para que viera todos los reinos del mundo y sus riquezas, y le dijo: "Todo esto te daré, si postrado me adoras".

¡Parecía tan sencillo! Jesús sabía que su ministerio en la tierra no sería fácil. La gente esperaba que el Mesías prometido fuera un gran líder. Ellos deseaban un rey, y Satanás le estaba prometiendo que lo haría rey. La gente no escucharía al hijo del carpintero de Nazaret, pero si Jesús llegaba a ser rey todos lo escucharían, y todo sería muy fácil.

"Entonces Jesús le dijo: Vete, Satanás, porque escrito está: Al Señor tu Dios adorarás y a él solo servirás".

El enemigo había usado sus mejores tentaciones cuando Jesús se encontraba más débil. Pero por tercera vez Jesús usó un versículo para destruir al demonio. Satanás sabía que Jesús lo había derrotado y, al ver que no podría vencerlo, se fue.

Jesús se quedó en el desierto, solo, agotado y hambriento, pero había pasado la prueba resistiendo las tentaciones del enemigo. De pronto, ángeles del cielo fueron hasta donde él estaba para servirlo y acompañarlo.

ACTIVIDADES

¿Cómo reconoces la tentación?

Abran el libro del alumno en la Lección 43. Pregunte a los niños qué imagen viene a su mente cuando hablan acerca del tentador. Tal vez muchos de sus alumnos piensen que el enemigo es un personaje vestido de rojo, con cuernos y una larga cola. Explíqueles que esa es la forma en que muchos dibujantes y caricaturistas representan a Satanás. Muchos dibujan al diablo como si fuera un ser simpático, mientras que otros lo dibujan espantoso.

Lo que en realidad importa es que sepan que Satanás es enemigo de Dios; por lo tanto, también es nuestro enemigo. Lo único que él desea es que las personas desobedezcan a Dios y se alejen de Jesús. Él nos tienta de diferentes formas para hacernos caer. Algunas veces lo hace por medio de un amigo que nos incita a hacer algo malo; otras, por las imágenes que vemos en la televisión.

Pídales que hagan un círculo alrededor de todas las tentaciones que encuentren en la página, y conversen sobre lo que deben hacer. Asegúrese de que sus alumnos entiendan que no es malo ser tentado, incluso Jesús fue tentado. La tentación se convierte en pecado si cedemos y hacemos lo malo.

Herramientas para vencer la tentación

Luego, en la próxima actividad pídales que corten de la Sección Recortable los 8 rectángulos o tarjetas para esta actividad (La Biblia, el niño que corre, los globos, etc.). Doblen la hoja por las líneas punteadas y peguen ambos lados para formar una bolsa o bolsillo. Observen las tarjetas y escojan las que representen herramientas que nos ayudan a vencer la tentación.

Lea las siguientes situaciones, y pida a sus alumnos que escojan la herramienta que deben usar para defenderse de la tentación.

1) Tienes muchas ganas de comer un dulce o golosina, pero no tienes dinero para

comprarlo. Nadie te está viendo y te sientes tentado a llevártelo sin pagar. ¿Qué harías? (Ejemplo: Recordar que la Biblia dice "No robarás" [Éxodo 20:5]; orar y pedir la ayuda de Dios).

2) Estás muy enojado porque un niño te lastimó y te sientes tentado a vengarte de él. ¿Qué harías?

3) Hiciste algo malo y sabes que tu mamá se enojará. Si dices una pequeña mentira, tal vez no se dé cuenta de que fue tu culpa. ¿Qué harías?

4) Un amigo te ofreció un cigarrillo. Tú no quieres que piense que no eres valiente, así que te sientes tentado a aceptarlo. ¿Qué harías?

Concluyan esta actividad leyendo juntos Hebreos 2:18.

MEMORIZACIÓN

Trace una línea en el suelo, o coloque una cuerda, la cual será la "línea de la memoria". Haga una ronda con sus alumnos. Pida a uno de ellos que se pare fuera de ella, dando la espalda a los demás. Entréguele un pandero u otro instrumento musical, y dígale que lo haga sonar sin mirar a sus compañeros.

Los demás deben empezar a caminar en círculo, pasando por la línea de la memoria. Cuando el niño con el pandero deje de tocar, todos deben detenerse. El que haya quedado sobre la línea o frente a ella, tendrá que decir el versículo de memoria. Continúen el juego hasta que la mayoría de los alumnos haya dicho el texto bíblico.

PARA TERMINAR

Júntense para dar gracias a Dios por la clase de hoy. Ore también por sus alumnos, pidiendo a Dios que les dé la fuerza y la sabiduría para resistir las tentaciones.

Anímelos a asistir a la próxima clase, y llame o visite a los que faltaron.

notas

Jesús visita a Zaqueo

Base bíblica: Lucas 19:1-10.

Objetivo de la lección: Que los principiantes comprendan que el corazón de las personas cambia cuando deciden seguir a Jesús.

Texto para memorizar: *De modo que si alguno está en Cristo, nueva criatura es; las cosas viejas pasaron; he aquí todas son hechas nuevas* (2 Corintios 5:17).

¡PREPÁRESE PARA ENSEÑAR!

La historia de Zaqueo ilustra muy bien el texto para memorizar de esta unidad. Muestra con claridad que cuando Jesús llega a la vida de una persona la trasforma y la hace una nueva criatura. A través de esta historia, sus alumnos aprenderán que Jesús hace la diferencia en la vida de las personas.

A todos los niños les gusta sentirse amados. En la historia de hoy, cuando Jesús se detiene para hablar con Zaqueo, vemos el amor de Dios en acción. Él nos busca, sin importar la situación en que nos encontremos. Por medio de esta historia sus alumnos experimentarán el amor y la aceptación de Jesús. Cuando lo comprendan y acepten, sus actitudes y comportamiento irán cambiando, tal como sucedió con Zaqueo, y comenzarán a reflejar el amor de Dios en su vida.

COMENTARIO BÍBLICO

Lucas 19:1-10. Zaqueo era judío, y vivía en Jericó. Esa ciudad era un gran centro comercial en donde los cobradores de impuestos podían prosperar. Estos hombres se ganaban la vida cobrando impuestos para el imperio romano, a los que añadían sus comisiones, porque tenían libertad para cobrar cierto porcentaje como pago por su trabajo.

La cantidad de negocios que se realizaban en esa importante ciudad representaba una fuente de tentación; por eso cobraban cuantiosas comisiones y engañaban a la gente.

Zaqueo había acumulado riquezas, engañando a sus clientes. Al parecer, este hombre ambicioso escuchó algo sobre Jesús que le provocó una necesidad imperiosa de conocerlo.

El Espíritu de Dios estaba trabajando en la vida de Zaqueo y, aunque era un ciudadano rico de Jericó, ver a Jesús fue más importante que mantener las apariencias. Este hombre de baja estatura trató de abrirse paso entre la multitud, pero, como no pudo, decidió subirse a un árbol para ver a Jesús cuando pasara.

Jesús, sabiendo que Zaqueo tenía una necesidad espiritual profunda, se detuvo bajo el árbol de sicómoro y miró hacia arriba. Entonces llamó a Zaqueo y le anunció que iría a su casa.

El encuentro de Zaqueo con el Maestro cambió su vida por completo. Dejó de ser ambicioso y estafador, y se convirtió en una persona compasiva y dadivosa. La historia de Zaqueo nos ayuda a comprender que Jesús hace la diferencia en la vida de las personas, porque no solo perdona el pasado, sino que cambia el presente, y nos bendice con un futuro lleno de esperanza.

DESARROLLO DE LA LECCIÓN

Escoja algunas de las actividades sugeridas para ayudar a sus alumnos a comprender mejor la verdad bíblica de esta lección.

Figuras geométricas

Con anticipación, dibuje y recorte figuras geométricas (rombos, cuadrados, círculos, óvalos, etc.) de distintos colores. Tenga en mente que cada alumno utilizará por lo menos ocho.

También necesitará hojas blancas o trozos pequeños de cartulina, pegamento, tijeras y lápices de colores.

Entregue los materiales a los niños, y pídales que usen las figuras para hacer un árbol y una figura humana. Ayúdelos a identificar las formas geométricas que servirían mejor para hacer el tronco y la copa del árbol. Luego, pida que decoren la hoja, utilizando los lápices de colores.

Dígales que en la historia de hoy hablarán acerca de un hombre que se subió a un árbol para ver a una persona muy importante.

HISTORIA BÍBLICA

Le sugerimos que invite a un joven de su congregación para representar a Zaqueo. Pídale que lea las partes que le corresponden al personaje, mientras usted narra el resto de la historia.

Zaqueo conoce a Jesús

"Uno, dos, tres... ¡cuánto dinero he ganado hoy!", dijo Zaqueo. Él estaba contando el dinero de los impuestos que la gente del pueblo le había pagado.

"Creo que hice un buen trabajo. Me gusta mucho cobrar los impuestos porque puedo pedir la cantidad de dinero que yo quiera. A los romanos les doy su parte y el resto es para mí. Cuando las personas se quejan, solo les digo que los impuestos han subido. ¡Me encanta este trabajo!"

Las personas del pueblo sabían que Zaqueo los engañaba, cobrándoles más de lo debido. Por eso nadie lo quería.

Mientras Zaqueo guardaba su dinero en un lugar seguro, escuchó un gran alboroto en las calles de Jericó. "Casi seguro que alguien importante está pasando por aquí", pensó, mientras trataba de escuchar lo que decían.

"¡Apresúrense! Jesús está pasando por el pueblo. ¡Vamos a verlo!", dijo alguien.

Cuando Zaqueo escuchó esa noticia, salió corriendo y se unió a la multitud que seguía a Jesús. ¡Tenía tantos deseos de conocerlo!

Sin embargo, había tanta gente que Zaqueo no podía acercarse, y como era bajo de estatura no alcanzaba a ver nada. Trató de saltar para ver mejor, pero ni aún así lo logró.

"Tengo que encontrar la forma de ver a Jesús", pensó. "¡Ya sé! Me subiré a ese árbol, y desde allí podré observar todo".

Zaqueo corrió por la calle para subirse a un gran árbol de sicómoro que estaba justo por donde Jesús iba a pasar.

Aunque había mucha gente a su alrededor, Jesús sabía que Zaqueo lo estaba mirando desde el árbol. Así que, cuando llegó a ese lugar, se detuvo.

—¿Por qué se detiene Jesús? —se preguntaban las personas.

—Zaqueo, bájate de allí porque quiero visitar tu casa y tu familia —dijo Jesús.

Zaqueo, feliz de que Jesús quisiera ir a su casa, bajó del árbol lo más rápido que pudo.

—¿No es ese hombre el tramposo que cobra los impuestos? —preguntó un señor.

—Sí, es Zaqueo, el traidor que trabaja para los romanos. Todos aquí sabemos que nos engaña para quedarse con dinero extra para él —le respondieron.

"Entonces, ¿por qué Jesús quiere ir a su casa?", se preguntaban.

Jesús sabía cómo era Zaqueo. Estaba enterado de que engañaba a sus vecinos y hacía trampa para ganar dinero. Sin embargo, Jesús lo amaba y quería que fuera diferente. Él no lo acusó ni le dijo que era una persona terrible. Al contrario, lo trató con amor y amabilidad.

Por primera vez en mucho tiempo, Zaqueo se avergonzó de lo que había hecho. Estaba arrepentido de haber engañado a las personas y de haberlas tratado mal.

Ahora había decidido seguir a Jesús y quería hacer todo bien. Así que se puso de pie, y dijo: "Jesús, yo quiero seguirte. Me arrepiento de todo

lo malo que hice. Daré a los pobres la mitad de lo que tengo, y a los que engañé les daré cuatro veces más de lo que les robé".

Jesús se alegró mucho y dijo: "La salvación ha llegado a esta casa y a tu familia. Para eso he venido al mundo, para buscar y salvar lo que se había perdido".

ACTIVIDADES

Zaqueo conoce a Jesús

Distribuya los libros del alumno, y pida a los niños que recorten las tiras y la figura de Zaqueo de la Sección Recortable. Explíqueles que deben unir las dos tiras, pegándolas sobre los espacios marcados con las letras A y B. Luego, peguen la figura de Zaqueo sobre la tira, de tal forma que su cinturón quede a la altura de las letras. Ayúdelos a hacer las aberturas en las líneas negras del árbol, e introduzcan por ellas los dos extremos de la tira. Dígales que muevan la figura de Zaqueo de arriba abajo para hacer de cuenta que sube al árbol y luego baja.

¡Puedo cambiar!

Pida a sus alumnos que abran su libro en la segunda página de la Lección 44 y observen las ilustraciones. Pregúnteles: *¿Qué piensan que está haciendo Zaqueo?* (Devolviendo el dinero a las personas). Explíqueles que Zaqueo trató de reparar el daño que había hecho al engañar a la gente.

Luego, centren su atención en la segunda ilustración. Pida que opinen qué creen que está sucediendo en esa escena (el niño tomó algo de la tienda y se dio cuenta de que había actuado mal; pidió perdón a Dios y fue a devolverlo).

Permita que sus alumnos coloreen las figuras y conversen acerca de lo que sucede en la vida de las personas cuando conocen a Jesús.

MEMORIZACIÓN

Prepare una exposición con los trabajos que sus alumnos realizaron durante la semana. Pida que cada uno diga el texto bíblico de memoria como participación especial. También pueden entonar una canción o dramatizar la historia.

Para los padres será muy interesante ver lo que sus hijos hacen en la clase, y los motivará a seguir llevándolos.

PARA TERMINAR

Agradézcales su asistencia durante estas cuatro semanas, y dígales que en la próxima clase comenzarán a estudiar una nueva unidad sobre una familia muy especial.

Anímelos a invitar a sus amigos y a poner en práctica los principios bíblicos que aprendieron en estas lecciones.

UNA FAMILIA ESCOGIDA POR DIOS

Base bíblica: Génesis 12:1-7; 13; 15:1-5; 17:1-5, 15; 18:1-12; 21:1-7.

Texto de la unidad: *A Jehová, nuestro Dios, serviremos, y a su voz obedeceremos* (Josué 24:24).

PROPÓSITOS DE LA UNIDAD

Esta unidad ayudará a los principiantes a:

- ❖ Aprender que los hijos de Dios deben amarlo y confiar en él.
- ❖ Ser considerados con otras personas.
- ❖ Confiar en Dios siempre.
- ❖ Saber que Dios nos ayuda a tomar decisiones.
- ❖ Valorar y respetar a los miembros de su familia.

LECCIONES DE LA UNIDAD

Lección 45:   Dios llama a Abraham

Lección 46:   Abraham permite que Lot escoja primero

Lección 47:   Abraham cree en Dios

Lección 48:   Una esposa para Isaac

Lección 49:   Isaac, el pacificador

POR QUÉ LOS PRINCIPIANTES NECESITAN LA ENSEÑANZA DE ESTA LECCIÓN

Esta unidad trata varios aspectos importantes del desarrollo social y espiritual de sus alumnos (por ejemplo: consideración hacia los demás, vivir en paz con todos, amar, confiar y ser fieles a Dios).

Esta unidad ayudará a los principiantes a entender la relación entre Dios y las personas que él escogió. Todas estas historias se enfocan en la importancia de la familia y cómo Dios la usa para bendecir a los demás.

Para sus alumnos, el centro de sus actividades y afectos gira en torno al núcleo familiar. Por eso es importante enseñarles principios bíblicos que refuercen la importancia de amar y respetar a los miembros de su familia. También sabrán que Dios elige a familias fieles para que sirvan en su obra.

Dios llama a Abraham

Base bíblica: Génesis 12:1-7.

Objetivo de la lección: Que los principiantes sepan que Dios llama y elige a hombres fieles para que lo sirvan.

Texto de la unidad: *A Jehová, nuestro Dios, serviremos, y a su voz obedeceremos* (Josué 24:24).

¡PREPÁRESE PARA ENSEÑAR!

En esta lección los principiantes aprenderán dos verdades fundamentales: la primera, que Dios cumple sus promesas; y la segunda, que él desea bendecir a nuestras familias.

Sus alumnos deben sentir que pertenecen a un grupo, es decir, que se puedan identificar con él y sentirse parte importante de él.

Dios instituyó a la familia para que fuera ese grupo, de modo que los niños crezcan protegidos y guiados con sabiduría. Sin embargo, muchas familias perdieron los valores esenciales y deformaron el propósito principal.

Los principiantes deben comprender que Dios está interesado en sus familias y que desea bendecirlas. Usando como ejemplo la vida de Abraham y su familia, enséñeles que Dios desea que las familias lo sirvan y obedezcan. Así puede usarlas para bendecir a los demás y extender el evangelio.

COMENTARIO BÍBLICO

Génesis 12:1-7. Es interesante observar cuántas historias de familias prominentes encontramos en Génesis. Sin embargo no debe sorprendernos, porque uno de los propósitos de ese libro es ayudar al pueblo de Dios a conocer sus raíces. Desde el principio, con Adán y Eva, luego Noé y su familia, hasta llegar a Abraham, vemos ejemplos de la fidelidad y la provisión de Dios.

El llamado de Dios a Abraham no fue repentino. El testimonio de Esteban, en Hechos 7:2-4, nos dice que Dios llamó a Abraham cuando vivía en la Mesopotamia, antes de que su padre muriera.

Quizá Taré, el padre de Abraham, haya sido el primero en recibir el llamado de Dios para salir de Ur de los caldeos.

Taré y su familia, Abraham, Sara y Lot, decidieron dejar la ciudad donde vivían y viajaron por el desierto. Después de la muerte de Taré, Abraham, su esposa y su sobrino se fueron a vivir a la tierra de Canaán.

En los tiempos de Abraham, existía una costumbre de que las familias vivieran lo más cerca posible. Todos trabajaban juntos y se ayudaban unos a otros. Lo normal era que las familias numerosas vivieran bajo el mismo techo.

Por eso era difícil que alguien decidiera mudarse lejos de la seguridad, el amor y la colaboración que sus parientes le ofrecían.

Sin embargo, Abraham obedeció el llamado de Dios y dio un paso de fe, sabiendo que el Señor estaría con él en cualquier parte.

DESARROLLO DE LA LECCIÓN

Escoja algunas de las actividades sugeridas para centrar la atención de los principiantes en el tema de estudio.

La casa

Para esta actividad necesitará un pliego grande de papel o cuatro cartulinas unidas, pinturas dactílicas, cañas, varas, palmas y hojas, palitos y pasto.

Trace una línea horizontal a lo largo de la hoja y péguela en la pared. Luego, divida la clase en dos equipos. Uno debe pintar la parte superior de la hoja para hacer el cielo, y el otro, la parte inferior, simulando la tierra.

Pídales que dibujen casas sencillas de diferentes tamaños y decoren los techos, las paredes, las puertas, etc., usando diferentes materiales. Completen el mural con flores, árboles, nubes, el sol, etc.

Mientras trabajan, conversen acerca de la importancia de la familia. Anímelos a contar algunas experiencias familiares.

Luego, dígales que en la clase de hoy hablaremos sobre una familia muy especial a la cual Dios eligió.

Una gran mudanza

Lleve a los niños fuera del salón por un momento. Tengan un tiempo de juegos, mientras un adulto voluntario lo ayuda a poner todas las sillas en desorden en un extremo del salón. Luego vuelvan y dígales: *¡Alguien movió nuestras sillas! Vamos a tener que ponerlas donde estaban antes y acomodarlas!*

Cuando el salón esté listo, dé un tiempo de descanso, y dígales: *Mudarse de un sitio a otro es un trabajo difícil. Nosotros nos cansamos solo de mover las sillas de un lugar a otro, pero Dios le pidió a Abraham que se mudara a una tierra lejana. Vamos a aprender más sobre esto en la historia de hoy.*

HISTORIA BÍBLICA

Abraham obedece a Dios

Los amigos y parientes de Abraham se pusieron muy tristes cuando él les dijo que se mudaría a otro lugar.

—Dios me dijo que debo irme —explicó Abraham—. Él quiere que vivamos en otra tierra, así que tengo que dejarlos.

—¿Estás seguro, Abraham? —le preguntó uno de sus amigos—. Es peligroso que te vayas de la ciudad. Ya no estaremos cerca para protegerlos a ti y a tu familia. ¿Por qué quieres hacerlo? ¡Todos tus parientes viven aquí!

—No se preocupen. Estoy obedeciendo la voluntad de Dios. Él me dijo que a través de mi familia bendecirá a todas las familias de la tierra.

—¿Pero, cómo es posible que eso suceda? —le preguntaron—. Tú eres muy viejo para tener hijos. ¡Casi tienes 75 años! Tú y tu esposa Sara nunca tuvieron hijos. Entonces, ¿cómo va a bendecir Dios al mundo a través de tu familia? ¡Si ni siquiera tienes familia!

Abraham los miró sonriendo, y les dijo:

—Yo sé que es difícil creerlo, pero yo confío en Dios. No sé cómo cumplirá su promesa, pero sé que lo hará.

—Tienes razón, tío Abraham —dijo Lot—. ¿Puedo ir contigo?

—No sé a dónde nos llevará el Señor, pero eres bienvenido si quieres ir con nosotros —contestó Abraham.

Los amigos y parientes de Abraham los ayudaron a preparar todo para la mudanza. Llenaron canastas con alimentos; luego doblaron la ropa con sumo cuidado y la guardaron en sacos; y al terminar colocaron todo el equipaje sobre burros y camellos.

Por último, llegó el día de partir. Abraham, Sara y Lot se despidieron de sus parientes y amigos, e iniciaron un largo viaje para cumplir la voluntad de Dios.

Después de muchas semanas de viaje, llegaron a un lugar llamado Canaán. Allí Dios le habló otra vez más a Abraham.

"Esta tierra será para ti y tu descendencia", le dijo Dios.

Abraham creyó en la promesa de Dios y construyó un altar, para adorarlo y darle gracias por haberlos llevado con bien a la nueva tierra.

ACTIVIDADES

Abran los libros del alumno en la Lección 45. Pida a los niños que escriban su nombre sobre la línea. Proveáles tijeras para que recorten la figura de la casa siguiendo el contorno. Luego, ayúdelos a recortar las ventanas y las puertas, como lo indican las líneas negras. Muéstreles cómo doblar por las líneas punteadas para abrir las puertas y ventanas.

Déles tiempo para que hagan dibujos de su familia en los recuadros marcados y que decoren su trabajo. Cuando concluyan dígales que doblen la hoja por la mitad y la peguen para finalizar la actividad.

MEMORIZACIÓN

Escriba el versículo en una cartulina o en la pizarra, y repítalo dos veces junto con sus alumnos.

Luego, pida que formen un círculo y que un voluntario se coloque en el centro. Use un pañuelo para vendar los ojos del niño y entréguele una pelota suave. Este deberá arrojársela a los demás. El que la reciba deberá decir el texto de memoria y tomar el lugar del que está en el centro.

Cuando la mayoría de los niños hayan participado, vuelva a mostrar la cartulina y repitan juntos el versículo.

PARA TERMINAR

Dé tiempo para que sus alumnos mencionen sus pedidos de oración, e intercedan por ellas. Recuérdeles que a Dios le agrada que oremos unos por otros, en especial por los miembros de nuestra familia.

Anímelos a ser puntuales en la asistencia de la siguiente clase para estudiar más sobre la historia de Abraham.

notas

Abraham permite que Lot escoja primero

Base bíblica: Génesis 13.

Objetivo de la lección: Que los principiantes aprendan a ser considerados con los demás.

Texto de la unidad: *A Jehová, nuestro Dios, serviremos, y a su voz obedeceremos* (Josué 24:24).

¡PREPÁRESE PARA ENSEÑAR!

Los principiantes son expertos en señalar cuando algo les parece injusto, sobre todo si creen que alguien trata de sacar ventaja de ellos.

A esta edad la mayoría de los niños son egocéntricos por naturaleza; creen que son el centro, y siempre buscan satisfacer sus necesidades sin tomar en cuenta a los demás.

La lección de hoy, que muestra la generosidad de Abraham, ayudará a sus alumnos a reconocer que la provisión de Dios es para todos. También aprenderán que él se agrada cuando ellos comparten con alegría lo que tienen.

Use esta enseñanza para sembrar en el corazón de sus alumnos el deseo de considerar las necesidades de los demás, y motívelos a compartir con gozo.

COMENTARIO BÍBLICO

Génesis 13:1-18. Abraham y Sara se mudaron a Canaán, y Lot fue con ellos. Después de un tiempo, una terrible hambruna los obligó a irse a Egipto, donde prosperaron muchísimo.

Cuando regresaron a Canaán, tanto Abraham como Lot tenían muchas posesiones y animales. Sus rebaños eran tan grandes que la comida y el agua no les alcanzaban, causando peleas entre los pastores de ambas familias.

Por lo tanto, decidieron separarse y vivir en diferentes territorios. En la cultura antigua, el hombre de mayor edad tenía el derecho de elegir el lugar donde deseaba vivir. Sin embargo, Abraham permitió que su sobrino escogiera primero.

Lot, aprovechando la oportunidad, escogió la fértil llanura del Jordán, mientras que Abraham se estableció en Canaán, el lugar a donde Dios le había ordenado ir. Allí Dios bendijo a Abraham por su actitud generosa, prosperándolo aún más.

Por su parte, Lot y su familia se sintieron atraídos por dos ciudades en las cuales había mucha perversión: Sodoma y Gomorra. Cuando Dios destruyó esas ciudades, Lot perdió a su esposa y sus posesiones, y estuvo a punto de perder la vida.

Esta historia nos enseña que la fidelidad a Dios tiene recompensa. Cuando obedecemos su voluntad prosperan todos nuestros caminos, no importa dónde nos encontremos.

DESARROLLO DE LA LECCIÓN

Use algunas de estas actividades para enriquecer la dinámica grupal y preparar a sus alumnos para aprender la verdad bíblica de hoy.

¡Muchos animales!

Con anticipación prepare masa para modelar (plastilina) de distintos colores. Cubra el área de trabajo con periódicos o bolsas de plástico y distribuya la plastilina. Pida a sus alumnos que elaboren diversas figuras de animales. Pueden hacer tantas como la cantidad de material les permita.

Mientras trabajan, dígales: *¿Qué sucedería si todos hicieran tantos animales que ya no quedara espacio en la mesa?* (Algunos tendrían que llevar sus animales a otras mesas o a otro lugar). Explíqueles que la historia de hoy trata sobre un problema que hubo entre Abraham y su sobrino Lot, porque tenían muchos animales.

¡A compartir!

Para esta actividad necesitará una bolsa de galletas o trozos de fruta (manzanas, naranjas, etc.), servilletas o platos desechables.

Mientras los niños observan, reparta las galletas o la fruta en las servilletas o platos, asegurándose de que algunas porciones sean mayores que otras.

Luego, pídales que elijan la porción que desean comer. Cuando todos lo hayan hecho, pregúnteles por qué eligieron esas porciones.

Seguramente algunos niños escogieron las porciones más grandes, y algunos hubieran deseado la porción que otro ya había elegido.

Explíqueles que muchos problemas surgen porque las personas piensan primero en ellas mismas. Eso se llama egoísmo. Una persona egoísta no considera las necesidades de los demás, porque solo desea su bienestar personal.

En la clase de hoy hablaremos acerca de un hombre que fue generoso y permitió a su sobrino elegir primero.

Distribuya las galletas en porciones iguales, y compártalas con sus alumnos.

HISTORIA BÍBLICA

Lot escoge dónde vivir

Abraham y Lot tenían muchos animales, sobre todo ovejas y vacas. Estos animales se alimentan de pasto y, como los dos tenían muchísimo ganado, no había suficiente pasto para todos los animales.

Por esa razón, los pastores que trabajaban para Abraham y los que trabajaban para Lot discutían con frecuencia. Siempre estaban peleando para conseguir los mejores lugares con más pasto.

Abraham se enteró de esta situación, así que fue a hablar con su sobrino.

"Lot, tú y yo somos familiares y no debe haber peleas entre nosotros, ni entre nuestros pastores. Aquí hay tierra para todos y creo que es tiempo de separarnos. Si tú vas a la izquierda, yo iré a la derecha; si vas a la derecha, yo iré a la izquierda".

Lot se sorprendió cuando Abraham le dio la oportunidad de escoger primero. Según la costumbre de esos tiempos, la persona de mayor edad tenía el derecho de escoger primero. Sin embargo, Abraham fue generoso y permitió que Lot escogiera la tierra donde quería vivir.

Lot observó a su alrededor, y vio que en la llanura del río Jordán nunca faltaba agua. Los pastos siempre estaban verdes, porque era una tierra muy fértil. Además, allí cerca había dos grandes ciudades.

"¡Elijo vivir en la llanura del Jordán!", dijo Lot. Así que se fue con su familia, sus trabajadores y sus animales a la nueva tierra donde habitarían.

Abraham sabía que había hecho lo correcto. Aunque la tierra en la que él se había quedado no era tan fértil, sabía que Dios cuidaría de él y de su familia.

Una vez más el Señor le habló, diciendo: "Toda la tierra que ves, la daré a ti y a tu descendencia para siempre. Y haré tu descendencia como el polvo de la tierra; que si alguno puede contar el polvo de la tierra, también tu descendencia será contada. Levántate, vé por la tierra a lo largo de ella y su ancho; porque a ti te la daré" (13:15-17).

Abraham siguió creyendo que Dios cumpliría sus promesas, así que vivió en esa tierra por largo tiempo y Dios lo prosperó mucho.

ACTIVIDADES

Tiempo de compartir

Distribuya los libros del alumno y lápices de colores. Pida a los niños que unan con una línea las figuras que se relacionan. Hágales notar que una de las figuras representa un problema, mientras que la otra representa una solución.

Pídales que relaten una breve historia sobre lo que creen que está sucediendo en cada situación. Concluyan repasando lo que estudiaron en la historia bíblica.

Aprendamos a ser considerados

Siéntese con sus alumnos, y elaboren una lista de formas en que pueden mostrar consideración por sus semejantes (Por ejemplo: compartiendo los juguetes, prestándose los lápices de colores, permitiendo que otros elijan primero, etc.).

Recuérdeles que Dios bendijo a Abraham porque fue generoso y pensó en el bienestar de Lot antes que en el suyo propio.

Anímelos a poner en práctica las ideas que dijeron, y a ejercitar su generosidad durante la semana.

MEMORIZACIÓN

Dé tiempo para que los principiantes completen los espacios en blanco de la parte inferior, de la segunda página del libro del alumno, Lección 46, con las letras que están en la rueda. Así formarán el texto bíblico: *A Jehová, nuestro Dios, serviremos, y a su voz obedeceremos* (Josué 24:24).

Después de repetir juntos el texto varias veces, dé oportunidad para que algunos voluntarios lo digan de memoria.

PARA TERMINAR

Pida a uno de los alumnos que ore en voz alta e interceda por las peticiones. Concluya pidiéndole al Señor que ayude a sus alumnos a ser considerados con sus semejantes.

Entonen alguna canción antes de despedirse, e invítelos a la siguiente clase para que aprendan más historias sobre Abraham, el amigo de Dios.

Abraham cree en Dios

Base bíblica: Génesis 15:1-5; 17:1-5, 15; 18:1-12; 21:1-7.

Objetivo de la lección: Que los principiantes aprendan a confiar más en Dios.

Texto de la unidad: *A Jehová, nuestro Dios, serviremos, y a su voz obedeceremos* (Josué 24:24).

¡PREPÁRESE PARA ENSEÑAR!

En el mundo complejo de hoy, a menudo es difícil para los niños saber en quién confiar.

Sus alumnos necesitan que se les reafirme que Dios cumple sus promesas. Lamentablemente, quizá algunos de ellos vivan en hogares donde las promesas jamás se cumplen. Tal vez les resulte difícil comprender que Dios cumple lo que promete.

Los principiantes aprenden con facilidad a confiar y a desconfiar. Si alguien a quien aman les falla muchas veces es difícil que vuelvan a confiar sin dudar. Por ello es importante enseñarles a través de esta lección que, a pesar de las circunstancias, Dios es fiel y siempre cumple sus promesas.

COMENTARIO BÍBLICO

Génesis 15:1-5; 17:1-5, 15; 18:1-12; 21:1-7.

Es probable que fuera difícil para Abraham confiar en que Dios cumpliría su promesa, sobre todo después de tantos años. Las religiones de aquel tiempo adoraban a dioses falsos que no demandaban nada de sus seguidores. No requerían que fueran pacientes, comprometidos, fieles ni leales.

Sin embargo, Abraham continuó viviendo conforme a la voluntad de Dios y esperando que cumpliera su promesa.

Los años pasaban, y Abraham y Sara aún no tenían hijos. La duda comenzaba a embargar sus corazones y su fe necesitaba fortalecerse. Entonces Abraham clamó a Dios, pidiendo una señal para estar seguro de que todo lo que él les había dicho se cumpliría. Dios, mostrándole las estrellas, le dijo que su descendencia sería tan numerosa como las estrellas del firmamento. Dios usó un elemento de la vida cotidiana para recordarle a Abraham su pacto.

A través del tiempo la fe de este hombre fue probada con fuego. Pasaron muchos años antes del nacimiento de Isaac y, durante ese período, Dios le recordó a Abraham que solo él tiene el control de las situaciones y que su tiempo es perfecto. Sin importar la edad de Sara o las circunstancias adversas, Dios fue fiel a su promesa y cumplió, tal como lo había dicho.

Piense en una época de su vida en que Dios cumplió una de sus promesas, y agradézcale por eso. Mientras enseña esta lección, recuerde y exprese el gozo que sintió en esa ocasión.

DESARROLLO DE LA LECCIÓN

Use algunas de las siguientes actividades para reforzar el aprendizaje bíblico de sus alumnos.

Estrellas

Para esta actividad necesitará una figura en forma de estrella para cada alumno, escarcha (diamantina o brillantina) dorada y pegamento. Si no tiene escarcha, provea lápices de colores.

Consiga carteles o ilustraciones que muestren el cielo de noche. Pida a sus alumnos que identifiquen la luna, las estrellas, los cometas, etc.

Luego, reparta las estrellas, la escarcha y el pegamento para que los principiantes las decoren. Mientras trabajan, dígales que hoy hablarán sobre un pacto que Dios hizo con Abraham, usando las estrellas del cielo como ejemplo.

Al terminar de armarlas, peguen las estrellas alrededor del salón para representar el firmamento.

¿Cuántas estrellas hay en el cielo?

Antes de la clase, dibuje o pegue muchas estrellas en una cartulina o papel negro.

Muestre a sus alumnos el papel, y pídales que cuenten las estrellas.

Dígales: *En la historia bíblica de hoy, Dios le dijo a Abraham que contara las estrellas del cielo para enseñarle una importante lección.*

¡Adivina!

Llene un recipiente transparente con semillas o botones que haya contado previamente. Colóquelo sobre una mesa, de modo que todos los niños puedan verlo. Luego, pregúnteles: *¿Cuántos botones (semillas) creen que hay en este recipiente?*

Pida que cada uno escriba su respuesta en un papel. Entregue un pequeño premio a quien más se acerque a la cantidad correcta.

Luego, dígales: *Dios le dijo a Abraham que su descendencia sería más numerosa que las estrellas del cielo. ¿Creen que la familia de Abraham fue más numerosa que los botones (semillas) que hay en este recipiente? Es difícil imaginarse una familia tan grande, pero Dios le prometió a Abraham que su familia sería una gran nación, y Dios siempre cumple lo que promete.*

HISTORIA BÍBLICA

Dios cumple su promesa

Once largos años habían pasado desde que Dios le prometió a Abraham que haría de él una gran nación. ¿Se habría olvidado Dios de su promesa?

Abraham ya comenzaba a desanimarse. Pero un día Dios le dijo:

—No tengas miedo. Yo cuidaré de ti y te daré un regalo maravilloso.

—Pero, ¿qué puedes darme, Señor? —replicó Abraham—. No tengo hijos y mis sirvientes heredarán todo lo que tengo.

Entonces Dios llevó a Abraham fuera y le dijo:

—Mira las estrellas del cielo, ¿puedes contarlas?

—No, Señor, no puedo —contestó Abraham— ¡son demasiadas!

—Pues, así será tu descendencia sobre la tierra. Será tan numerosa que nadie podrá contarla —contestó Dios.

Abraham creyó en la palabra de Dios, pero pasaron muchos años más, y él y su esposa aún no tenían hijos.

Un día que hacía mucho calor, Abraham estaba descansando fuera de su carpa. De pronto, vio que tres hombres se aproximaban a visitarlo.

"Les traeré agua para que se laven los pies y puedan descansar", dijo. "También traeré algo para que coman".

Abraham y Sara planearon compartir una comida especial con los visitantes, y eligieron los mejores alimentos que tenían.

Sara usó la harina más fina para preparar pan. Abraham escogió uno de sus mejores terneros para que el criado lo cocinara. Luego, llevó leche y mantequilla, y atendió a los visitantes, ofreciéndoles una deliciosa comida.

—¿Dónde está tu esposa Sara? —preguntó uno de los visitantes.

—Está aquí, en la tienda —contestó Abraham.

Entonces el hombre le dijo:

—Dentro de un año, para esta fecha, tu mujer tendrá un hijo.

Abraham sabía que Dios había enviado a esos visitantes para reafirmar su promesa.

Sara, que había escuchado todo desde la tienda, se rió.

—Soy demasiado vieja para tener un bebé —pensó—. Abraham también es anciano. ¿Cómo podrá suceder algo tan maravilloso?

Pero, después de un año, Dios cumplió su promesa, y Sara tuvo un hermoso bebé al que llamaron Isaac.

ACTIVIDADES

¡Yo también puedo creer en Dios!

Distribuya los libros del alumno. Dé tiempo para que los principiantes recorten la figura del bebé Isaac, de la Sección Recortable, y la peguen en los brazos de Abraham.

Luego, indíqueles que doblen la hoja por la línea punteada y lean juntos el texto: *Conoce, pues, que Jehová tu Dios es Dios, Dios fiel* (Deuteronomio 7:9a).

Pídales que remarquen las palabras punteadas y conversen sobre la importancia de creer que Dios siempre cumplirá sus promesas.

MEMORIZACIÓN

Reparta hojas y lápices a sus alumnos. Pídales que escriban el texto para memorizar sin verlo ni copiarlo. Revise los trabajos y ayude a los que lo necesiten. Dé tiempo para que cada uno decore la hoja a su gusto, y péguenlas en la pared del salón.

Anímelos a usar la tarjeta del Club del versículo del mes para estudiar en casa el texto de esta unidad.

PARA TERMINAR

Entonen algunas canciones y den gracias a Dios por ser fiel y cumplir sus promesas siempre. Anime a los principiantes a ejercitar su confianza en Dios durante la semana y a contar a los demás lo que aprendieron en la clase.

Recuérdeles que su asistencia la próxima semana es muy importante, porque estudiarán lo que sucedió cuando el bebé Isaac creció.

Una esposa para Isaac

Base bíblica: Génesis 24.

Objetivo de la lección: Que los principiantes aprendan a confiar en Dios cuando necesiten ayuda.

Texto de la unidad: *A Jehová, nuestro Dios, serviremos, y a su voz obedeceremos* (Josué 24:24).

¡PREPÁRESE PARA ENSEÑAR!

Sus alumnos son cada vez más independientes y tienen la facultad de hacer muchas cosas por sí mismos. En su afán de independizarse, quizá desvíen su mirada de las figuras de autoridad. Sin embargo, aun en esta etapa del "yo puedo solo", reciben con agrado la ayuda de un adulto si ya intentaron hacer algo por su cuenta y no tuvieron éxito.

Ellos deben comprender que siempre pueden recurrir a Dios cuando necesiten ayuda. Además, deben saber que usted, como adulto, también depende de la ayuda de Dios. Él es mucho más que un padre o un maestro, y siempre está dispuesto a ayudarnos.

A través de la historia de Elieser, enseñe a los principiantes a buscar la ayuda y dirección de Dios en su vida diaria.

COMENTARIO BÍBLICO

Génesis 24:1-67. La historia de la búsqueda de una esposa para Isaac es el capítulo más largo de Génesis. Este relato señala una transición importante porque, de aquí en adelante, es Isaac quien continúa los planes de Dios para su pueblo.

Dios había cumplido su promesa con el nacimiento de Isaac. Sin embargo, para que esa promesa continuara, Isaac necesitaba una esposa que creyera en Dios. Abraham no quería que su hijo se casara con una cananea que siguiera costumbres paganas. Por lo tanto, comisionó a su siervo Elieser, quien hizo juramento solemne de que iría a la tierra de su señor a buscar esposa para Isaac. Abraham confiaba en que Dios, fiel a su promesa, le daría la mejor esposa a su hijo.

Las bodas arregladas eran una tradición común en los tiempos bíblicos. Sin embargo, Elieser oró pidiendo a Dios que lo ayudara en la búsqueda, y Dios contestó de forma extraordinaria al enviar a Rebeca al pozo.

Abraham creía en Dios y le obedecía, y le enseñó a Isaac a hacer lo mismo. Con el ejemplo de Abraham, el siervo Elieser también aprendió a adorar al Dios todopoderoso y a confiar en él.

DESARROLLO DE LA LECCIÓN

Use las siguientes actividades para guiar la atención de sus alumnos al tema de estudio.

Isaac crece

Para esta actividad necesitará recortes o fotografías que ilustren el crecimiento del hombre.

Péguelas en una cartulina, mostrando las etapas del crecimiento, comenzando con un bebé y terminando con una persona anciana.

Muestre las ilustraciones a sus alumnos, y explíqueles que todas las personas pasamos por un proceso de crecimiento. Lo mismo sucedió con el bebé Isaac, de quien estudiamos la semana anterior. Dígales: *Después de que el bebé Isaac nació no fue niño siempre. Creció y se convirtió en adulto. Dios había cumplido la promesa que le había hecho a Abraham con el nacimiento de este bebé. Ahora tenía que continuar la promesa de crear una gran nación por medio de Abraham. Isaac también debía tener hijos y, en la historia de hoy, veremos lo que sucedió con él cuando estaba en edad de casarse.*

¡Una boda!

Muestre a sus alumnos figuras o recortes sobre diferentes bodas. Pídales que describan cómo es una boda y qué se hace en ella. Explíqueles que ahora la mayoría de las personas escogen por sí mismas con quién desean casarse.

Sin embargo, en los tiempos de Abraham, los padres escogían a las personas con las que sus hijos e hijas se casarían. Los padres del varón hablaban con los padres de la señorita y se ponían de acuerdo. Si todo resultaba favorable, los padres de la novia recibían regalos de los padres del novio.

En la historia de hoy veremos lo que sucedió cuando llegó el tiempo de buscar novia para Isaac.

HISTORIA BÍBLICA

Una novia para Isaac

Abraham estaba sentado bajo su tienda. Habían pasado muchos años desde que su hijo Isaac había nacido, y Abraham ya era muy anciano y cada vez se cansaba más.

Su siervo Elieser cuidaba de él y sus pertenencias. Abraham lo amaba mucho y confiaba en él como si fuera su propio hijo. Un día Abraham le dijo: "Elieser, quiero que me prometas que me ayudarás a encontrar esposa para Isaac. No quiero que sea una mujer de este país. Ve a mi tierra y encuentra una mujer de mi parentela".

Elieser le prometió a Abraham que buscaría a la mujer indicada para su hijo. Así que pronto comenzó a empacar regalos especiales y algo de comida. Después de poner todo sobre diez camellos, emprendió el viaje. El desierto era un lugar muy caluroso y Elieser estaba preocupado, pues no sabía dónde encontraría a una buena mujer para Isaac.

Después de varios días de viaje, Elieser llegó a Nacor. Allí encontró un pozo de agua y oró: "Dios, te ruego que me ayudes a encontrar una esposa para Isaac. Te pido que la mujer que venga a sacar agua del pozo y la comparta conmigo y los camellos, sea la que tú has escogido para tu siervo Isaac".

Antes de que Eliezer terminara de orar, una mujer joven y hermosa se acercó al pozo con un cántaro para llevar agua. Cuando Elieser vio que había llenado el cántaro, le pidió agua, y ella le dijo: "Bebe, señor mío. También sacaré agua para que tus camellos beban".

¡Dios había contestado la oración de Eliezer, enviando al pozo a la mujer que quería para Isaac! Elieser fue a la casa de Rebeca, y habló con su padre y con su hermano Labán. Les dijo que Abraham lo había enviado para que buscara esposa para su hijo Isaac. Luego, entregó los regalos a la familia de Rebeca. Ellos estuvieron de acuerdo con la boda, y comenzaron los preparativos para el viaje de regreso. Rebeca se despidió de su padre, de su hermano Labán y de sus demás parientes y, junto con Eliezer, tomó el camino hacia Canaán.

Después de un tiempo, Isaac y Rebeca se casaron. Elieser sabía que Dios lo había ayudado a encontrar la esposa ideal para el hijo de su señor.

La promesa de Dios ahora continuaría a través de los hijos de ellos.

ACTIVIDADES

Confía y obedece

Entregue los libros, y pida que los abran en la Lección 48. Indíqueles que unan los puntos según la numeración para encontrar la figura de Elieser. Luego, déles tiempo para que coloreen los dibujos.

Mientras trabajan, hagan un breve repaso de lo que aprendieron en la historia bíblica.

Salmos 32:8

Den vuelta la hoja, y pida a sus alumnos que completen el versículo, añadiendo las palabras que faltan en las líneas en blanco. Después, lean Salmos 32:8. Si desea, pídales que digan su nombre antes de leer el texto. Dígales: Este versículo es una promesa de Dios. Él quiere que confiemos y le obedezcamos siempre. Dios desea instruirnos para hacer lo correcto, porque él sabe lo que es mejor para nosotros. Cuando nos dejamos guiar por la mano de Dios, aprendemos a obedecerlo y nuestra vida prospera.

MEMORIZACIÓN

Para repasar el texto para memorizar, escriba las palabras de Josué 24:24 en una cartulina o en la pizarra. Léanlo varias veces todos juntos. Después, borre una palabra y léanlo de nuevo; borre una segunda palabra y así sucesivamente, hasta que la pizarra esté en blanco, y digan el texto de memoria.

PARA TERMINAR

Dé tiempo para que sus alumnos recojan y ordenen los materiales que utilizaron, y guarden sus pertenencias. Después diríjalos en oración, pidiendo al Señor que tome el control de sus vidas y sus decisiones. Interceda por los enfermos y recuerde a los que faltaron a la clase.

Entonen un canto antes de despedirse, e invítelos a la próxima clase para estudiar la última lección de esta unidad.

notas

Lección 49
Isaac, el pacificador

Base bíblica: Génesis 26:1-33.

Objetivo de la lección: Que los principiantes aprendan que Dios desea que sean pacificadores.

Texto de la unidad: *A Jehová, nuestro Dios, serviremos, y a su voz obedeceremos* (Josué 24:24).

¡PREPÁRESE PARA ENSEÑAR!

Lamentablemente, es evidente que el entorno en el que sus alumnos se desarrollan es cada vez más hostil. Basta con mirar los noticieros para saber que nuestra sociedad está cada vez más corrompida, y la oportunidad de una vida pacífica es cada vez más limitada.

Los asesinatos, peleas y violencia son algo común para los principiantes. Sin embargo, esa no es la forma de vida que Dios quiere para ellos. La lección de hoy nos da un ejemplo sobre el tipo de conducta que Dios desea que adoptemos.

Isaac mostró que existe una forma diferente de resolver los conflictos. En vez de buscar contienda y enemistad, dirigía su mirada hacia otro lado y dejaba que Dios tomara el control de la situación. Dios bendijo mucho a Isaac, quien trató de mantener una relación pacífica con sus vecinos descorteces.

En una sociedad tan conflictiva como la nuestra, los niños necesitan el ejemplo de personas pacificadoras.

COMENTARIO BÍBLICO

Génesis 26:1-33. A causa de la hambruna que había en la tierra donde vivía Isaac, el Señor le dijo que se fuera por un tiempo a Gerar, tierra de los filisteos. Allí la gente comenzó a sentir celos de él por varias razones: porque su esposa, Rebeca, era hermosa; porque Isaac prosperaba; porque cuando Isaac sembraba la tierra Dios lo bendecía con una abundante cosecha, y su ganado se multiplicaba rápidamente.

Los filisteos cada vez sentían más celos de Isaac y buscaban motivos para contender con él.

Cuando Isaac decidió usar los pozos que su padre Abraham había cavado tiempo atrás, los filisteos los llenaron con tierra. Así que Isaac se fue de Gerar, pero se quedó a vivir en un valle cercano. Allí encontró otros pozos que su padre había cavado y que los filisteos ya no usaban, así que los reabrió. Pero cuando los filisteos se dieron cuenta, fueron a reclamar de inmediato la propiedad de dichos pozos. En lugar de pelear, Isaac decidió irse del lugar y seguir buscando. Esto sucedió en numerosas ocasiones, pero

Isaac se mantuvo firme en su deseo de no pelear y continuó buscando agua en otros lugares.

Luego de un tiempo, Isaac regresó a su tierra. Al llegar a Beerseba, Dios le habló reafirmando que lo bendeciría. Cuando sus criados abrieron un pozo, le dieron la buena noticia de que habían encontrado agua. Pasados unos días, los filisteos que le habían causado problemas fueron a buscarlo. Querían hacer las paces porque sabían que el Señor todopoderoso estaba con él.

DESARROLLO DE LA LECCIÓN

Seleccione algunas de las siguientes actividades para complementar el desarrollo de la clase de hoy.

Familias

Provea hojas blancas y lápices de colores para que sus alumnos hagan un dibujo de su familia. Mientras tanto, prepare ilustraciones que representen a la familia de Abraham y a la de Isaac. Tome como modelos los dibujos del libro del alumno, y confecciónelos en cartulina.

Cuando los trabajos estén terminados, divida una cartulina grande en dos. Del lado izquierdo ponga como título "La familia de Abraham", y en el otro, "Las familias de hoy".

Pegue la ilustración de las familias de Abraham e Isaac donde corresponda. Luego, permita que los principiantes peguen sus dibujos en el otro lado.

Coloquen el mural sobre una pared, y conversen sobre las semejanzas y diferencias que existen entre los dos tipos de familias. Después de escuchar sus respuestas, explíqueles que, aunque los tiempos sean diferentes, Dios sigue siendo el mismo. Él desea bendecir a nuestra familia, tal como lo hizo con la de Abraham.

Trabajo pacífico

Para esta actividad necesitará masa para modelar (plastilina) de distintos colores, y bolsas de plástico o periódicos para cubrir el área de trabajo.

Según el número de alumnos, divida la clase en grupos de dos o tres. A cada grupo entréguele plastilina de un color. Luego, pídales que elaboren una figura en la que utilicen todos los colores. Esto significa que tendrán que compartir unos con otros los distintos colores.

Observe con atención el comportamiento de los niños mientras interactúan, y anímelos a ser amables mientras trabajan.

Cuando terminen, reúnalos y pregúnteles: *¿Qué habría sucedido si uno de los grupos se hubiera negado a compartir su masa para modelar de color? ¿Creen que hubieran terminado el trabajo?* Escuche sus respuestas y dígales que cuando todos trabajan en conjunto hay paz y armonía. Sin embargo, cuando alguien decide pelear el ambiente es diferente. En la historia bíblica de hoy estudiaremos acerca de un hombre que decidió buscar la paz, a pesar de que sus vecinos querían pelear con él.

HISTORIA BÍBLICA

Isaac decide no pelear

Isaac estaba atravesando un tiempo difícil. Había una gran hambruna en la tierra donde él y su familia vivían. Pronto se quedarían sin ningún alimento. Por esa razón, decidieron irse a vivir a Gerar, la tierra de los filisteos.

Isaac estaba seguro de que estaba haciendo lo correcto, porque Dios le había dicho que siempre estaría con él.

Desde el principio, los filisteos sintieron muchos celos de Isaac. Primero, porque su esposa Rebeca era una mujer muy bella; y segundo, porque Dios lo había prosperado mucho en poco tiempo. Cuando sembró la tierra, su cosecha fue tan abundante que ganó mucho dinero y se hizo rico. Además tenía muchas ovejas, vacas y otros tipos de animales.

Los filisteos estaban tan celosos que prepararon un plan para molestar a Isaac. Ellos sabían que los animales de Isaac necesitaban agua y que él usaba los pozos que su padre, Abraham, había cavado. Así que, cuando nadie los observaba, taparon con tierra todos los pozos.

Abimelec, el rey de la región, le pidió a Isaac que se fuera de Gerar, porque era más poderoso que ellos.

Entonces Isaac se fue a un valle con su familia, sus siervos y sus animales. Allí, los siervos de Isaac encontraron otros pozos de agua antiguos y los abrieron. Sin embargo, los pastores filisteos pronto llegaron para decirles: "¡El agua es nuestra!"

Esta vez Isaac tampoco quiso pelear. Así que se fue a otro lugar y cavó otro pozo, pero los filisteos no se quedaron tranquilos. También fueron a pelear por el agua.

De nuevo, Isaac decidió irse sin pelear y volvió a abrir otro pozo, pero los filisteos ya no lo molestaron más.

Después de un tiempo, Isaac se fue a vivir a Beerseba. Una noche, Dios le habló diciendo: "Yo soy el Dios de tu padre Abraham, y por él te bendeciré y aumentaré el número de tus descendientes. No tengas miedo porque yo estoy contigo".

Entonces Isaac hizo un altar para adorar a Dios y allí cerca puso su tienda. Luego, sus siervos cavaron la tierra y encontraron otro pozo de aguas frescas y cristalinas. Cuando el rey Abimelec supo esto fue hasta Beerseba para hablar con Isaac.

"¿Para qué vienen a verme, si me trataron muy mal y me echaron de su país?", le preguntó Isaac.

"Hemos visto que Dios está contigo. Por eso queremos ser tus amigos y hacer un trato para que no nos hagas daño", dijo el rey Abimelec.

Isaac era un hombre pacífico, así que decidió hacer el trato con los filisteos y preparó un gran banquete para ellos. A la mañana siguiente se levantaron muy temprano, y el rey e Isaac prometieron no hacerse ningún daño. Luego de esto, los visitantes se fueron en paz a su tierra y Dios siguió bendiciendo y prosperando a Isaac, el pacificador.

ACTIVIDADES

¿Quién es quién?

En esta unidad sus alumnos aprendieron acerca de diferentes personajes, y esta actividad les servirá de repaso.

Abran el libro del alumno en la Lección 49. Pida a los niños que relacionen las figuras con el nombre que corresponda.

Algunas figuras se relacionarán con más de una frase. Haga hincapié en la fidelidad de Dios para con esta familia. Use esta actividad para repasar cada lección de la unidad. Señale a un personaje, y pida que los niños digan qué fue lo que hizo y cómo mostró su obediencia a Dios.

Luego, den vuelta la página. Pídales que doblen la hoja por la línea punteada y que remarquen la palabra "Feliz". Dialoguen acerca de cómo se sienten cuando se llevan bien con los demás. Escuche sus comentarios y anímelos a poner en práctica el aprendizaje bíblico. Es bueno evitar las peleas y ser pacificadores.

MEMORIZACIÓN

Pida que algunos voluntarios pasen al frente y digan de memoria el texto bíblico de esta unidad. Prepare premios sencillos para reconocer el esfuerzo de sus alumnos.

Si desea, preparen una demostración de lo

que estudiaron durante estas cinco lecciones, e invite a los padres para que visiten la clase.

PARA TERMINAR

Realice un breve repaso de las historias bíblicas que estudiaron. Luego, formen un círculo y pidan al Señor en oración que los ayude a ser pacificadores y a obedecer su voluntad, como lo hicieron Abraham e Isaac.

Asegúrese de que todos lleven a su casa los trabajos que hicieron durante estas cinco semanas. Invítelos a la próxima clase para iniciar el estudio de "Las buenas nuevas de Navidad".

notas

_____

_____

_____

_____

_____

_____

_____

_____

_____

_____

_____

_____

_____

_____

_____

_____

_____

_____

_____

_____

_____

_____

_____

_____

_____

_____

LAS BUENAS NUEVAS DE NAVIDAD

Base bíblica: Lucas 1:5-25, 57-80; 1:23-38; Mateo 1:18-25; Lucas 2:1-20; 2:21-40.

Texto de la unidad: *Que os ha nacido hoy, en la ciudad de David, un Salvador, que es Cristo el Señor* (Lucas 2:11).

PROPÓSITOS DE LA UNIDAD

Esta unidad ayudará a los principiantes a:

- ❖ Celebrar con gozo la Navidad, y dar gracias a Dios por haber enviado a su Hijo Jesús.
- ❖ Entender cómo la historia de la Navidad nos muestra que Dios cumple sus promesas.
- ❖ Confiar en Dios sabiendo que él cumple su palabra.
- ❖ Aprender que Jesús, el Hijo de Dios, vino al mundo como un regalo del Padre.

LECCIONES DE LA UNIDAD

Lección 50:   Buenas noticias para Zacarías y Elisabet

Lección 51:   Buenas noticias para María y José

Lección 52:   Buenas noticias para los pastores

Lección 53:   Buenas noticias para Simeón y Ana

POR QUÉ LOS PRINCIPIANTES NECESITAN LA ENSEÑANZA DE ESTA UNIDAD

La mayoría de los principiantes conoce el relato de la Navidad. Ahora están listos para aprender el significado de este evento que cambió la historia de la humanidad. Sabrán que, a través de este acontecimiento, Dios nos mostró que podemos confiar en él porque siempre cumple sus promesas. Cada lección recalca el cumplimiento de una promesa. En primer lugar, Zacarías y Elisabet recibieron la promesa de un hijo, quien se encargaría de preparar el camino del Mesías. José y María recibieron la promesa de que serían los padres terrenales de Jesús, el Hijo de Dios. También los pastores recibieron la noticia del cumplimiento de una promesa, ya que Cristo había nacido en Belén. Por último, Simeón y Ana, que habían esperado largo tiempo al Salvador prometido, pudieron verlo con sus propios ojos.

A través de estas cuatro lecciones, ayude a sus alumnos a comprender que, aun en un mundo lleno de falsedad, podemos confiar en que nuestro Dios es fiel y siempre cumple lo que promete.

Buenas noticias para Zacarías y Elisabet

Base bíblica: Lucas 1:5-25, 57-80.

Objetivo de la lección: Que los principiantes sepan que Dios cumple lo que promete.

Texto para memorizar: *Que os ha nacido hoy, en la ciudad de David, un Salvador, que es Cristo el Señor* (Lucas 2:11).

¡PREPÁRESE PARA ENSEÑAR!

Una promesa rota puede herir el corazón de un niño. Para confiar, los principiantes necesitan saber que se cumplirá lo que se le dijo. A medida que sus alumnos experimenten cómo Dios cumple sus promesas, se fortalecerá su confianza en él. Confiar en que Dios es fiel a su Palabra y no nos defrauda les dará mayor seguridad y estabilidad.

La Navidad es una de las épocas más emocionantes para los principiantes. Ahora que el mes de diciembre comenzó, es probable que se muestren más inquietos. Por eso, trate de canalizar sus energías en actividades productivas que tengan relación con la lección. Converse con ellos sobre los preparativos que realizan sus familias antes de la Navidad, pero haga hincapié en que el centro de esta festividad no son los regalos ni la comida, sino conmemorar con gozo el nacimiento de Jesús, el Hijo de Dios.

COMENTARIO BÍBLICO

Lucas 1:5-25, 57-80. Zacarías era un hombre recto y un fiel sacerdote en el templo de Dios. Su esposa, Elisabet, también era una sierva de Dios. Ambos eran de edad avanzada y nunca habían tenido hijos.

Zacarías fue elegido para ofrecer incienso en el santuario del Señor. Este era un honor muy grande para el sacerdote porque era una ocasión sagrada. El humo del incienso simbolizaba las oraciones del pueblo.

Mientras Zacarías ofrecía el incienso, el ángel Gabriel se le apareció para anunciarle que tendría un hijo, al que llamaría Juan. Él sería grande delante de Dios y lleno del Espíritu Santo.

Debido a su edad avanzada, Zacarías dudó del anuncio del ángel, y por su incredulidad quedó mudo hasta el nacimiento del niño.

Tal como el ángel prometió, luego de un tiempo el niño nació. Cuando cumplió ocho días, de acuerdo a la ley mosaica, debían llevarlo al templo para circuncidarlo. La costumbre era que el primogénito debía llevar el nombre del padre, pero Dios había decidido que el niño se llamara Juan.

Por su fidelidad y servicio, Dios usó a Zacarías y a Elisabet para que fueran los padres del hombre que prepararía el camino para el Mesías prometido.

DESARROLLO DE LA LECCIÓN

Elija algunas de las siguientes actividades para lograr en sus alumnos un aprendizaje más significativo del tema de estudio.

Sin hablar

Pregunte a los niños cuánto tiempo piensan que pueden permanecer sin hablar. Escuche sus respuestas, y pregúnteles cómo se comunican las personas cuando pierden la voz (con señas o por escrito).

Pida a los principiantes que traten de no hablar mientras realizan las siguientes actividades.

Dígales que la historia bíblica de hoy trata acerca de un hombre al que Dios le prometió algo especial y que no pudo hablar durante casi un año.

Adornos navideños

Durante la semana dibuje ángeles y estrellas en cartulina; luego, recorte las figuras. Tenga a mano escarcha (diamantina o brillantina), pegamento y lápices de colores.

Entregue una figura a cada niño, y pídales que la decoren usando los materiales provistos. Recuérdeles que deben realizar esta actividad sin hablar. Luego, adornen el salón con las figuras terminadas.

¡A preparar el camino!

Reúna a los niños y dígales: *Cuando el presidente de un país está por visitar una ciudad, se hacen muchos preparativos. Hay gente que pasa muchos días haciendo arreglos para que la visita sea lo más exitosa posible. Los oficiales de seguridad planean la mejor ruta. La gente de mantenimiento arregla las calles y pinta las paredes. Los jardineros arreglan los árboles y las flores. ¿Por qué creen que es importante prepararse para la visita de un personaje importante?* Recuerde que en este momento los principiantes no pueden hablar, así que deben contestar mediante señas o escribir las respuestas.

Dígales que hoy escucharemos la historia del nacimiento de una persona especial que preparó el camino para Jesús.

HISTORIA BÍBLICA

Una oración contestada

"Hoy me toca ofrecer el incienso", pensaba Zacarías, mientras entraba al templo. Se había preparado con mucho cuidado para ese día especial. Pronto vio que el humo del incienso se elevaba suavemente por el aire, haciéndole recordar las oraciones del pueblo.

De pronto, un ángel se le pareció, y Zacarías se atemorizó.

—No temas Zacarías. Dios ha escuchado tu oración —dijo el ángel—. Tu esposa Elisabet tendrá un hijo. Su nombre será Juan, y muchas personas se alegrarán y alabarán a Dios por su nacimiento. Él será grande delante de Dios. Por él, muchas personas se acercarán a Dios. Tu hijo irá delante del Señor, con el espíritu y el poder del profeta Elías. Ayudará a la gente a volver a Dios y a prepararse para recibir al Señor.

—Pero, yo soy muy viejo, y mi esposa Elisabet ya no está en edad de tener hijos. ¿Cómo puedo creer lo que me dices? —preguntó Zacarías.

—Yo soy Gabriel —dijo el ángel—. Estoy en la presencia de Dios y él me ha enviado para darte esta buena noticia. Pero, por no haber creído, no podrás hablar hasta después de que nazca el bebé. Entonces verás que todo lo que te he dicho es verdad.

Mientras tanto, la gente que estaba afuera del templo se preguntaba: "¿Por qué Zacarías tardará tanto en salir?"

Cuando al fin salió, trató de decirle a la gente lo que había sucedido con el ángel y el mensaje que Dios le había dado. Pero no pudo, porque no podía hablar.

"¡Miren, Zacarías no puede hablar! ¿Ven cómo hace señas con las manos? ¡Seguramente tuvo una visión del Señor!", decían las personas.

Zacarías se fue a su casa y trató de explicarle a su esposa Elisabet lo que había sucedido, pero no pudo hablar.

Poco después, Elisabet supo que estaba embarazada. Pronto iba a tener un bebé. ¡Estaba tan emocionada!

"Dios, gracias", oró Elisabet. "Deseamos un hijo durante tanto tiempo, y ahora nos has dado uno".

"¡Qué bueno ha sido Dios al concederles a Zacarías y a Elisabet un hijo!", decían sus amigos y vecinos. "Ellos lo desearon por mucho tiempo".

"Ahora Zacarías tendrá a alguien que lleve su nombre", decían.

Después de unos meses, nació el bebé.

"¡Es un niño! ¡Es un niño! ¡Zacarías y Elisabet tienen un niño!", decían las vecinas con alegría.

Cuando cumplió ocho días de nacido, Elisabet y Zacarías llevaron al bebé al templo. La costumbre judía era que cuando las familias tenían un nuevo bebé debían ofrecer un sacrificio especial a Dios, y le ponían nombre al bebé.

Zacarías aún no podía hablar. Así que, cuando los sacerdotes presentaron al bebé al Señor, iban a ponerle el nombre de su papá, pero Elisabet dijo: —¡No! ¡Se llamará Juan!

—¿Por qué? —preguntaron—. Ninguno de sus familiares se llama Juan. Eso es muy extraño, vamos a preguntarle al padre cómo quiere llamar a su hijo.

—¿Qué nombre quieres ponerle al niño? —le preguntaron a Zacarías.

Zacarías pidió una tablilla y todos se sorprendieron cuando él escribió: "Juan es su nombre".

En ese momento Zacarías recuperó la voz y pudo hablar de nuevo.

"¡Alabado sea el Señor!", exclamó. "Y tú, hijo mío, profeta del Altísimo serás llamado, porque irás delante del Señor para preparar sus caminos".

ACTIVIDADES

Hoja de asistencia

Abran el libro del alumno en la hoja de asistencia de la Lección 49. Pida a los niños que corten la figura de Zacarías y Elisabet de la Sección Recortable. Luego, que la peguen en el espacio que le corresponda.

Mientras trabajan, dígales: *Durante este mes vamos a conocer a muchas personas especiales que Dios escogió para que fueran parte de sus planes. Esta semana aprendimos que Dios eligió a Zacarías y a Elisabet para que fueran los padres de Juan el Bautista. Juan fue el elegido para preparar el camino de Jesús, el Mesías prometido.*

Si desea, desprenda las hojas de asistencia y péguelas en una cartulina para formar un mural. Así tendrá un control visual de los alumnos que sean puntuales en su asistencia.

El heraldo de Belén

Distribuya los libros del alumno, y provea lápices de colores o crayones.

Pida a los niños que imaginen lo que sucedió en cada parte de la historia, y que ilustren la escena debajo de los títulos correspondientes. Pueden escribir la descripción o hacer un dibujo.

Use esta hoja para hacer un repaso general de lo que aprendieron en la historia bíblica.

¿En quién puedes confiar?

Pida a los niños que abran sus libros en la Lección 50, y provéales lápices de colores.

Pídales que coloreen las figuras que representan a personas dignas de confianza porque cumplen lo que prometen.

Cuando terminen, dé tiempo para que algunos voluntarios expliquen por qué decidieron colorear esas figuras y no otras.

Recuérdeles que Dios es digno de confianza. En la historia de hoy aprendimos que él cumple sus promesas.

MEMORIZACIÓN

Divida la clase en dos grupos. Pida a uno de ellos que diga la primera frase del versículo, y al segundo, que diga la segunda parte. Luego, ambos grupos deberán decir juntos el texto completo.

Intercambie las frases de los dos grupos para que todos estudien el texto completo. Repita el ejercicio varias veces, y después elija a algunos niños para que lo digan solos.

Reparta las tarjetas del Club del versículo del mes para que las lleven a su casa y repasen el texto de esta unidad.

PARA TERMINAR

Agradezca a sus alumnos por haber asistido y ore por ellos. Den gracias a Dios por su fidelidad y por haberles enseñado a través de esta clase que él es digno de confianza.

Recuérdeles que seguirán estudiando acerca de personas especiales que Dios escogió para llevar a cabo sus planes, e invítelos a la siguiente clase.

notas

Buenas noticias para María y José

Base bíblica: Lucas 1:26-38; Mateo 1:18-25.

Objetivo de la lección: Que los principiantes deseen ser fieles y obedientes a Dios.

Texto para memorizar: *Que os ha nacido hoy, en la ciudad de David, un Salvador, que es Cristo el Señor* (Lucas 2:11).

¡PREPÁRESE PARA ENSEÑAR!

La obediencia es un tema muy importante que se menciona vez tras vez en la palabra de Dios. Encontramos muchas lecciones sobre la obediencia en el currículo de educación cristiana para los principiantes. Esta lección enfoca la "obediencia voluntaria", que implica una actitud alegre y dispuesta.

Los niños por lo general piensan que la obediencia es algo que tienen que hacer aunque preferirían no hacerlo. Esta lección los ayudará a reconocer que cuando obedecemos por amor sentimos satisfacción y alegría.

Dios incluyó a personas dispuestas a obedecerlo en su plan de enviar al Mesías prometido. Algunos, como Zacarías, al principio se mostraron incrédulos o renuentes. Otros, como María, obedecieron con agrado.

Con la historia de hoy, sus alumnos entenderán que Dios quiere usar en su obra a personas dispuestas y obedientes.

Cada vez faltan menos días para celebrar la Navidad. Por lo tanto, no se sorprenda si sus alumnos están más distraídos de lo común, y es más difícil enfocar su atención en las actividades de aprendizaje. Use su imaginación para hacer que la clase se desarrolle en un ambiente en el que puedan expresar su energía, y a la vez comprender el mensaje de la palabra de Dios.

COMENTARIO BÍBLICO

Lucas 1:26-38. A diferencia de Zacarías, María no dudó ni un instante de lo que el ángel le dijo, sino por el contrario, respondió con humildad y agrado. Siendo virgen, era natural que surgiera la pregunta: "¿Cómo será esto?" Sin embargo, la diferencia fue que ella no dudó del poder que Dios tenía para lograr que eso sucediera.

Cuando respondió "He aquí la sierva del Señor", confirmó su obediencia y sumisión a la voluntad divina.

Mateo 1:18-25. La reacción de José al saber que María estaba embarazada fue muy lógica. En aquellos tiempos, el compromiso que se hacía en el noviazgo era tan serio como el matrimonio mismo. Por eso consideró abandonar a María en secreto, porque no quería avergonzarla ante todos.

Sin embargo, el ángel se apareció a José para decirle que el bebé había sido concebido por el Espíritu Santo, y que Dios lo usaría para bendecir a las naciones.

José creyó el anuncio y decidió seguir adelante con sus planes de matrimonio. Él y María fueron obedientes a la voz de Dios, aun cuando no entendían del todo lo que estaba sucediendo. Ese es el tipo de obediencia que Dios desea de nosotros, sin cuestionamiento ni condiciones.

Dios honró a estos jóvenes por su obediencia, dándoles el privilegio de ser los padres terrenales de Jesús, el Redentor del mundo.

DESARROLLO DE LA LECCIÓN

Elija algunas de las siguientes actividades para activar la dinámica grupal y propiciar un mejor aprendizaje en sus alumnos.

Hoja de asistencia

Antes de que los niños lleguen, coloque sobre la mesa los libros del alumno, tijeras y pegamento.

Déles la bienvenida, y pídales que busquen en la Sección Recortable de sus libros. Pida que recorten la figura que corresponde a esta lección (María y José) y la peguen en el espacio indicado.

Explíqueles que la semana pasada escucharon la historia de Elisabet y Zacarías, los padres de Juan el Bautista, quien prepararía el camino para el Señor. En la lección de hoy se hablará de dos personas especiales que fueron obedientes a la voluntad de Dios.

Ángeles por doquier

Tres de las cuatro lecciones de esta unidad hablan de ángeles que anunciaron el plan de Dios a personas comunes y corrientes. Anime a los principiantes a elaborar figuras de ángeles para adornar su casa o el salón de clase, que les recuerden las buenas noticias de la Navidad.

Durante la semana dibuje en una cartulina siluetas de ángeles, y recórtelas. Prepare una figura como ejemplo.

Distribuya las figuras, y pida a los niños que

las decoren con escarcha (diamantina o brillantina) u otros materiales vistosos que tenga a su alcance. Pueden dibujar la cara, y pegar algodón o tiras de papel a modo de cabello.

Dígales que los ángeles tuvieron una participación muy importante cuando Jesús nació, porque fueron los encargados de dar la buena noticia a muchas personas.

HISTORIA BÍBLICA

José y María escuchan y obedecen

"Estoy tan feliz desde que me enteré que mi prima Elisabet va a tener un bebé", pensó María. "Ella y Zacarías deseaban tener un hijo desde hace mucho tiempo. ¡Es maravilloso que por fin sucederá! Quizá un día, después de que José y yo nos casemos, también tengamos un hijo".

Faltaban solo tres meses para que naciera el bebé de Elisabet y toda la familia estaba emocionada.

De repente, un ángel se le apareció a María y le dijo:

—El Señor está contigo. Él te ha bendecido en forma especial entre todas las mujeres.

María temblaba.

—¿Quién eres tú? —preguntó—. ¿Qué deseas?

—María, no tengas miedo —le dijo el ángel Gabriel—. Dios te ha escogido para que tengas un bebé. Le pondrás por nombre Jesús. Él será grande y lo llamarán Hijo del Altísimo.

—¿Cómo podré tener un bebé? —preguntó María—. Todavía no me he casado.

—Nada es imposible para Dios —dijo el ángel.

—Soy la sierva del Señor —contestó María—. Hágase conmigo lo que Dios quiera.

María estaba comprometida para casarse con José y no sabía cómo darle la noticia.

—José —dijo María—, tengo algo importante que decirte.

—¿De qué se trata, María? —preguntó José.

—Voy a tener un bebé.

José se quedó sorprendido, y preguntó:

—¿Cómo es posible?

—No temas —le respondió María—. Un ángel me dijo que este bebé será especial. Será el Hijo de Dios y debemos llamarlo Jesús.

José se fue muy confundido de la casa de María. "Yo amo a María, pero no entiendo lo que dice acerca de ese bebé. Quizá no deberíamos casarnos", pensaba mientras caminaba hacia su casa.

"Necesito dormir", pensó José, "voy a recostarme y descansaré un rato".

José se quedó dormido enseguida. Mientras dormía, un ángel de Dios se le apareció en un sueño y le dijo: "José, no temas en casarte con María. El bebé que ella está esperando es el Hijo de Dios. Debes llamarlo Jesús. Él salvará a la gente de sus pecados".

José despertó sobresaltado. ¡Su sueño había sido tan real! Él ya sabía lo que tenía que hacer. Se casaría con María y sería como un padre para el prometido Hijo de Dios.

José obedeció a Dios y tomó a María como esposa. Ellos fueron los padres terrenales de Jesús. Todo sucedió tal cual como el ángel lo había dicho.

ACTIVIDADES

¿Cuál es la diferencia?

Abran el libro del alumno en la Lección 51. Pida a los niños que completen los espacios en blanco y encuentren la palabra misteriosa (voluntariamente). Luego, dígales que recorten por las líneas negras que están en el centro de la hoja para hacer dos aberturas.

Indíqueles que recorten la figura que corresponde a esta lección, de la Sección Recortable, y explíqueles cómo introducirla por las aberturas.

Conversen sobre lo que está sucediendo en la ilustración, e indíqueles cómo mover la figura para ver lo que sucede cuando el niño cambia de actitud. Recuérdeles que la historia de hoy nos enseña a ser obedientes a la voluntad de Dios.

Su nombre será Jesús

Diga a los niños que observen la escena en la que el ángel habla con María. Después deslicen la figura para simular que el ángel está hablando con José. Conversen acerca de cómo estas dos personas obedecieron la voz de Dios, y cómo podemos obedecer nosotros cuando el Señor nos ordena que hagamos algo.

MEMORIZACIÓN

En tarjetas de cartulina copie las palabras del texto para memorizar, escribiendo una palabra en cada tarjeta. Repitan todos juntos el versículo dos veces. Luego mezcle las tarjetas, y dé la oportunidad de que sus alumnos se turnen para ordenar las palabras. Repitan el texto cada vez que las ordenen bien.

Guarde las tarjetas para usarlas la siguiente clase.

PARA TERMINAR

Agradezca a sus alumnos por su asistencia, y anticípeles algo sobre la siguiente lección para despertar su interés.

Haga énfasis en que es importante obedecer la voz de Dios, tal como lo hicieron José y María. Termine con una oración, y entonen canciones navideñas.

Si el tiempo y los recursos se lo permiten, prepare una pequeña celebración para recordar el nacimiento de Jesús en la próxima clase.

Buenas noticias para los pastores

Base bíblica: Lucas 2:1-20.

Objetivo de la lección: Que los principiantes expresen el gozo de saber que Jesús vino a salvar a todas las personas.

Texto para memorizar: *Que os ha nacido hoy, en la ciudad de David, un Salvador, que es Cristo el Señor* (Lucas 2:11).

¡PREPÁRESE PARA ENSEÑAR!

Durante la época navideña los niños reciben muchos mensajes que fomentan el egoísmo y el materialismo. Aun adultos bien intencionados caen en el consumismo de este tiempo, al preguntarles: "¿Qué quieres para Navidad?" Sus alumnos deben saber que para los cristianos la Navidad es el tiempo de dar y compartir, no de desear y obtener.

Los principiantes se identifican con facilidad con los pastores de esta historia. A menudo ellos también se sienten relegados y quizá no tengan dinero para comprar regalos para los demás. Sin embargo, aprenderán que en cuanto los pastores escucharon las buenas noticias fueron a ver al bebé Jesús. Luego, con gran gozo les contaron a todos acerca del gran regalo de Dios. Ayude a sus alumnos a comprender que, aunque no tengan grandes regalos, lo más importante que pueden darles a los demás son las buenas nuevas del nacimiento de Jesucristo, el Salvador del mundo.

COMENTARIO BÍBLICO

Lucas 2:1-20. El Hijo del Altísimo, Jesús el Rey, comenzó su vida terrenal envuelto en pañales y acostado en un pesebre. En contraste con este humilde nacimiento, los cielos estaban llenos de ángeles que cantaban alabanzas y celebraban la llegada del Mesías.

Estos ángeles, apareciéndose a unos humildes pastores que cuidaban sus rebaños, les anunciaron las buenas nuevas del nacimiento de Cristo.

En el imperio romano era costumbre que poetas y oradores anunciaran paz y prosperidad cuando nacía el hijo del emperador. De la misma forma, mediante las huestes celestiales, Dios anunció que su Hijo, el Salvador del mundo, había nacido en Belén para regocijo de la humanidad.

Los pastores son una parte importante de esta historia, no solo porque a través de ellos relacionamos a Jesús con el rey David, que también fue pastor (2 Samuel 7:8), sino porque están entre los pobres, mancos, cojos y ciegos a los que se invita al reino de Dios (Lucas 14:13-21).

Dios escogió a estos hombres humildes para que fueran testigos del nacimiento del Mesías, y luego les contaran a los demás estas buenas noticias. La Biblia nos dice que "volvieron los pastores glorificando y alabando a Dios por todas las cosas que habían oído y visto, como se les había dicho" (Lucas 2:20).

DESARROLLO DE LA LECCIÓN

Use algunas de las siguientes actividades para enriquecer el aprendizaje bíblico y estimular la participación de sus alumnos.

Estrellas

Para esta actividad necesitará figuras de estrellas hechas de cartulina o cartón, pegamento y escarcha (diamantina o brillantina).

Cubra el área de trabajo con plástico o periódicos, y entregue una estrella a cada niño. Indíqueles que escriban su nombre en el centro de uno de los lados. Luego explíqueles que deben poner pegamento, excepto sobre sus nombres, y luego espolvorearle la escarcha. Eliminen el exceso sacudiendo la figura con suavidad. Repitan la operación del otro lado, cubriendo toda la estrella. Dejen secar las estrellas por lo menos 24 horas. Diga a sus alumnos que podrán llevar su trabajo a casa la semana siguiente. Cuando las estrellas se sequen, hágales un pequeño orificio, y póngales un hilo o lana para que se puedan colgar.

Hoja de asistencia

Dé tiempo para que sus alumnos recorten la figura de los pastores (de la Sección Recortable) y la peguen en el espacio correspondiente. Felicite a los que estén a punto de completar la hoja de asistencia. Usando las figuras, haga un breve repaso de las dos lecciones anteriores. Dígales que la historia de hoy trata de algo especial que les sucedió a un grupo de pastores.

HISTORIA BÍBLICA

Los pastores reciben una buena noticia

—¡Esto es increíble! —exclamó José—. ¡Vino tanta gente a Belén a cumplir la orden del gobernador, que ya no hay dónde pasar la noche. ¡Todos los mesones están llenos!

María suspiró. Estaba tan cansada por el largo viaje que habían hecho. De pronto, dijo:

—Mira, veo luz en esa ventana. Quizá allí quede un cuarto para nosotros.

—Lo dudo —respondió José.

—Por favor, José, inténtalo. Estoy muy cansada y necesitamos un lugar donde podamos dormir.

José fue a preguntar, pero tampoco quedaban espacios disponibles en ese mesón.

José y María se alejaron lentamente.

"Se ven tan cansados", pensó el mesonero. "Me siento mal por ellos. Tal vez pueda encontrar una forma de ayudarlos".

—¡Esperen un momento! —gritó el mesonero—. Tengo un establo en la parte de atrás. Quizá podrían pasar la noche ahí, aunque es solo un establo. Hay paja limpia donde pueden descansar.

—Mientras esté abrigado y seco, estará bien —mencionó José—. Mi esposa está muy cansada y necesita un lugar donde dormir.

Esa noche fue muy especial porque nació Jesús. María envolvió a su pequeño bebé en pañales y lo arrulló para que se durmiera. En el establo no había cuna para Jesús, pero José puso paja limpia en el pesebre, el lugar donde ponían alimento para los animales.

En las afueras de Belén, había un grupo de pastores en el campo, cuidando de sus ovejas.

—El cielo está despejado esta noche. ¡Cómo brillan las estrellas! □ —dijo un pastor.

—¡Miren! —exclamó otro, mientras señalaba hacia el cielo—. ¿Ven esa luz brillante allá?

—¿Qué será? —se preguntaban unos a otros asombrados.

—¡Es un ángel! —exclamaron los pastores—. ¡Es un ángel de Dios!

El ángel les dijo:

—No tengan miedo. Les traigo buenas noticias que serán de gran gozo para toda la gente. Hoy, en la ciudad de David, ha nacido un Salvador, que es Cristo el Señor. Lo encontrarán acostado en un pesebre, envuelto en pañales.

De pronto, el cielo se llenó de ángeles que cantaban: "¡Gloria a Dios en las alturas y en la tierra paz, buena voluntad para con los hombres!"

—¿Escucharon eso? —preguntó un pastor.

—¡Claro que sí! —contestó otro—. ¡Es la noticia más maravillosa que jamás escuché! Sucedió lo que los profetas anunciaron.

—Entonces, vayamos a Belén para ver lo que Dios nos ha anunciado —sugirió uno de ellos y los demás asintieron.

Los pastores fueron rápidamente hasta Belén y allí encontraron al bebé en el pesebre, tal como el ángel les había dicho.

—Es verdad. Todo se cumplió como el ángel lo anunció. ¡Él es el Mesías! —se repetían unos a otros.

Los pastores se fueron muy gozosos y, a todas las personas que encontraban, les contaban las buenas noticias del nacimiento de Jesús, el Hijo de Dios.

ACTIVIDADES

¡Al mundo paz!

Reparta los libros del alumno, tijeras y pegamento. Dé tiempo para que los niños recorten las figuras de la parte inferior de la Lección 52 y las peguen en orden, según lo que aprendieron en la historia bíblica.

Pida que algunos voluntarios digan algunas porciones de la historia usando las figuras. Anímelos a contarles a los demás las buenas noticias del nacimiento del Mesías.

Encuentra las buenas noticias

Pida a los principiantes que pasen a la página siguiente de sus libros. Dígales que ayuden a los personajes bíblicos a encontrar el camino que los lleva hacia Jesús. Usen un color diferente para trazar el camino de cada personaje.

Dígales: *Cuando los pastores escucharon las buenas noticias del nacimiento de Jesús, corrieron a Belén para conocer al recién nacido. Luego de ver a Jesús, les contaron a todos sobre este acontecimiento. Tú también puedes ayudar a otros a conocer las buenas nuevas, diciéndoles que el motivo de la Navidad es celebrar que Jesús, el Hijo de Dios, vino a la tierra a salvarnos.*

Canciones navideñas

Dirija un tiempo de villancicos y acompáñense con instrumentos caseros. Aquí le sugerimos cómo preparar algunos.

Necesitará: botellas de vidrio o vasos del mismo grosor y tamaño, semillas, botones y envases de plástico.

Pida a los niños que viertan diferentes cantidades de agua en las botellas o vasos; así obtendrán distintas tonalidades al golpearlos con un lápiz. Luego, pongan las semillas o botones dentro de los envases plásticos para usarlos como sonajas.

Si en su iglesia hay instrumentos de ritmo, úsenlos también en este tiempo de alabanza para celebrar el nacimiento de Jesús. Explique a sus alumnos que una forma de alabar a Dios es por medio del canto, como lo hicieron los ángeles la noche en que nació Jesús.

MEMORIZACIÓN

Esconda las tarjetas que utilizó en la lección anterior y pida que los niños las busquen. Luego, organice pequeños grupos para que en el menor tiempo posible pongan en orden el versículo y lo digan en voz alta.

Repita el ejercicio hasta que todos hayan participado.

PARA TERMINAR

Den gracias a Dios en oración por haber cumplido sus promesas al enviar a Jesús al mundo, y entonen cánticos de alabanza. Recuérdeles que lo importante en la Navidad es celebrar que Jesús vino a la tierra para salvar a la humanidad de sus pecados.

notas

Buenas noticias para Simeón y Ana

Base bíblica: Lucas 2:21-40.

Objetivo de la lección: Que los principiantes aprendan que, por medio de Jesús, Dios cumplió su promesa de enviar a un Salvador al mundo.

Texto para memorizar: *Que os ha nacido hoy, en la ciudad de David, un Salvador, que es Cristo el Señor* (Lucas 2:11).

¡PREPÁRESE PARA ENSEÑAR!

Hoy es un día especial para sus alumnos. Puesto que recién celebraron la Navidad, le sugerimos que hoy sea flexible en la clase. Quizá algunos niños quieran contar lo que hicieron con su familia, o tal vez mencionen qué regalos recibieron. Luego de escucharlos con atención, dirija la conversación hacia la enseñanza de esta unidad: el nacimiento de Jesús, el Hijo de Dios. Anímelos a imaginar la emoción que Simeón y Ana sintieron cuando vieron por primera vez a Jesús, el Mesías. Aunque era apenas un pequeño bebé, estos siervos de Dios sabían que en él se habían cumplido las profecías y que sería el Salvador del mundo.

COMENTARIO BÍBLICO

Lucas 2:21-40. José y María cumplían con fidelidad las leyes de Dios; por lo tanto, al cumplir Jesús ocho días de nacido, fue circuncidado según la costumbre. Luego de cuarenta días de su nacimiento, era tiempo de llevarlo al Templo para presentarlo ante el Señor. La ley mosaica requería que se dedicara a Dios a los primogénitos varones.

José y María también llevaron un par de tórtolas o dos palominos para que fuera sacrificado en una ceremonia que simbolizaba la purificación de María después del parto.

En esa ocasión, en el Templo encontraron a dos personas especiales, Simeón y Ana, dos fieles siervos de Dios. Aquel día el Espíritu Santo guió a Simeón a que fuera al Templo. Dios le había asegurado que no moriría antes de ver al Mesías.

Cuando vio a Jesús, al instante supo que era el escogido y enviado de Dios para liberar a Israel; y lo tomó en sus brazos bendiciendo a Dios.

Ana, que había quedado viuda hacía 84 años, se aproximó a los padres de Jesús. Ella también reconoció en Jesús al Mesías y alabó a Dios por su fidelidad.

El Espíritu Santo había hablado a los corazones de estos siervos, dándoles testimonio de quién era el Mesías.

¿Siente usted el mismo gozo que sintieron Simeón y Ana al ver a Jesús? ¿Le dio gracias a Dios por haberle revelado a Jesús en forma personal? Su corazón agradecido y su espíritu de alabanza animarán a los niños a mostrar gratitud a Dios.

DESARROLLO DE LA LECCIÓN

Escoja algunas de las siguientes actividades para hacer más ágil y ameno el estudio de la verdad bíblica.

Simeón y Ana

Escriba en tarjetas las letras que forman los nombres de Simeón y Ana. Mézclelas y colóquelas sobre una mesa. Luego, pida a varios niños que las ordenen para formar los nombres. Dé tiempo para que todos lo intenten. Cuando los nombres estén listos, péguelos en un lugar visible del salón.

Reúna a sus alumnos y dígales: *Estos son los nombres de dos personajes bíblicos que amaban a Dios y se regocijaron por el nacimiento de Jesús. En la historia de hoy aprenderemos más sobre ellos.*

Hoja de asistencia

Reparta las hojas de asistencia y pida a los niños que recorten la figura de Simeón y Ana, de la Sección Recortable, y la peguen en el espacio correcto. Luego, pídales que hagan un dibujo de ellos mismos en el último espacio de la derecha. Mientras trabajan, recuérdeles que Dios escoge a personas especiales para que lo ayuden a realizar sus planes.

Repasen cada una de las historias que aprendieron. Luego, dígales que, así como Dios usó a todos esos importantes personajes bíblicos, también desea usarlos a ellos.

HISTORIA BÍBLICA

Buenas noticias para Simeón y Ana

"¿Cuándo veré al Mesías que Dios prometió?", se preguntaba Simeón todos los días. "¿Será hoy?"

Simeón era un hombre muy bueno que amaba a Dios. A él le agradaba escuchar los mensajes de esperanza que anunciaban la llegada de un Salvador. Dios le había dicho que conocería al

Mesías antes de morir. Pero Simeón, siendo ya muy anciano, se preguntaba cómo y cuándo vería al escogido de Dios.

Un día el Espíritu Santo guió a Simeón a que fuera al Templo, así que se puso en marcha hasta llegar al patio principal. Como siempre, había mucha aglomeración. Gente de todas partes estaba llegando para adorar a Dios. Algunos ofrecían sacrificios, mientras que otros hacían oraciones especiales. Los nuevos padres llevaban a sus recién nacidos para dedicarlos a Dios.

En medio de la multitud, Simeón vio a un hombre y a una mujer que llevaban a su bebé para dedicarlo. De alguna manera él supo que ese bebé era especial, y decidió acercarse. Aunque la pareja parecía pobre, y el sacrificio que iban a ofrecer era uno de los más pequeños que la ley permitía, había algo diferente en ellos.

Cuando Simeón vio al bebé, estuvo seguro de que era el niño que por tanto tiempo había esperado ver. Entonces lo tomó en sus brazos y exclamó: "¡Señor, ahora puedo morir en paz porque mis ojos han visto la salvación que preparaste en presencia de todos los pueblos!"

"¡Esto es asombroso!", dijeron José y María maravillados.

En ese momento, una anciana llamada Ana también se acercó a ellos para ver al niño Jesús. Ella era muy sabia y había dedicado toda su vida a servir a Dios. Cuando miró al bebé, lo reconoció de inmediato.

"¡Gracias a Dios!", exclamó. "¡Qué maravilloso día! Hemos visto al Mesías prometido de Dios que vino al mundo para salvarlo de sus pecados".

ACTIVIDADES

Jesús es el Mesías prometido

Pida a los niños que abran sus libros en la Lección 53. Indíqueles que corten por la línea negra vertical de la parte inferior. Luego, que doblen la hoja por las líneas punteadas para crear un escenario tridimensional. Dígales que busquen en la Sección Recortable las figuras que corresponden a esta lección y las recorten.

Anímelos a usar sus figuras y el escenario para recrear la historia en la que Simeón y Ana conocen al bebé Jesús.

Buenas noticias para ti

Reparta lápices para que los niños, usando las palabras clave, completen el crucigrama de la página siguiente.

Después, pídales que con las mismas palabras del crucigrama completen los espacios en blanco de las siguientes frases. Cuando terminen, que lean las frase en voz alta. Anímelos a obedecer a Dios y a confiar en sus promesas.

MEMORIZACIÓN

Esta es la última lección de la unidad, y es muy posible que la mayoría de sus alumnos ya sepan el texto para memorizar. De ser posible, pregunte al director de educación cristiana o al pastor si le puede dar la oportunidad a sus alumnos para que cuenten en el culto lo que aprendieron.

PARA TERMINAR

Al ser esta la última lección del libro, prepare un reconocimiento a los alumnos que con fidelidad trabajaron durante todo el año. Recuérdeles que las enseñanzas que aprendieron son verdades bíblicas que Dios desea que apliquen a su vida diaria.

Reúnalos para orar. Den gracias a Dios por haber cumplido su promesa y enviar a Jesús como Salvador del mundo. También agradézcanle por el año de trabajo en la clase, e intercedan por las peticiones que tengan los niños.

Si dispone de tiempo y recursos, organice un sencillo festejo navideño a manera de cierre de curso. No deje de orar por sus alumnos y procurar su crecimiento espiritual, aun cuando ya no estén en su clase.

notas